團體溝通
的理論與實務

Small Group Communication:
Theory and Practice

蔡鴻濱、郭曜棻、陳銘源◎著

序

　　「魚活在水裡,所以不知道水的存在;人活在團體之中,所以經常忘記我們就活在團體之中。」其實,從出生到死亡,在人生命週期的每個階段裡,都有團體伴隨我們一起成長,例如一出生就有家庭,之後進入幼稚園、小學、國中、高中職、大學,甚至研究所皆有團體;進入職場後,公司內有各種部門、工作小組、任務分組,一直到離開職場,都離不開大大小小團體的影響。縱使從職場退了下來,我們仍可能參加各類型成長團體、學習團體、服務團體等等來充實老年生活,直到生命逝去。

　　團體雖然與我們一生息息相關,惟團體溝通的著作與研究在傳播學門卻相當貧乏,縱使有之,也多屬於心理學門,內容偏重在團體動力學。作者蔡鴻濱、郭曜棻兩位老師在世新大學與南華大學教授團體溝通課程時,便以缺乏團體溝通教材為苦,基此,乃特邀請旺宏電子陳銘源先生一起著手撰寫本書,由蔡鴻濱老師負責主文,郭曜棻老師負責主文之前的案例、之後的觀念應用,以及穿插在主文中的案例,例如「團體溝通觀察站」,每章主文之後精采富啟發性的課外活動練習則由陳銘源經理負責。經過三人兩年的討論、撰寫與修改,終於完稿付梓。

　　值得一提的是,每章文末輔以課外活動的練習,來加深讀者對團體溝通的體悟,並體會學習的樂趣,這些練習活動除皆經過實證且確實可行之外,尚加入一些富變化的設計,讓實際操作的讀者能悠遊於遊戲活動的愉悅氣氛中,並且在與他人直接互動與觀摩的過程中,習得應用本書的團體溝通理論,進而輕鬆愉快的體認與理解團體溝通關心的主題。

　　本書兼顧理論與實務,除透過系統性的介紹,使讀者能夠全面瞭解團體溝通的理論基礎與歷史發展,並思考文中所附的各種案例之外,每章文末所附型態多元的主題,諸如觀念應用、課外活動、課外動動腦等等,均有助於讀者將書中內容與實際團體生活扣連,期望讀者能靈活運用

書中概念與知識，來解決團體生活可能面臨的種種問題。

　　本書合計有十二章，由蔡鴻濱、郭曜棻與陳銘源三位作者共同撰寫。第一章「團體溝通概說」主要針對團體的定義、組成、類型、團體溝通的本質與功能，以及團體工作的優缺點等等主題，作一完整的介紹；第二章「團體的發展」則是闡述團體的發展階段，以及團體的目標與規範，以作為讀者認識團體發展的基礎；第三章「團體成員」概述構成團體的成員之需求與角色、團體成員的多元性、團體成員的性格，以及成員之文化差異對於團體的影響；第四章「團體領導」除了介紹團體中的領導與權力、領導理論，也從5M領導模式，探討團體中各種的領導方法；第五章「團體溝通的語言與非語言」乃從語言與非語言溝通的角度來介紹團體溝通過程中最常使用的這兩種溝通工具，此外並說明語言溝通與意義、非語言溝通的型態，以了解語言與非語言在團體溝通中的份量；第六章「傾聽」則是先說明團體與傾聽的關係、傾聽的過程與類型，之後則詳加解釋傾聽的技巧與策略，以及有效溝通的七個習慣，期望讀者因之能掌握在團體中傾聽的技巧與能力。

　　第七章「團體衝突與凝聚力」則從團體衝突的定義、類型開始介紹團體中發生的各種衝突，之後介紹解決團體衝突的處理方式與策略，並說明衝突在多元化團體中發生的可能性，以及如何創造團體的凝聚力，以期思考如何以凝聚力取代衝突，以發揮團體應有的功能；第八章「團體中的幽默使用」主要從幽默概說、團體幽默理論與實踐類型，來說明團體溝通中幽默的使用方法與幽默對團體的重要性；第九章「團體決策與問題解決」說明了團體決策的方法與問題、團體決策模式與創意型問題解決，旨在解說團體如何進行有效的決策，以解決團體面臨的各種問題；第十章「團體會議：企劃與執行」說明團體會議如何更有效率且順暢的運作，內容包括會議企劃與主持、糾正成員行為、會議紀錄、會議效果評估等等；第十一章「團體簡報」延續前一章的內容，說明團體或個人如何對團體或個人進行一場成功、精采，且吸引聽眾目光的簡報，說明的主題包括

團體簡報的類型、簡報之準備、團隊簡報、簡報問答技巧，以及簡報輔助工作；第十二章「科技與虛擬團體」則把對團體關懷的視角從實體空間移到虛擬空間，探討網路虛擬世界中的團體如何進行溝通與互動，書中關懷的主題則有虛擬團體的意涵、同步與非同步溝通。

　　本書不僅僅是一般的教科書，除了介紹傳播學概念下的團體溝通應該教授的主題與內容之外，我們並提供了大量的案例，以及觀念應用、課外活動與課後動動腦三個練習與互動主題供讀者實際演練與操作，期體認團體溝通的有趣特質，因此可說本書是一本活潑的、具有互動性的團體溝通指南，也是認識團體溝通理論與實務的手邊冊。

　　由於這是三位作者共同合作完成的第一本書，因此在內容及撰寫上不免仍有不足之處，書中若有錯誤或疏漏的地方，尚祈各界賢達不吝賜教、指正。

蔡鴻濱、郭曜棻、陳銘源

目　錄

Chapter 1

團體溝通概說

學習目標

🪑 瞭解團體的定義與組成

🪑 認識團體的類型

🪑 瞭解團體溝通的本質與功能

🪑 瞭解團體工作的優缺點

誰是接班人？

　　《誰是接班人》（*The Apprentice*）是美國頗受歡迎的電視影集，於2004年初起在美國國家廣播電台（NBC）頻道播放。節目爆點在於為美國房地產業鉅子暨投資專家唐納・川普（Donald J. Trump）挑選一位合適的人，成為他的「接班人」。克服重重難關而勝出者，可以得到川普公司一份年薪25萬美元，為期一年的合約。

　　每一季的《誰是接班人》都有來自美國各地成千上萬的應徵者，脫穎而出者會被分成兩隊，這兩隊每週都須完成川普所交付的各種任務，並互相較勁。因此，兩隊每週都需要選出一位隊員作為該週的「專案經理」（project manager），帶領團隊完成任務並設法勝過對手，勝出者可以得到川普的獎勵，落敗者則要到川普的會議室，一方面接受檢討，一方面淘汰最差的隊員。

　　以精采的第一季為例，川普篩選了十六人為應徵者，男女各八人，並依性別分為兩隊，男生隊名為「菁英隊」（versa），女生隊名為「門徒隊」（protégé）。首集任務內容是考核團隊的檸檬水銷售能力，以250美元為資金，一較高下。

　　兩隊的任務執行過程，充分展現團體所可能遭遇的各式問題：門徒隊隊長取得指令單後，立即藉機號令女隊員；菁英隊一開始就因對隊名無法取得共識而大鬧彆扭，顯示團隊溝通出現問題。

　　更有趣的是，團隊對行銷方式的衝突。門徒隊一開始就選擇商業區，並運用女人身體本錢增加商品附加價值，透過搔首弄姿、賣弄風情、贈送香吻，讓一杯1美元的檸檬水增值成4美元，最後狠狠的擊敗對手，雖然銷售過程中有隊員脫隊，獨自去用餐，也浪費太多時間在採購上，但整體上優於對手；至於菁英隊則因選址錯誤（如市場、工地），銷售效果不佳，最後雖決定更換地點，惟時已晚，其檸檬水自始至終都只能賣1美元。

　　川普最後開除菁英隊中一位表現平庸的隊員，理由是極端的隊員固然危險，但還有讓人期待的價值；而思考僵化的隊員故步自封，連讓人期待的價值也沒有。比起搞破壞的人，平庸無能的人則更令人可憎。

　　《誰是接班人》每集都有團體運作過程中必須嚴陣以待、無法逃避的各

種難題，觀眾也不難看到主事者在淘汰不適任者時的縝密邏輯與抱持的有趣觀點。您不妨就以觀賞本部影集作為思考的對象，藉由本書每一章不同的主題，重新思考分析影集中團隊如何運作？面臨何種問題？又如何解決？

參考資料：維基百科，http://zh.wikipedia.org/zh-tw/%E9%A3%9B%E9%BB%83%E9%A8%B0%E9%81%94。

摘要

　　「魚活在水裡，所以不知道水的存在；人活在團體中，所以經常忘記我們就活在團體中。」其實，從出生到死亡，在我們人生命週期的每一個階段，都有團體伴隨我們一起成長，例如一出生就有家庭，之後進入幼稚園、小學、國中、高中職、大學，甚至研究所皆有團體；進入職場後，公司內有各種部門、工作小組、任務分組，一直到離開職場，都離不開大大小小團體的影響。縱使從職場退了下來，我們仍可能參加各類型成長團體、學習團體、服務團體等等來充實老年生活。事實上，成家立業後共組的家庭，更是一路陪著我們走完人生每個階段的初級團體。

　　本章分成四個部分來探討團體與團體溝通的基本概念。第一部分為團體的定義與組成，說明團體構成的基本要素，並藉此區隔團體與非團體之間的差別。第二部分說明團體的類型，由於團體的種類繁多，本文釐清紛雜的團體種類，勾勒出團體的基本類型。第三部分為團體溝通的本質與功能，說明團體進行溝通時，須有哪些基本要件的配合，並闡釋團體溝通對於你我具有哪些實質的功能與效益。最後則說明團體工作的優缺點，說明加入團體對我們的好處與缺點。本文並以「平衡」角度呼籲我們對團體工作的參與，過與不及皆不妥，在團體與團體之外生活間取得平衡，方為上策。

林書豪：團結奏效

「我們傳球，盡力防守，全力配合防守，我覺得全隊團結一致就是全力進攻，不記得我投了幾球，不過多努力防守，能進攻就進攻，在隊友的幫助下，我順利進了幾球，安東尼和費爾茲，他們在我可以進攻的時候，傳給了我幾球。我們為大局著想，配合戰術，我們互相協助，個人的投籃進攻次數也許會變少，尤其是對安東尼、我和史陶德邁爾而言，但是其他人就有更多的進攻機會，平均地運用五名球員，也讓防守更堅強。」

這是林書豪在2012年3月22日NBA球賽中，尼克以106：87擒獲暴龍之後，他對媒體說的一段話。媒體的標題為：「林書豪：團結奏效」[1]，多少也說明俗諺中諸如「離群孤雁飛不遠，一個人活力氣短」、「兄弟同心，其利斷金」、「三個臭皮匠勝過一個諸葛亮」、「好虎架不住一群狼」等等重視團隊合作的旨趣。

團體的定義與組成

事實上，除了人類，我們在生活周遭的動物身上也能看到團隊合作的好處，例如淡水出生、海洋成長的鮭魚，以成群結隊方式洄游到出生地繁殖，大幅提升生存的機率；大洋中沙丁魚群數量龐大，縱使面對鯨吞鯊食，卻仍有為數不少的沙丁魚存活下來；其他諸如螞蟻、蝗蟲、蜜蜂、浮游生物等等雖小，卻都是利用團隊的優勢存活迄今。既然團體如此重要，則團體究竟是什麼？又是如何組成的？以下分說之。

---

[1] 參見http://www.wretch.cc/blog/vul499/203495，林書豪於2012年突然以優異的場上表現走紅。在媒體的採訪過程裡，基督教徒的他除了感謝上帝，更歸功於團隊的合作，彰顯其謙遜，也說明團隊合作在籃球等運動場合上的重要功能。

‖‖➡ 團體的定義

　　集合多少人才可稱為團體呢？一群擠進電梯上樓的學生是團體呢？還是街頭巷尾吱吱喳喳聚在一起說長道短的三姑六婆呢？還是夜市裡圍觀店家叫賣的人群呢？還是一群自動自發淨攤的遊客？雖然前述行動都是一大群人的行為，不過卻還說不上是團體。

　　Engleberg and Wynn（2010: 4-5）指出團體（group）係指「三個人或更多的獨立成員的組成，且成員之間進行互動，並為達成共同的目標而努力」。不過，目前存在的團體，其在形式、結構、複雜度、成員類別與職稱上的變化極大，例如有三個人組成的讀書會，也有成千上萬人聚集的股東大會。Harris and Sherblom（2002）認為團體是指一群由三到二十人所組成的群體，成員除認定彼此屬於同一團體外，且經由互動以形成特定的規範與角色，並且會相互依賴、影響，以達成團體的共同目標。

　　再者，團體（group）與團隊（team）兩個詞彙經常交互使用。團體與團隊的區別不難，例如家庭團體、環保團體、籃球隊、足球隊，但我們不會說家庭團隊（除非該家庭組織一支球隊，成了家庭籃球隊）、籃球團體（除非指籃球協會）。其實，除了認識團體與團隊的區隔之外，我們更應該在意的是團體成員如何有效互動，以達成共同設定的目標。

‖‖➡ 團體的組成

　　就團體的組成而言，其有許多分法。江中信（1998：217-218）指團體組成的要素有四種：

人際需要

　　依據舒茲理論（Schultz's Theory）指出，人們由於接受（inclusion）、控制（control）與情感（affection）等需求而加入團體。接受需求類似於受到尊重；控制需求則是追求個人身分與權力以控制他人；至於情感需求則

是需要被愛與愛人。團體可滿足前述的人際需求。

個人目標

是個人亟欲追求的事物，諸如名聲、利益、成長、休閒、教育、慈善等目標。例如加入政治團體以追求權力、加入慈善團體以追求奉獻、加入運動團體以求身強體健，加入紅娘團體以追求另一半等等。

團體目標

將不同個人的相同目標集合起來，則個人的目標就提升為團體的目標。個人的目標有時會與團體的目標衝突，不過在參與團體之後，多因歸屬感、認同感、名聲或利益等因素，以致團體目標得以凌駕個人目標，或造成個人目標凌駕團體目標之上，例如加入環保團體之後，放棄個人奢侈、浪費的生活習性，開始節約、回收、循環利用物資的新生活習慣。

人際吸引

由於團體成員的吸引，促使人們加入團體。吸引人們加入團體的理由有千萬種，諸如臭氣相投，或離家近，或追求意中人，或殺時間等等。

Engleberg and Wynn（2010）則認為團體的組成應包括五個要素，分別為：成員（members）、互動（interaction）、目標（goal）、相互依賴（interdependence）及工作任務（working），如**圖1-1**所示。

成員

團體至少要包含三位成員，兩人以下並不算團體。英文俗諺Two's company, three's a crowd.（兩人為伴，三人成群），便點出兩人與三人之間的差異，例如兩人之間的對話與三人之間的討論，便有所不同。當只有兩人的時候，進行的是一對一的面對面溝通，可是有第三人的時候，A與B對話，則C為聆聽者；當A與C對話，B為聆聽者；當B與C對話，A為聆聽者。一旦團體的成員愈來愈多，則溝通互動的方式也變得愈來愈複

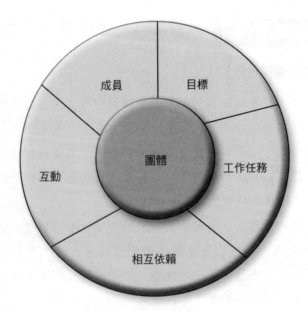

圖1-1　團體的五個組成要素

資料來源：Engleberg and Wynn（2010）。

雜，例如當團體成員有五人時，可能的互動方式達九十種；七人時則達九百六十六種不同的互動方式（Napier and Gershenfeld, 2004）。

再者，三個人雖然為團體構成的最低門檻，但是人數過多也不好。專家普遍認為，五至七人的團體適合進行決策與解決問題之討論，而有表決或投票機制時，數目為奇數的團體最為適合，數目為偶數的團體則不利於投票表決。超過七人的團體容易分裂成小團體，且團體愈大，小團體愈多，成員容易感到受忽視或孤立，對團體的滿意度也會逐漸降低。相對的，團體太小，如五人以下，則經常會感到資源太少、一言堂、無趣、問題解決缺乏新意等等（Bonito and Hollingshead, 1997）。

原則上，團體以五至七人之間較為理想，其具有保有個人特色、方便、彈性、相互支持與花費較省等優點。不過，在我們的生活經驗中，多數的團體經常超過七個人，有的團體動輒上百人，甚至上萬人，不僅不容

【團體溝通觀察站】

【龜兔賽跑的團隊啟示】

從前從前，有隻烏龜和一隻兔子爭辯誰跑得快？由於口說無憑，最後決定來場比賽以分高下。比賽一開始，兔子便帶頭衝出，一下子便遙遙領先烏龜，心想可在樹下歇會兒再比賽。大家都知道，結果兔子睡過頭，讓慢吞吞的烏龜贏了。這是第一代的龜兔賽跑，故事給我們的啟示是：緩慢且持續的人會贏得比賽。

第二代龜兔賽跑的版本迴異，兔子因輸了比賽而難過不已，為此他做了自我解析，發現他失敗的原因是過於自信、大意與散漫。因此，乃再度單挑烏龜進行另一場比賽。比賽一開始，兔子全力以赴，一口氣跑完全程，領先烏龜好幾公里。

故事還沒完。

這下輪到烏龜要好好自我檢討，他發現目前的比賽方法對他不利，想了一會兒，計上心頭，也要求與兔子再來一場比賽，但條件是要在不同的路線比賽。兔子同意後，兩者同時出發。這次兔子雖然也飛馳而出，但是不久便碰到一條極為寬闊的河流，兔子只能呆坐河邊，無計可施，此時慢吞吞的烏龜趕到，一躍跳入河裡，游到對岸，完成了比賽。

這則故事給的啟示是，每個人各有所長，必須找出自己的核心競爭力，進而善用這股優勢，就有立足之地。

故事還沒結束。

第三代的龜兔賽跑是兔子和烏龜成了惺惺相惜的好朋友。兩人一起檢討後，清楚發現他們其實可以表現得更好，乃決定再賽一場，但這次是透過團隊合作。兔子在起點扛著烏龜，直奔到河邊後，換烏龜接手，背著兔子過河。到了河對岸，他們一起出發，兔子再次扛著烏龜，兩個一起抵達終點，比起前次，速度與成就感皆大幅提升。

故事暫時到此結束。

　　你覺得個人優異表現與擁有堅強的核心競爭力重要？或是在團隊中與他人同心協力，並掌控彼此間的核心競爭力重要？

參考資料：網路。

易管理，許多成員平日更是難得一見，或是縱使面對面，卻連對方的名字也叫不出來。有趣的是，通常這類大型或超大型團體，其核心決策或是領導小組，卻通常也是五至七人左右，並由他們制定許多規範來約束龐大的成員。

互動

　　互動係指團體成員之間透過語言、非語言等方式傳達訊息、意義與建議彼此關係的維繫方式等等之溝通過程。在溝通過程中，成員共享彼此的訊息、觀點，甚至進行決策、解決問題與發展私人關係。整體來說，不論哪一種類型的團體，諸如虛擬團體、面對面團體等等，成員互動均在所難免。

　　依據團體互動的規模、權力結構與成員之間的互動關係，可以將團體互動分為網式傳播、圈式傳播、鏈式傳播、Y型傳播與輪型傳播等方式，如**圖1-2**所示。

目標

　　《史記・貨殖列傳》云：「天下熙熙，皆為利來；天下攘攘，皆為利往。」人們之所以聚集在一團體之中，蓋非窮極無聊，而是有所期待。換言之，不論團體存在的方式為何，其背後都有一定的理由，而此一理由通常就是團體的目標，也是團體成員努力的標的。簡言之，目標就是一個目的，一個團體努力的對象（object）。缺乏目標的團體，成員難免要問我為誰辛苦為誰忙？下一步將何去何從？我為何在此出現？等等問題。

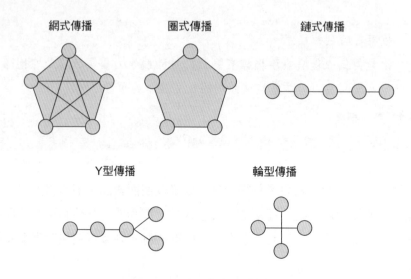

圖1-2　團體的不同互動模式

資料來源：Berelson and Steiner（1964）。

　　團體的目標有時來自於某人或某機構的指派，例如股東大會來自企業、學生會來自學校等等，一旦任務完成，團體就宣告解散。有些團體則可自行設立目標，例如讀書會決定讀哪些書；而各種不同宗旨的協會也屬之，諸如環境保護、宗教、抗暖化等等，不一而足。其次，雖然成員因為某一目標加入團體，但也可能伴隨其他目標的存在，例如加入讀書會除了讀書，也企圖追求會中心儀的對象，乃打著一石二鳥之計。簡言之，團體有了目標才能引導團體成員的行動方向，衡量團體運作的良窳，並提出解決問題、化解衝突與激勵成員的良方。

相互依賴

　　相互依賴係指團體與各成員之間的相互影響與依賴，成員影響團體，團體也影響成員。成功的相互依賴團體凝聚團體的向心力，讓成員各司其職、各盡其責；相對的，團體中若出現老鼠屎，也會壞了一鍋好粥，亦即影響團體的運作。以大學時興的畢業展覽為例，其一方面是學生

在校四年的學習結晶，一方面也是對外展現學生學習成果的機會，是展現團體凝聚力與智慧的時機。不過，若有學生不參與，或畢業作品粗製濫造等等，卻都會影響整體作品的水準以及外界的觀感。

工作任務

工作任務是團體成員所欲努力完成的對象，進而促進團體目標的完成。以本書《團體溝通的理論與實務》之撰寫為例，三位作者就是一個相互依賴的小團體，每位作者各有專長，負責部分均不相同，又由於彼此緊密合作，完成各自的工作，方能順利讓此書付梓。簡言之，良好的工作管理與任務分派有助於順利完成團體的目標。

團體的類型

團體的組成係因三人以上，基於某一特定目標而組成，在不同目標之下，團體的類型（types of groups）因而有所差異。換言之，我們所加入的或領導的團體，自有不同的團體特性。面對不同類型的團體，則要有不同的思維與行為準則。例如加入宗教團體、戒菸班、減重班、行善團、才藝班等等，成員的言行舉止通常會反映出該團體的類型與特色，例如慈濟功德會推動資源回收，則說環保、做環保便成為該團體的特色之一。

進言之，人際關係的需求、情感的交流與社會網絡的建立常常是人們加入團體與組織的原因，許多學者則認為個體加入團體的因素除了前述三者，主要還有尋求保障、形塑社會階級、提升自尊、滿足社會需求、擁有權力，以及達成目標等等因素。

人們加入團體的因素，通常成為構成團體類型的分類依據。透過分析團體成員的關係、團體關係的形式與目的（李佩雯，2010：150），以及團體的結構與團體成員接受團體的方式（宋鎮照，2000：13-16），團

體基本上有以下數種類型：

➡ 以團體成員的關係分

有「初級團體」（primary group）與「次級團體」（secondary group）。

「初級團體」主要聚焦在成員之間的社會或是人際關係上，成員的連結主要是為了強化人際關係、滿足個體需求，以及完成情感上的歸屬，或是被愛的感受，因此家人或親朋好友屬之；「次級團體」主要聚焦在任務的完成與目標的實踐上，因此成員的組成多為工作上的因素，成員之間的關係也多為正式的工作關係。

➡ 以團體關係的形式與目的分

有「正式團體」（formal group）與「非正式團體」（informal group）。

後者「非正式團體」多因鄰近性與相似性因素而自然形成，類似友誼團體或是同好團體（interest group）等等。至於前者「正式團體」則多以達成組織的任務或是集體的目標為要務，又分為「指揮團體」（command group）與「任務團體」（task group）。「指揮團體」係指在正式的組織之下所設的單位團體，成員多屬於同一單位且有直屬關係；至於「任務團體」則囊括了不同單位的成員，且其任務雖不是例行性的工作，但是通常會持續一段時間，例如跨部會的委員會即屬此類。

➡ 以團體的結構分

有「直線型團體」、「職能型團體」與「網絡型團體」。

　　「直線型團體」（linear group）是一種比較簡單的與傳統的類型，是直線式的等級序列，領導方式為層層節制與上下層屬關係，多出現在較小規模的團體；「職能型團體」（functional group）是一種藉分層負責以提高效率的團體，適合較大規模的團體，是一種橫向型的結構，即把相關的職位集中一起，以建立具專業職能的單位；「網絡型團體」（network group）則結合前述兩者的特性，截長補短，以建立一個可以橫向聯繫、垂直溝通的團體，來確保團體運作的效能。

ⅢⅢ➡ 以團體成員的接受方式分

　　有「先賦團體」（ascribed group）與「成就團體」（achieved group）。

　　「先賦團體」係指一個人生下來就擁有的團體，為非自願性的團體，例如每個人一出生就有家庭，其他如階級、性別、種族、國族等，都是人們一進社會就被張貼的標籤，迫使人不得不隸屬於該團體的一部分；「成就團體」則是由個人的選擇與努力而獲得的團體，為自願性團體，與前者迥異，例如學校、宗教、政黨、俱樂部、職業團體，或是自己組織的家庭等等。這類團體有些進入容易，如宗教團體、政黨等；有些則大不易，例如名流俱樂部等等。

　　Engleberg and Wynn（2010）則認為團體類型雖然繁多且各有其特色，但整體上不外乎八種最根本的團體類型：(1)初級團體；(2)社會團體（social group）；(3)自助團體（self-help group）；(4)學習團體（learning group）；(5)服務團體（service group）；(6)公民團體（civic group）；(7)任務團體（work group）；(8)公共團體（public group）。這八種團體含括的範圍，從多數個人與非正式類型的團體，到多數正式的團體。此外，這八種團體彼此之間的關係也非絕對互斥，亦即人們通常會同時分屬於不同類型的團體。例如曉華出生於小康家庭，畢業後加入慈善基金會工作，閒暇時則透過讀書會與三五好友一起讀書，則曉華便同時分屬初級、服務與學習等三種類型的團體，其整理如**表1-1**所示。

表1-1　團體的八種基本類型

團體類型	整體目的	範例
初級團體	提供團體成員情感、歸屬感與自信	家庭、死黨
社會團體	共享相同的興趣嗜好，或參與社會性活動	遊說團體、球隊
自助團體	針對陷入困境或有需求之成員給予支持或鼓勵	治療團體、減重班
學習團體	協助成員獲得知識上的增長與技術的習得等	讀書會、同學
服務團體	幫助團體外部值得幫助的人	佛光山慈悲基金會
公民團體	幫助團體內部值得幫助的人	伊甸基金會
任務團體	代表企業或組織，並須達成交付的工作目標	委員會、工作團隊
公共團體	為了公眾或是核心決策者的利益，或是代表公眾與核心決策者的利益而爭辯討論相關議題	小組專題討論、座談會、論壇、政府團體

資料來源：Engleberg and Wynn（2010）；作者。

這八種團體類型中，任務團體與公共團體尚可再予細分。前者任務團體係指代表組織、公司、協會或機構等等負有特殊任務（specific tasks）或是例行性的責任（routine duties）的單位，其通常可再分出許多類型，較值得一提的是委員會（committees）與工作團隊（work teams），其內涵說明如**表1-2**所示。後者公共團體，關切公眾利益，並與他者討論與互動，此類型團體主要在進行資訊分享、決策與問題解決，也頗關心其在公眾心目中的形象，其內涵說明如**表1-3**所示。

團體溝通的本質與功能

團體溝通的本質

對於團體如何運作，基本上有兩個解釋：其一，視之為人類溝通過程（the basic process of human communication）；其二，視之為理解團體的系統方法。Engleberg and Wynn（2010）提出六個基本元素說明團體溝

表1-2　任務團體的類型

委員會	定義	·大型團體或是有權力者賦予特定任務的單位 ·在工作場合中非常常見 ·通常為服務性團體所採用，以完成特定的任務	
委員會	類型與範例	特別委員會：為了特定目的而形成，當任務完成，解散之	例如：為研商協調大學招生事宜，依據《大學法》組織之大學招生委員會聯合會
委員會	類型與範例	常態委員會：為了持續性的任務而長期運作	例如：為完成大學招生設立「大學甄選入學委員會」（甄選委員會）、「大學考試入學分發委員會」（分發委員會）
委員會	類型與範例	專門小組：為了特定的議題或問題進行資料蒐集與推薦	例如：行政院二代健保規劃小組，蒐集分析資料，以期提升健保的公平性
工作團隊	定義	·須為其工作內容負全責，組織並提供其所需的各種資源 ·某種程度上屬於永久性的團體 ·無須費時聚會，其本身即屬團體性工作	
工作團隊	範例	例如：1960到1980年代，台灣農耕隊對非洲和中南美洲的農業技術輸出，締造了台灣對外技術移轉的輝煌記錄	

資料來源：Engleberg and Wynn（2010）；作者。

表1-3　公共團體的類型

小組專題討論	定義	·多位成員參與，針對共同的議題在聽眾面前互動 ·主持人掌握討論流程 ·用來教育、影響或娛樂聽眾
小組專題討論	範例	例如：電視中的談話節目，如美國脫口秀天后歐普拉（Oprah）主持的《歐普拉秀》（*The Oprah Winfrey Show*）
座談會	定義	·每個成員都須在聽眾之前做簡報，報告時通常不能被打斷 ·每個成員係對聽眾做簡報，不與其他成員進行互動
座談會	範例	例如：教育部十二年國民教育政策說明會、「ECFA政策」座談會等等
論壇	定義	·提供一個能讓聽眾發表評論、表達關心與發問的機會 ·需要一位能力強的主持人，以讓聽眾有均等的發言機會
論壇	範例	例如：「博鰲亞洲論壇」；或是三大外資論壇，如美林論壇、瑞銀論壇、瑞信論壇等均屬之
政府團體	定義	·於公眾場合討論公共政策
政府團體	範例	例如：市議會、立法院

資料來源：Engleberg and Wynn（2010）；作者。

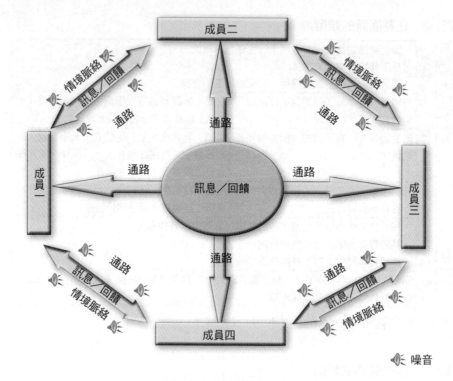

圖1-3　團體溝通的過程

資料來源：Engleberg and Wynn（2010）；作者。

通的過程，如圖1-3所示：

成員（members）

1.是屬於某個團體的個人。

2.帶來特殊的技術、知識、經驗、個人特質、文化背景與觀點。

3.透過傳送與接收語言與非語言訊息來彼此互動。

訊息（messages）

1.包括觀念、資訊、意見與意義帶來的感受。

2.例如：當團體挑戰對手成功時，傳遞訊息給大家，直陳我們是最棒

的，彼此更相視以歡愉。

通路（channels）

1. 是團體成員共享訊息的媒體管道。
2. 成員透過感官能力中的一兩項傳送、接收訊息。感官能力有聽覺、觸覺、視覺、味覺與嗅覺。
3. 例如為了慶祝勝利，下次開會決定攜帶美味蛋糕與餅乾。

回饋（feedback）

1. 一種對訊息的回應，透過對回饋的評估得以瞭解其他成員如何接收與解釋對方的訊息。
2. 回饋的形式有非語言或語言形式。就前者言，如透過點頭示意、搖頭否決等等。至於後者，可以說「我以我們的團隊為榮」。

情境脈絡（context）

1. 乃指團體成員溝通時的生理或心理的環境。
2. 包括各種的類型與大小不等的團體、團體的目的與歷史、團體所處環境、團體在組織中的角色與地位，以及團體成員的特色與關係。
3. 例如臉書（Facebook）的出現，團體在臉書成立社團，相互溝通聯繫，既方便又省錢。

噪音（noise）

1. 係指所有干擾溝通的事物。
2. 一部分來自於外部（external）環境，例如開會時外頭正在遊行、會議空間太小或是桌椅令人不舒服，或是太多人遲到、吃東西等等。
3. 一部分來自於內在與心理感知，例如偏見、刻板印象、思想偏激激進、幽默感、口語表達能力好壞等等，均是溝通上的噪音。

▐▐▐▶ 團體溝通的功能

一群人所以集會並面對面溝通，勢必有所需求，需求的滿足也彰顯團體溝通的功能。至於團體溝通的功能為何？各家說法不一。有的學者認為有效的團體溝通具有分享資訊與知識、進行決策、解決問題、達成目標、建立關係與建立身分與共識等等功能。意指成員在團體中不僅可以解決個人或是群體的問題以達成目標之外，有效的團體溝通更是一個動態的過程，過程中團體成員彼此分享感情與訊息，建立各種人際關係並形成認同與共識（李佩雯，2010：151）。此外，江中信（1998：210-214）則認為團體溝通具有以下六項功能：

1. 決策作為：即在許多解決問題的可行方案中，選擇一個最佳方案的過程。透過團體中專業人士的研商討論與仔細評估，則可產生較為優良可行的方案。

2. 解決問題：團體的資源比個人豐沛，團體可以消除或掌控妨礙目標達成之障礙。例如在團體中運用杜威（J. Dewey）所提之反省思考法（reflective thinking），或是大家常用的腦力激盪法（brainstorming），有助於問題之解決。

3. 降低不確定感：經由團體溝通的互動以及時間的發展，有助於增進彼此之間的相互瞭解，進而降低人與人之間的不確定感。

4. 個人成長：參與團體溝通，一方面可改善自身的溝通方法、學習溝通的技巧，以增進溝通的能力；另一方面可獲取新知，充實個人涵養。有許多團體以成長團體、學習營名之，便是此理。

5. 建立人際關係：參與團體投注諸多時間與精力，一方面除了可達成團體的共同目標，另一方面也透過人際互動的過程，建立各種人際關係。

6. 建立身分：身分乃是我們與他人互動的一種憑藉與關係，我們的身分也影響我們與他人的互動方式。在團體中，透過個人的努力建立

個人的角色、榮耀、成就與聲望（prestige）等等，有助於建立個人在團體中的身分、地位或位置。

前述對於團體溝通功能的劃分，只是團體眾多功能之一，李郁文（2001：5-7）整理Lewin以及許多投注在團體工作研究之學者的成果，諸如Klein（1972）、Yalom（1972, 1985）、Lieberman and Bormann（1979）、Northen（1982）、Goldstein（1988）、Rose（1989）、Shulman（1992），以及Toseland and Rivas（1995）等人之研究，認為團體的效益與功能眾多，甚至團體生活具有心理治療的功能。以下條列團體溝通的功能有：

1. 抒發成員的情緒。
2. 團體凝聚力的形成。
3. 彼此提攜，相互成長。
4. 瞭解問題的普遍性。
5. 利他主義的實現。
6. 團體知能和技巧的傳授與演練。
7. 樂觀進取，常懷抱希望。
8. 從成員的回饋中更深入的瞭解自我。
9. 實現社會的驗證。
10. 團體約束力的呈現。
11. 提供成員問題思考的多樣性。
12. 符合經濟效益原則。

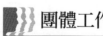 **團體工作的優缺點**

參與團體工作可能耗時費力，無聊冗長的會議更經常令人痛苦煩

悶，而簡單的任務無法帶來太高的成就感，甚至無趣的成員讓人意興闌珊。不過，不容否認的是團體生活仍有其正向積極的一面，例如能夠擁有同伴、與人群接觸、集體從事有意義的服務工作等等，這些都不是單槍匹馬所能勝任，畢竟離群索居、自私自利並非人類社會運作的常軌。

　　Engleberg and Wynn（2010）認為團體工作優點甚多，諸如團體表現優於個人表現、團體工作更具效率、成員容易從工作中獲得獎賞以及探索自己的興趣與動機；團體成員也能透過團體大量吸收學習各種新知，甚至對自己生活的環境、文化等等有更深刻的瞭解，以及更有創意，並且願意對公民生活奉獻一己之力，來回饋社會，茲說明如下。

ⅢⅢ➡ 團體工作的優點

優異表現（superior performance）

　　透過團體合作集思廣益、群策群力，一方面可以避免錯誤，一方面可以相互扶持，尤其是面對困難複雜的議題、模稜兩可的現象時，有效率的團體表現通常優於個人。

較高滿意度（greater member satisfaction）

　　許多人熱愛團體生活，不僅是因為團體工作帶來的成就感，還有社會性的優點。人是群居的動物，透過團體工作有機會交到朋友、接受同儕的支持、產生團體歸屬感與認同感；換言之，團體可說是Maslow需求層次理論（Maslow's hierarchy of needs theory）五個需求層次——生理需求、安全需求、社會需求、尊嚴需求（尊重需求、自尊需求）、自我實現需求——中社會需求的體現。

豐富的學習（more learning）

　　學習是團體工作的附加價值，有效率的團體可以透過共享集體的資訊、激盪批判性的思考、挑戰常識性的觀念等，讓彼此有機會從其他成員

身上學習到更多元的專業與經驗。

加深對文化的理解（enhanced cultural understanding）

團體組成的成員多來自社會上不同的階層與背景，各行各業的成員聚在一起讓彼此有機會體驗、學習到不同的生活經驗、成員性格、文化特色、興趣、態度、認知與生活習慣等等。在團體互動過程中，以尊重、同理的態度來與其他具有不同種族、性別、階級、膚色、國族、宗教、世界觀的成員相處，可以加深對不同文化的認識深度。

提升創意力（more creativity）

許多創意的出現多來自於集體的動動腦，而不是閉門造車或悶頭苦思。廣告大師James Webb Young在《創意的生成》（*A Technique for Producing Ideas,* 2003）一書中提到，創意就是舊元素的新組合。團體生活中，背景各異的成員一起共事，觀念相互激盪，重新組合，就容易爆發解決問題的新點子。

提升公民行動（greater civic engagement）

在團體中所學、所思的一切，都有助於民主社會的形成。近年來，大學中推動的服務學習課程，讓學生不僅是待在教室中學習，更期待學生要走入社區與人群，透過社會參與的方式成長，就是公民行動的實踐。學生或團體成員參與團體的服務學習計畫，投入社區的服務，不僅有機會學以致用，更可創造優質的生活環境，例如投入環保團體工作成為環保志工等等。

ⅢⅢ➡ 團體工作的缺點

團體就像一把雙刃劍，好壞兼具。團體若具有效率，且能團結合作時，團體工作便令人愉快振奮，且充滿成就感；相對的，團體若效率不彰、爾虞我詐，便令人興起不如歸去之嘆。一般說來，團體最引人詬病的

【團體溝通觀察站】

雁行理論與團隊

　　Robert在1972年首先提出「雁行理論」（flying-geese model），亦即當雁鳥以V字隊形飛行時，則比每隻雁鳥單飛時更省力，事實上每隻雁子的飛行能力可大幅提升71%左右。當雁鳥脫隊時，會感覺到吃力。所以，牠會回到隊裡，繼續利用團隊的力量飛行。為首的雁鳥承受的風阻力最大，因此當領隊的雁鳥疲倦了，會退回隊裡，由另一隻雁鳥接替領隊，後面的雁鳥會用叫聲來激勵前面的雁鳥保持速度。若有雁鳥生病脫隊，則會有兩隻雁鳥留下來陪伴，直到痊癒或死亡。然後，牠們又組隊飛行以趕上原來的隊伍。因此，「雁行理論」強調的是團隊合作、輪流領導、激勵同伴和互相扶持等四項內涵。

　　所謂「團隊合作」，是指組織或團體中成員若目標一致，團結合作，會比個別努力更快到達目的地；「輪流領導」，是指輪流擔任領導的任務；「激勵同伴」，是指同事之間的互相鼓勵，以提升團體的效能；而「互相扶持」則是同事間互相協助，以共度難關。

　　除了前四項內涵，雁鳥的三項特質對「團隊精神」也做了最佳的詮釋，此即：

　‧雁的智慧：利用V字隊形飛行。
　‧雁的勇氣：每隻雁鳥輪流接替任務，擔任領航任務。
　‧雁的義氣：遭遇困頓時，陪同夥伴到底。

參考資料：http://tasteofchocolate-wonderful.blogspot.com/2009/06/blog-post.
　　　　　html。

缺點在於時間、精力與資源的浪費、成員之間的衝突，以及人事問題等等。

時間、精力與資源的耗費（more time, energy, and resources）

團體工作耗時、費力、花錢。依據Net Meeting的調查結果：美國上班族每週平均參加十個會議，約占每週工作時間一至一天半。經理人每週有一半以上時間在開會，57%的上班族開會前心情緊張，且認為平均一半的會議時間是浪費的（潘俊琳，2011）。團體工作自然不能免俗的大會小會臨時會一起來，若無法妥善規劃會議時間，就是浪費寶貴的時間與氣力。

衝突（conflict）

俗語說：「有人的地方，就有是非；有是非的地方，就有恩怨；有恩怨的地方，就是江湖；人在江湖，身不由己！」在團體工作中，除了口舌是非引人惱怒之外，其他諸如理念、行事作風、言行等等的差異，也會引起成員之間的衝突。雖然團體成員因為具有共同的目標而聚集在一起，但是通往目標的策略與方法，卻不免人言言殊。有些文化（如華人文化圈）為了避免衝突，會議中習慣噤聲不語，或是不討論衝突性問題，因此許多團體表面上雖然貌似和諧，茶壺下潛在的風暴卻是不容小覷，甚至會影響團體的運作。

人事問題（people problems）

有人說，做事前先學會做人。團體工作中不免遇到形形色色、各式各樣的人，有的頑固、有的熱情、有的懶惰、有的勤奮、有的自視甚高、有的謙沖自牧、有的高談闊論、有的呆若木雞、有的手巧心活、有的笨手笨腳。團隊合作中若遇到與自身性格相距甚遠者，合作起來難保不會發生各樣的狀況，例如喜歡聽命辦事以保安康者，遇到豪放不羈先斬後奏者，則衝突自然少不了，相對的也把團體工作的優點損耗殆盡。

‖➡ 平衡：團體工作的教戰守則

　　由前述團體工作的優缺點說明可瞭解到團體工作的利弊。不過，任何行為過與不及均不妥適，例如團體合作中，成員的感情大好或大壞，均非團體之福，較佳的方式應是保持中庸之道，亦即維持各種關係間的平衡（balance），一種平等的狀態，不受任何決定性因素的控制。申言之，團體成員在追求共同目標的過程中，應該取得各有關因素的平衡，例如在團體目標、個人目標、家庭、工作等等方面的平衡，過與不及皆非宜也。舉例來說，團體在分派任務時，便應取得人和，並讓團體成員的專長獲得發揮，否則，團體任務一了，難保成員彼此的情誼不會就此冰消瓦解。

　　團體運作過程，經常需要進行決策，決策過程中不免要遇到取捨的問題，例如資金不足時，要裁員或募款？對理念不合的成員，是要開除或留下？團體目標遭質疑，是要捍衛或是修改？等等，不一而足。對此，Engleberg and Wynn（2010）認為團體運作所以發生緊張，在於我們通常採用取捨（either/or）的觀點而非兼容並蓄（both/and）的觀點。對於前述問題，假若我們可以透過減薪與募款，給予三次機會看其表現再定去留，以及對團體目標去蕪存菁增添新意，不就能讓問題順利解決，事情更能圓滿收場。兩人乃建議透過「團體辯證方法」（group dialectics）來解決團體中壁壘分明的兩極問題，並尋求通往共同目標的中正之道。

　　「團體辯證方法」係指平衡競爭壓力（balance competing pressure）。dialectics一詞中，字首di意指「二的」，因此dialectics乃是兩個極端的立場，例如工作或遊戲、相似與不同，而成功的團體則會透過採用兼容並蓄的方法，平衡兩者之間的差距。一般說來，有九種方法來平衡團體中的兩極問題，整理如**表1-4**所示，並附有說明。這九種團體辯證方法分別為：

表1-4　團體辯證方法

團體辯證方法	平衡團體兩極立場的方法
個人目標與團體目標	個人目標與團體目標取得平衡
衝突與凝聚力	建設性衝突的價值與團結、凝聚力的需求取得平衡
順從與非順從	遵從團體規範和標準與求新求變的企圖取得平衡
任務面與社會面	完成任務的責任心和動機與提升團體成員融洽間取得平衡
同質性與異質性	成員的相似性與成員在技術、角色、人格特徵與文化觀點上取得平衡
領導與追隨	領導的效率和倫理與追隨者的義務和責任之間取得平衡
結構與自發	結構上的程序需求與革新及創造性思考之間取得平衡
投入與疏離	成員精力勞力的付出與團體對休養生息的需求取得平衡
開放系統與封閉系統	外部的支持和認可與團體內部的團結和獎賞取得平衡

資料來源：Engleberg and Wynn（2010）；作者。

1.個人目標與團體目標（individual goals and group goals）。

2.衝突與凝聚力（conflict and cohesion）。

3.順從與非順從（conforming and nonconforming）。

4.任務面與社會面（task dimensions and social dimensions）。

5.同質性與異質性（homogeneous and heterogeneous）。

6.領導與追隨（leadership and followership）。

7.結構與自發（structure and spontaneity）。

8.投入與疏離（engaged and disengaged）。

9.開放系統與封閉系統（open system and closed system）。

觀念應用　墨子用人之道與團體溝通

　　春秋戰國時期，耕柱是一代宗師墨子的得意門生。不過，他老是挨墨子的責罵。有次，墨子又責備了耕柱，耕柱覺得非常委屈，因為在許多門生之中耕柱是被公認最優秀的人，但偏偏又常遭到老師的指責，讓他很沒面子。有天，耕柱憤憤不平地問墨子：「老師，在這麼多學生當中，我難道竟是如此的差勁，以至於要時常遭您老人家的責罵嗎？」墨子聽後不動肝火說：「假設我現在要上太行山，依你看，我應該用良馬來拉車，還是用老牛？」耕柱回答說：「再笨的人也知道要用良馬。」墨子又問：「那麼，為什麼不用老牛呢？」耕柱回答：「理由非常簡單，因為良馬足以擔負重任，值得驅遣。」墨子說：「你答得一點也沒有錯，我所以時常責罵你，也只因為你能夠擔負重任，值得我一再地教導與匡正你。」這個故事中，可以給團體溝通一些啟示。

・ 啟示一：部屬應主動與管理者溝通

　　優秀的團隊都有一個特徵，亦即上下都重視溝通，擁有良好的溝通文化。一般來說，管理者要考慮的事情較多且雜，經常會忽略與部屬的溝通。許多工作在下達命令後，管理者並未親自參與執行工作，因此未能考慮到員工可能遇到的具體問題。部屬應主動與領導溝通，以彌補上下溝通不足的問題。

・ 啟示二：管理者應積極和部屬溝通

　　優秀管理者必備技能之一就是高效能的溝通技巧，管理者一方面要善於與更上一級溝通，另一方面還須重視與部屬的溝通。墨子作為一代宗師，差點犯下大錯，如果耕柱在深感不平的情況下沒有主動溝通，而是消極抗拒，甚至遠走他鄉，一則墨子會失去一位良材，二則耕柱無法再從墨子身上學習了。

· 啟示三：**團隊忽視溝通管理會造成「無所謂」的文化**

　　如果一個團隊不重視溝通管理，成員間消極地溝通，會導致形成一種「無所謂」的文化。任何團隊都可能存在著「無所謂」文化，亦即部屬對任何事都無所謂，既不找領導者，也不設法消除心中的憤恨；管理者也對任何事都無所謂，不主動發現和解決問題。假若墨子和耕柱都認為一切都無所謂，耕柱心中憤恨，卻不去積極主動找墨子溝通；墨子感覺耕柱心有怨言，也不積極主動找耕柱交談，化解其不滿的情緒，則本故事將改寫。

· 啟示四：**溝通是雙向的**

　　溝通是雙向的，當耕柱主動找墨子溝通時，若墨子推諉說沒有時間，或不積極與耕柱溝通，將導致耕柱加倍憤恨。若墨子在耕柱未能找自己溝通的情況下，主動找耕柱溝通，然而耕柱卻不積極配合，也不肯說出內心真正的想法，亦將導致雙方誤會加深，終至分道揚鑣。所以，團體生活中宜加強團體內部的溝通管理，莫忽視雙向溝通的價值。不論領導者或部屬都應真誠溝通，如此一來團體才可能健全發展下去。

參考資料：http://www.songyan.com.tw。

課外活動練習

1-1 明星專訪

一、活動目的：認識同學與訂下學習目標。

二、活動說明：

1.採訪前先想想，我想採訪哪些資訊？同學會想知道哪些資訊？我可以用什麼樣的採訪程序取得這些資訊？

2.採訪後想想，我可以用什麼方式來介紹受訪的同學，讓大家記憶鮮明，在下次見面時，就能很快想起他／她是誰。

3.潛能開發專家Brain Tracy（2006）說只有5%的頂尖成功人士會訂定明確的目標。為自己訂下明確的目標，代表你已超越了不訂目標的95%人士，請為頂尖的你訂下在本門課的個人學習目標。

4.目標的設定也可參照以下的目標設定步驟：

4.1我想要達到的目標是……

4.2我如何知道我已經完成目標？

4.3在什麼時候完成？在什麼地方完成？我會與誰一起完成？

4.4當我達成時，我會有什麼改變？

4.5我擁有哪些資源？要達成目標，我還需要哪些資源？

4.6可能會有哪些限制？我將如何排除？

4.7對我而言，這個目標的意義是……

4.8接下來，我要採取的行動是……

三、活動人數：不限。

四、活動時間：30分鐘。

1.訂定個人目標：5分鐘。

2.分組採訪：各5分鐘，2人共10分鐘。

3.團體分享：15分鐘。

五、所需器材：紙、筆。

六、活動程序：

　　1.2人一組，一人為甲，另一人為乙。

　　2.由甲擔任記者，訪問明星乙，並做專訪記錄。

　　3.換由乙擔任記者，採訪明星甲，一樣做專訪記錄。

　　4.回到大團體中，輪流由記者做專訪報導，介紹自己採訪的明星同

　　　學。

1-2 我記得住你

一、活動目的：迅速回憶起他人的姓名。

二、活動說明：

　　1.有個有趣的心理現象——雞尾酒效應（cocktail-party effect），
　　　就是說在有些嘈雜的派對中，我們並不太會注意到隔壁的賓客聊
　　　些什麼內容，但對隔壁賓客提到自己的姓名，卻會有所警覺與注
　　　意。

　　2.另一個有趣的心理現象是舌尖現象（tip-of-the-tongue），乃指明
　　　明認識這個人，但就是叫不出名字來。

　　3.由上述兩個心理現象可瞭解，姓名對每個人都非常重要，問題是
　　　如何避免舌尖現象，能在見面時立刻喊出對方的名字，拉近彼此
　　　的距離。對此，我們可以用什麼方式來輔助記憶對方的姓名呢？
　　　一般說來，利用視覺、聽覺與感覺，加上對姓名的聯想能達到不
　　　錯的效果喔！以下是記憶姓名的範例說明：

　　　3.1黃奎棟：第一眼印象與感覺是酷酷的男生，從姓名可以聯想到
　　　　　一頂「黃」色鋼「盔」有個「洞」，並可做人與想像圖的接
　　　　　合，眼前的人戴著有洞的黃色鋼盔。

　　　3.2劉嘉琪：姓名聽起來像「六加七」，正好是十三點，以此來記
　　　　　憶這位幽默風趣的六加七，十三點。

3.3田國昌：試想對方這個人站在「田」中，祈禱著「國」運「昌」隆。

3.4呂秀珍：試想這位熟女正拿著「鋁」做的「繡」花「針」，正在刺繡。

4.本練習活動的另一目的，是讓班上成員更加認識彼此，方便後續各章的學習活動。

三、活動人數：不限。

四、活動時間：20分鐘。

1.分組思考姓名聯想：10分鐘。

2.團體分享：10分鐘。

五、所需器材：無。

六、活動程序：

1.2人一組。

2.找出自己的姓名聯想並分享給同組學員。

3.團體分享：學員輪流，大聲報出我叫○○○，姓名聯想是……

參考資料：陳麗芳、林佩怡譯（2008），Brain Tracy著。《想成功，先吃了那隻青蛙：博恩‧崔西提升個人效力21個技巧》（*Eat That Frog! 21 Great Ways to Stop Procrastinating And Get More Done in Less Time*）。台北：智富。

關鍵詞彙

團體	團體溝通	團隊	人際需要
個人目標	團體目標	人際吸引	成員
互動	目標	相互依賴	工作任務
網式傳播	圈式傳播	鏈式傳播	Y型傳播
輪型傳播	初級團體	次級團體	正式團體
非正式團體	指揮團體	任務團體	直線型團體
職能型團體	網絡型團體	先賦團體	社會團體
自助團體	成就團體	學習團體	服務團體
公民團體	公共團體	委員會	工作團隊
小組專題討論	座談會	論壇	政府團體
訊息	通路	回饋	情境脈絡
噪音	腦力激盪	衝突	人事問題
團體辯證方法	個人目標與團體目標	衝突與凝聚力	順從與非順從
任務面與社會面	同質性與異質性	領導與追隨	結構與自發
投入與疏離	開放系統與封閉系統		

課後動動腦

1. 你認為學會如何在團體中生活與工作是重要的嗎？為什麼？

2. 團體中的溝通互動與街談巷議、同學會聚餐等非正式團體的互動，有何差別？

3. 你知道團體有哪些功能嗎？哪些功能曾經在你身上產生呢？

4. 請問：你同時參與哪些團體？它們又各屬於何種類型？又有哪些特性？

5. 參與團體，對你的生活帶來哪些優點與缺點？

6. 有人的地方不免就有是非，是是非非常讓團體運作面臨兩極的情境，諸如杯葛團體會議或是矢命效忠同時出現等等，有些人更是捨棄正職投入團體，導致生活出現問題。請問如何在團體與團體外的生活之間取得平衡？

Chapter 2

團體的發展

學 習 目 標

瞭解團體的發展階段

瞭解團體的目標

認識團體的規範

連結團體目標與個人利益

　　印度天王席瓦（Shiva）和女神帕維蒂（Parvati）對他們的兒子加納許（Ganesh）和馬魯哈（Maruha）想引起他們的注意力感到不滿。加納許圓胖可愛，有一雙大耳和大頭。馬魯哈健壯迷人，年紀輕輕就展現了罕見的外在美。兩人常偷偷地溜到父母親身邊撒嬌說：「我是不是你最愛的兒子？」直到席瓦生氣地吼說：「夠了！我會解決這件事，但你們必須保證不能再追問我們這個問題。」孩子都同意。

　　席瓦和帕維蒂想出一個聰明的測試方法，測試結果不僅能知道誰是他們最愛的兒子，還能讓他們就此耳根清靜。夫妻兩人對孩子宣布：「最先環遊世界三次並回到這裡的，就是我們最愛的兒子，並且明天一早就要啟程。」圓胖的加納許一聽便垂頭喪氣，而健壯的馬魯哈則帶著贏家的自信笑容。

　　翌日早上，肌肉像一圈圈鋼鐵般閃亮的馬魯哈與緊張的往嘴裡塞糖果並揉著大肚子的加納許準備出發。天王席瓦莊嚴地站在他們面前說「開始」之際，「咻」的一聲，馬魯哈馬上跳上他的孔雀，像一陣風一樣消失了。加納許卻只是沮喪地坐著，甚至沒有想要追趕他兄弟的意思。突然之間，加納許站起來，丟下手中那袋糖果，對著席瓦和帕維蒂笑著。夫妻兩人好奇的看著他，只見他跳上他的小紅鼠，先繞著父親轉一圈，再繞著母親轉一圈，如此來回重複三次，然後站回原地望著他困惑的父母。帕維蒂問：「加納許，你在做什麼？」

　　加納許解釋說：「你們就是我的世界，現在我已經回來了，環繞我的世界整整三圈。」席瓦和帕維蒂被兒子的摯愛深深感動，並且說：「沒錯！你贏了，兒子。你的確是我們最愛的兒子。」

參考資料：陳智文譯（2008），安奈特·西蒙斯（Annette Simmons）著。《說故事的力量》。台北：臉譜。

摘要

　　本章在於說明團體的發展過程，全文分成三個部分。第一部分為團體發展的階段，乃以「Tuckman團體發展階段」來說明團體發展的五個階段：形成、風暴、規範、執行與終止階段。第二部分說明團體的目標，乃從Locke and Latham的目標理論說明目標的重要性，以及建立與達成團體目標的方法。第三部分為團體的規範，說明團體規範的好壞、對錯、適當不適當等，並闡述兩種主要的團體規範類型：外顯規範與內隱規範。另外，並說明團體成員為何順從於規範，以及對不順從規範的成員如何因應與處理。

　　團體形成的例子在生活中俯拾皆是，從《水滸傳》到受大家歡迎的卡通《航海王》（*One Piece*），再到現實生活中的社團成立、家庭組織等等都是，若能費心觀察，還不難親眼目睹一個團體由出現到消失的過程。

忠義堂石碣受天文

　　話說宋公明一打東平，兩打東昌，回歸山寨，計點大小頭領，共有一百八員，心中大喜，遂對眾兄弟道：「宋江自從鬧了江州上山之後，皆賴託眾弟兄英雄扶助，立我為頭。今者共聚得一百八員頭領，心中甚喜……今者一百八人，皆在面前聚會，端的古往今來，實為罕有……我心中欲建一羅天大醮，報答天地神明眷佑之恩：一則祈保眾弟兄身心安樂；二則惟願朝廷早降恩光，赦免逆天大罪，眾當竭力捐軀，盡忠報國，死而後已；三則上薦晁天王，早生仙界，世世生生，再得相見……」

　　……是夜三更時候，只聽得天上一聲響，如裂帛相似，正是西北乾方天門上。眾人看時，直豎金盤，兩頭尖，中間闊，又喚作天門開，又喚作天眼開。裡面毫光射人眼目，霞彩繚繞，從中間捲出一塊火來，如栲栳之形，直滾下虛皇壇來。那團火遶壇滾了一遭，竟攢入正南地下去了。此時天眼已合，眾道士下壇來。宋江隨即叫人將鐵鍬鋤頭，掘開泥土，根尋火塊。那地下掘不到三尺深淺，只見一個石碣，正面兩側，各有天書文字。

　　……宋江聽了大喜，連忙捧過石碣，教何道士看了，良久說道：「此石都是義士大名鐫在上面。側首一邊是『替天行道』四字，一邊是『忠義雙全』四字；頂上皆有星辰南北二斗，下面卻是尊號……」

　　何道士乃言：「前面有天書三十六行，皆是天罡星；背後也有天書七十二行，皆是地煞星。下面註著眾義士的姓名。」

～〈忠義堂石碣受天文　梁山泊英雄排座次〉，《水滸傳》第71回

團體的發展階段

　　大家熟知的《水滸傳》描寫了一群散亂的盜匪變成一幫替天行道的好漢，便是團體發展的具體過程，可說《水滸傳》不僅是四大奇書之一，更為團體發展過程與目標設立了個好範例。前七十回中描寫以宋江、晁蓋為首，逐漸吸納四方豪傑上梁山的過程，其不論是自願上山，或被貪官污吏逼上梁山，或受感召而上山等，都說明一個團體逐漸發展的過程。到了七十一回之後，三十六個天罡星和七十二個地煞星轉世的一百零八條好漢齊聚忠義堂，排座次，並建立成員的角色與位階。之後，為接受朝廷招安，團體目標「替天行道」大旗改為「順天護國」，又顯示梁山聚義英雄團體目標的改變過程。

　　團體就像人的一生──出生、成長、成熟、衰老、死亡──一樣，有其生命循環週期，可謂為「團體生命循環」（group life cycle）；再者，團體發展因有階段性，許多研究團體形成的理論便多以階段論（stage theory）方式呈現，如**表2-1**所示。

　　目前，探討團體發展的理論與模式甚多，Engleberg and Wynn（2010: 33）整理發現，團體發展研究始自1950年代迄今。許多早期的理論，例如文後的Tuckman模式，多為線性模式（linear model），但是到了1990年代，線性模式則飽受挑戰，主因在於團體的轉變其實與團體成員的覺醒有關；簡言之，團體的運作不是系統地一個接著一個步驟，或是克服一個接著一個難關的路徑，事實上大多數團體邁向下個步驟，多是因為環境改變而引發改變，諸如成員需求、外在環境需求，或是領導者的改變等等，有的團體甚至還會往回走。團體溝通學者Marshall Scott Poole指出，大多數理論模式可能只是理想化的步驟（ideal steps），例如團體發展過程中，若成員均為以前共事的同儕，則團體的運作會直接跳過早期發展階段。以下說明主要的團體發展理論模式。

表2-1　團體發展的理論與模式

學者	團體階段的劃分方法
Bales (1950)	1.定向階段（orientation）；2.評鑑階段（evaluation）；3.決策階段（decision-making）
Bennis and Shepard (1956)	1.依賴階段（dependence）：包括依賴服從（dependence submission）、反依賴階段（counterdependence）、決議階段（resolution） 2.相互依賴階段（interdependence）：迷惑階段（enchantment）、醒悟階段（disenchantment）、概念正確階段（conceptual validation）
Tuckman (1965) Tuckman and Jensen (1977)	1.形成階段（forming）；2.風暴階段（storming）；3.規範階段（norming）；4.執行階段（performing）；5.終止階段（adjourning）
Fisher (1970)	1.定向階段（orientation）；2.衝突階段（conflict）；3.崛起階段（emergence）；4.強化階段（reinforcing）
Klein (1972)	1.定向階段（orientation）；2.抗拒階段（resistance）；3.協商階段（negotiation）；4.親密階段（intimacy）；5.結束階段（termination）
Corey and Corey (1992)	1.開始階段（initial）；2.轉換階段（transition）；3.工作階段（working）；4.結束階段（termination）
Toseland and Rivas (1995)	1.計畫階段（planning）；2.開始階段（beginning）；3.評估階段（assessing）；4.工作階段（working）；5.評鑑階段（evaluating）；6.結束階段（ending）
Wheelan (1999)	1.依賴與融合階段（dependency and inclusion）；2.反依賴與對抗階段（counterdependency and fight）；3.信任與架構階段（trust and structure）；4.執行與產出階段（work and productivity）；5.結束階段（termination）
Agazarian (1999)	1.權威─逃逸階段（authority-flight）；2.權威─對抗階段（authority-fight）；3.親密階段（intimacy）；4.工作相互依賴階段（interdependence work）

資料來源：整理自潘正德（1995：66）；李郁文（2001：116-117）；Engleberg and Wynn（2010: 33）。

　　一般說來，團體的發展階段（forming stage）多以教育心理學家Tuckman提出的「Tuckman團體發展階段」（Tuckman's group development stage），來說明整體團體生命週期的發展，此乃因其簡單、明瞭、易懂、易記。Tuckman的五階段發展模式在1965年提出時，包括形成階段

（forming stage）、風暴階段（storming stage）、規範階段（norming stage）與執行階段（performing stage）（Tuckman, 1965）四個階段，到了1977年增加第五階段——終止階段（adjourning stage）（Tuckman and Jensen, 1977）。請參見**表2-2**及**圖2-1**所示。

表2-2　Tuckman的團體發展階段

形成階段	風暴階段	規範階段	執行階段	終止階段（1977）
成員社會化且謹慎有禮	成員角逐權位並公開唱反調	成員解決權位衝突並建立規範	成員掌握扮演的角色並發揮所長	成員離開，責任卸除

資料來源：Tuckman and Jensen（1965, 1977）。

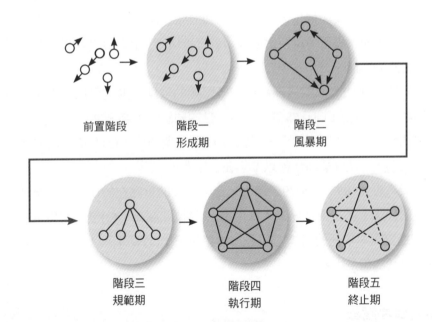

前置階段　　階段一　形成期　　階段二　風暴期

階段三　規範期　　階段四　執行期　　階段五　終止期

圖2-1　團體發展的階段圖

資料來源：Robbins（1991: 413）；作者。

ⅢⅢ➡ 形成階段

又稱為定向階段（orientation stage）。初加入一個團體，因為對環境、團體不熟悉，通常不太清楚適切的應對進退、穿著打扮，因此在行為舉止上較為拘謹、有禮或世故。

在此初始階段，成員仔細探索所欲目標與團體目標的距離，對於與陌生人或不熟悉的夥伴（unfamiliar colleagues）共事感到不安，因此經常試著瞭解對方的工作內容及其人際關係。簡言之，新成員須花時間做功課才能熟悉彼此並認識團體。

Engleberg and Wynn（2010: 30）認為此一階段的特色為：初級緊繃（primary tension）與消除初級緊繃（resolving primary tension）。就初級緊繃言，其引Ernest G. Bormann觀點指出，初級緊繃為一種接觸新團體所產生的社會性不安與僵化，此時，成員間話說得少、貢獻得少，效率並不高。有些團體緊繃感僅維持數分鐘，就打破僵局，有的則持續數個月，嚴重影響團體效能。

若遲遲無法消除前述團體中初級緊繃的現象，則透過以下方法，可提早超越之：(1)正向且熱情：微笑、點頭同意、大笑、展現熱忱；(2)耐心、開放心胸、知道初級緊繃現象會隨著時間淡化；(3)在第一次會議前準備充分，以使團體運作得以聚焦在工作上。

黃惠惠（1993：75-79）指出，此一階段的重點在於建立「安全感」與「信任感」，主要任務為：(1)協助成員彼此認識；(2)澄清團體目標；(3)創造安全、信任的關係；(4)建立團體規範；(5)領導者以身示範；(6)讓成員瞭解團體是大家的。

ⅢⅢ➡ 風暴階段

又稱為衝突階段（conflict stage）。此階段中，成員面臨衝突—凝

聚、領導—追隨的辯證過程。在此階段有成員會對團體感到不耐煩，有的則卯足勁角逐權位、建立遊戲規則，因此成員顯得好議論，公開反對且情緒化。有些團體為避免衝突與競爭，費盡心力逃避。不過，風暴階段卻是團體發展過程中所必需，否則無法解決團體角色、領導、責任分派，以及團體目標等重要問題，而且衝突也讓成員認識到尊重不同意見的重要性。

Engleberg and Wynn（2010: 32）認為此一階段的特色為：次級緊繃（secondary tension）與消除次級緊繃（resolving secondary tension）。就次級緊繃而言，團體成員在競逐權位與成就感的過程中若遇到挫敗與衝突，就是Bormann所稱的「次級緊繃」。這些衝突來自對問題的異議、價值觀的衝突，或是無法處理已分崩離析的成員，開會之際，成員精力旺盛，聲若洪鐘，搶著發言，每個人都豎起耳朵聆聽，深怕漏掉某些重要訊息，活像昂首的鬥雞。

成功的團體將發展出解決之道。例如有些成員會搞笑和緩氣氛，成為團體中的開心果或緩衝劑，有些會另組小團體處理自身的困境與焦慮，處理過程雖然困難、痛苦，不過若未處理這些人際關係，團體凝聚力與效率難以成形。因此若能妥善管理團體成員間的社會緊張關係，則能促使團體超越此一階段。

黃惠惠指出，此階段的成員會有以下的行為特徵（1993：80-86）：

1. 焦慮與掙扎：源自於希望傳達內心真實的感受，卻礙於成員互動只限於表面且不夠深入。
2. 抗拒與防衛：成員為保護自己免受傷害，會有缺席、遲到、沉默、獨占話題等行為。
3. 衝突：直接表達內心的不滿、委屈與抱怨等。
4. 挑戰領導者：對領導方式不滿或感受壓力時，會挑戰領導者的能力。

▐▐▐▶ 規範階段

又稱為凝聚階段（cohesion stage）。前兩階段中，團體成員不是太小心就是太好鬥，因此此階段的團體成員乃開始尋找達成團體目標的方法，並著手建立規範與制定行動規則（rules of engagement）。而且，成員彼此間互動較為自在，熟悉團體決議的程序，並且較願意表達不同意見。也因此，信任感與清楚的目標開始浮現（emerge），整體說來，此階段較具秩序與方向感（order and direct）。Forsyth（1990: 83-85）明白地指出，在這階段團體具有以下特點（轉引自李郁文，2001：120）。

1.在團體動力方面（unity）：我們感到團體感增加、同儕愛和團體精神提升、團體認同得以發展。
2.在成員穩定性方面（membership stability）：低離開率、低缺席率、高參與率、更多的活動參與。
3.在成員滿足感方面（member satisfaction）：擁有更多喜樂、自尊，以及安全感增加、焦慮感降低。
4.在團體內在動力方面（internal dynamics）：團體具有較強大影響力、對團體內部不同意見產生低容忍、團體產生一致性的壓力，並且團體目標、決策及規範，更廣為成員所接受。

▐▐▐▶ 執行階段

又稱為工作表現階段（task-performance stage）。此階段成員全心全力努力工作，角色與責任隨著工作的改變與需要彈性轉換。團體認同、忠誠與士氣滿檔（loyalty and morale generally high），成員除了關注自身的工作，也注意社會問題的解決。在此階段中，縱使發生意見不合，通常能智慧地解決，且討論過程中高談闊論，笑聲不斷，氣氛融洽，效率極佳。

團體溝通觀察站

分粥的規範

　　有七個人住在一起，每天分食一大鍋粥。要命的是，粥每天都不夠吃。一開始，他們抓鬮決定由誰先開始分粥，並決定往後分粥次序，於是乎一週下來，每個人只有自己分粥的那一天，肚子是飽飽的。

　　由於不公平，後來又決定選出一個道德較高尚者出來分粥。有權力的地方就會有腐敗，於是大夥兒便挖空心思去討好、賄賂分粥者，搞得大夥兒烏煙瘴氣。為了防弊，於是大夥兒又決定，將七人分成兩組，三人小組者組成分粥委員會，四人小組者組成評議委員會，但他們還是常常為了分粥，浪費許多時間與精力相互攻擊，導致最後吃到嘴裡的粥早已涼透了。

　　大夥兒最後又回歸到最初的方法——輪流分粥，但是負責分粥者必須等其他人都吃完之後，才能開始吃剩下的粥。為了不讓自己吃到最少，又為了不讓自己吃得太多引起紛爭，每個人輪到分粥時，都盡量分得平均，就算偶有不平均，也就認了。由於逐漸建立規範，紛爭減少，也逐漸形成默契。

　　最後的方法當然不夠聰明，有許多高明方法可解決分粥的公平問題，例如控制杓子大小，或是努力掙錢等。不過這個故事的重點不在分粥點子的高明與否，而是關切成員遵守規範的態度。團體成員若缺乏遵守規範的誠意，則再好的規範也是枉然。

參考資料：網路。

　　吳武典、洪有義、張德聰（1996：156-157）指出此階段應做到下列幾點：(1)以身示範；(2)協助成員由團體經驗中重建認知；(3)協助成員把領悟化為行動；(4)鼓勵成員間相互支持及幫助；(5)協助成員解決問題；(6)團體事件處理；(7)為結束階段做準備。

ⅢⅢ➡ 終止階段

　　又稱為解散階段（dissolution stage）。當團體目標或任務完成，或是成員覺得團體已經無法滿足其需求，或是無法再接受新任務時，團體就進入終止階段。由於團體要解散，因此此階段團體的特徵為：成員反應或感覺較為情緒化，會受離別情緒的影響而感傷或沮喪（李郁文，2001：122），例如前文中水滸好漢由賊變兵，完成朝廷任務之後，除戰死沙場者過半外，餘者各自返回歸處，可說生者離、死者別，令人唏噓。

　　「天下無不散的筵席」，此一階段，可作為回顧整理過去共同記憶之用，並分享彼此的關懷，或是透過慶賀等方式為團體畫下完美的句點，以減輕團體因解散所引發的傷感情緒。

　　綜上所述，團體的發展其實是變動的過程而非碇泊不動，其從紊亂、衝突，到規範、整合，每個階段之間雖然沒有明確的切點可以劃分何時可以進入下個階段，但是每個階段都為上個階段的延續，下個階段的雛形。透過**圖**2-1，可以更清楚看到團體發展過程中，團體內在動力的發展過程（Robbins, 1991: 413）。

⫸ 團體的目標

　　不論是宗教團體、社福團體，或是黑幫、社運團體等等，皆有其目標。何謂團體目標（group goal）呢？一般來說，團體目標就是讓團體成

員具有方向感，而且為求達成目標，容易創造出相互合作、彼此依賴且具凝聚力的工作環境。林振春、王秋絨（1992）即指出：「目標的存在，代表團體共同努力的方向，團體動力過程與功能均受目標影響。」團體若無目標，成員無所事事，不知為何而來而戰，易土崩瓦解。

不過，團體目標不宜盲目設定，應具備某些要件，且應該具體，有挑戰性（specific and challenging），而有具體的目標執行成果較佳（Engleberg and Wynn, 2010: 36-38）。例如「反核四」、「吃素救地球」其目標相對於「抗暖化」來得具體且實際許多。就挑戰性言，例如縣市級民意代表欲更上層樓挑戰立法委員，對競選團隊而言便具有挑戰性與成就感，相對的，立法委員改以角逐縣市民意代表，甚至里長，不僅讓競選團隊洩氣，社會風評亦較負面。

Locke and Latham（1984）提出目標理論（goal theory），以檢視團體目標設定（goal setting）的價值，以及達成團體目標的方法。兩人發現團體功能能否發揮極致，端賴目標是：(1)具體的（specific）；(2)困難卻可行的（hard but realistic）；(3)成員可接受的；(4)可評估表現；(5)具回饋與獎勵（feedback and rewards）；(6)團體與成員共同擬訂；以及(7)成員因之成長。Locke and Latham也宣稱，有效力的目標設定可以提升團體的產能並改善工作品質，至於難度高的團體目標則讓團體更加團結努力，目標也變得更有價值，例如亞運奪銅與奧運奪金的目標，價值上便有極大的差異。

Locke and Latham的目標理論不僅說明目標的重要性，更提出一步步建立與達成團體目標的方法，如表2-3所示。他們建議，不管在何種時空環境之下，透過詢問以下六個問題，有助於團體目標的制定：

1.清楚（clarity）：目標清晰、具體嗎？成果看得到嗎？

2.挑戰性（challenge）：目標具難度、鼓舞人心、耐人尋味？

3.承諾（commitment）：成員覺得目標有意義、切合實際，以及可達成？成員願意戮力達成目標嗎？

表2-3　團體目標的設定

目標設定步驟	目標設定問題	範例
透過成果、團體行為以詳細說明任務的本質	要完成什麼任務？	為台灣東部偏鄉小學籌募營養午餐基金，使貧童天天有免費營養午餐
詳細說明團體的成果、行動為何	如何知道我們已經達成任務？	基金會已籌募1億元，孳息照顧十所小學貧童
詳細說明達成團體目標的標準	我們達成任務要求的程度為何？	三年內募足款項者差強人意，若兩年內則表現優異
詳細確認達成次要與主要目標所需與截止時間	在任務截止日前，我們必須完成哪些工作？	一年內須向台灣百大企業募款一次，善款須達5,000萬
詳細說明達成目標的配合需求	我們如何配合，對團體的效率與效能方有貢獻？	1.列出百大企業有用資訊 2.尋找公關公司協助

資料來源：整理自Engleberg and Wynn（2010）；Locke and Latham（1984）；作者。

4.相容性（compatibility）：團體目標與個人目標皆可達成嗎？

5.合作（cooperation）：目標需要與其他團體合作嗎？

6.代價（cost）：團體有資源如時間物質等協助達成目標嗎？

團體的規範

　　團體規範（group norms）就是團體的規則（rules），它會影響團體成員的言行舉止、穿著與工作等等。例如韓國超人氣偶像團體少女時代（Girls' Generation，簡稱少時或SNSD）[1]在穿著、舞蹈等方面，均因團體

---

[1] 少女時代為韓國偶像團體，是韓國SM Entertainment於2007年推出的九人女子組合，部分成員在團體出道以前便已開始在藝能界活動。團名「少女時代」蘊含著「少女們要征服亞洲歌壇的時代來臨」之意，由九位多才多藝的少女所組成，部分成員各自通曉中文、英語和日語等各種外語。出道後兩年內即已在韓國、日本、中國、台灣和泰國等亞洲國家累積廣大的知名度。參見維基百科 http://zh.wikipedia.org/zh-hk/%E5%B0%91%E5%A5%B3%E6%99%82%E4%BB%A3。

整體形象的要求而有所規範。

團體從形成階段邁向執行階段的過程中，團體規範便扮演重要的因素。傳播學者Patricia Andrews（1996: 185）定義規範為：「團體成員關心何種行為或意見可或不可接受？好或壞？對或錯？適當或不適當？等諸多期待（sets of expectations）。」規範可確保團體成員間的互動正向且一致。所以，團體規範宜：

1. 表達團體的價值。
2. 協助團體平順地運作。
3. 定義出合宜的社會行為。
4. 幫助團體活下去。

陳國明、陳雪華（2005：145）定義：「團體規範是指團體的共同信念與團體成員的行為標準，就像『團體的遊戲規則』，讓大家的行為可預期，以確保團體存在之意義與目標之達成。」否則，只是一種「人群聚集」。由此定義可知，拜資訊科技產生的「快閃族」（flash mob）現象，則僅能說其近乎團體而已。

團體規範是團體行為的預言者。英國心理學家Nicky Hayes（2004: 31）說，團體規範難以捉摸（intangible），經常不易透過文字表達，但這並不意味著團體規範不存在。成員經常努力順從團體規範，否則不是被驅逐出家門，就是被嘲笑在狀況外。

▐▐▐▶ 團體規範的發展

Feldman（1984）對於團體規範的形成，提出四個收關因素：

1. 在團體早期，規範的建立通常透過團體中最早發生的事件。團體成員初次見面，彼此都感到不確定與不舒服，因此團體中最早發生的事件容易變成習慣以降低彼此的不確定感。

2.有時規範透過領導者或成員的聲明建立。例如理事長說為節能減碳抗暖化，辦公室即日起午休時間一律電腦關機、關燈。

3.有些規範的建立係透過團體發生的重要事件。例如團體成為社區中抗暖化示範單位，會更加嚴格要求成員養成節約用電用水的習慣。

4.許多團體規範多採自成員所屬的文化。例如儒家文化認為「巧言、令色，鮮矣仁」，因此，要求成員多做少說，或者傳達「人在做，天在看」等，即強調「做，就對了」的觀念。

ⅢⅢ➡ 團體規範的類型

一般說來，團體規範的類型（types of norms）主要有兩種，即外顯規範（explicit norms）與內隱規範（implicit norms）。外顯規範通常採用白紙黑字條列出來，或是透過語言清楚表述，容易識別。大型團體由於人多事繁，因此通常有一套明確的規範供成員遵守，例如宗教團體戒律、童子軍《童軍手冊》（*Boy Scout Handbook*）等[2]。

內隱規範較少公開討論，因此不容易辨識。這類規範常讓新進人員花費諸多時間去學習與揣摩，例如團體聚餐，成員分頭落座過程中，雖然大家並未口頭約定，但通常都很有默契地找出主位並留給領導者。

不論規範是公開傳誦（chain out）或是私下瞭解，整體上團體規範可分為四類，整理如**表2-4**所示。

---

[2]　例如回教徒不吃豬肉，基督教要求不可殺生、不可姦淫、不可偷盜、不可做假見證，當孝敬父母，又當愛人如己，彼此相愛等。《童軍手冊》是美國童軍的官方手冊，描述了很多類似童軍的道德和資格，以及童軍該知道的事，例如騎士精神、歷史、國家議題等等，最後則是「總之，成為良好的童軍，是要成為一個完全發展、完全機敏的人」。參見維基百科，http://zh.wikipedia.org/zh-hant/%E7%AB%A5%E8%BB%8D%E6%89%8B%E5%86%8A。

表2-4　團體規範的類型

	互動性規範	程序性規範	身分地位規範	成就規範
關鍵問題	何種溝通行為為宜？	團體如何運作與開會？	誰握有實權掌控局面？	團體標準為何？
內隱規範範例	我們都以兄弟姊妹相稱，比較親近	會前先簽到與關機	負責人總是坐在會議室的正中心	所有人均提前或準時與會
外顯規範範例	開會時主席會要求大家逐一上台說話	會前秘書確認所有人均有議程表與討論題綱	若投票結果僵持不下，由主席裁決	所有成果最後均製作結案報告並簡報之

資料來源：Engleberg and Wynn（2010）；作者。

互動性規範（interaction norms）

決定成員彼此之間如何溝通，以及何種溝通類型較適當。

程序性規範（procedural norms）

說明團體如何運作，有助於瞭解團體傳統上的運作程序。

身分地位規範（status norms）

界定成員在團體中的影響力，透過此規範可知成員擁有的名聲與影響力。

成就規範（achievement norms）

由團體成員工作中展現的質與量來決定，即估算與其他團隊合作須耗費多少時間精力等。

ⅠⅠⅡ➡ 順從與不順從

順從

團體規範讓成員在表現上須遵守團體既定的規定，可是順從（conformity）則是指團體成員採取多數人能接受的態度與行為，並且堅

【團體溝通觀察站】

猴子與香蕉──團體規範與順從

　　有一群猴子關在一個籠子裡，籠子上方開了一個洞，洞中緩緩墜下一串香蕉，猴子看了就去抓。但香蕉通了電，抓了就觸電，電了幾次以後，這些猴子知道這串香蕉是有問題的，就不再去抓；這時移走一半的猴子，換上一半第二代的猴子，此時香蕉又在籠子上方出現，第二代的猴子看了要抓，第一代的猴子馬上過來拉住，拉了幾次以後，第二代的猴子知道這串香蕉是有問題的，也就不再去抓；這時將第一代曾經遭電過的那一半猴子完全移走，換上一半第三代的猴子，香蕉再次出現，第三代的猴子要去抓，馬上就被第二代的猴子制止，雖然第二代的猴子從來沒有被電過，制止幾次以後，第三代的猴子對這串香蕉也就不再有任何興趣，實驗至此結束。

　　但實際的情況如何？這串香蕉只在首次放入籠子時通電，後來每次再出現都只是一串可口香甜的香蕉，可以隨抓隨吃，但第二代和第三代的猴子卻無福消受。

　　從團體溝通的角度視之，「好吃的香蕉不准吃」竟成為猴子的「團體規範」，團體成員（猴子）之間拉扯勸阻的行為就形成「團體壓力」（group pressure）。在態度與行動上遵守此規範的，通常就是順從聽話的「好猴子」，容易受肯定；相反的，不守規矩的就是調皮搗蛋的「壞猴子」，經常等著懲罰。

　　我們想想，當初如果有一隻不聽話的猴子，蔑視權威，衝撞體制，拚著挨打硬是去抓香蕉，結果會是什麼呢？說不定牠會當上「國父」。

參考資料：孫維新（2009）。〈猴子與香蕉〉，《講義雜誌》電子報，第181期，3月9日；作者。

守團體的社會規範（group's social norms）。遵守團體規範可帶來好處，例如在學校讀書期間當老師的好學生、在家中當爸媽的好兒女、老婆（公）的好老公（婆）、子女的好父母、社區裡的好鄰居、公司裡的好員工、國家的好公民等，成為人人口中的好好先生（女士）。

從普遍人心人性來思考，好好先生（女士）的內心也會有忽視或改變規範的企求，不過多數人不管處在哪一種團體中，多選擇順從。因為順從的好處較多，通常是因為你：(1)想要繼續留在團體之中；(2)身分地位較低，不願冒險，或是自認人微言輕，說了沒用，或是不願當墊背的，或變成代罪羔羊；(3)認為順從是應該的；(4)已經習慣了，而且與團體成員相處融洽、合作愉快；(5)違反規矩會受罰，乖乖聽話的有糖吃。

不順從

不順從是指團體成員不願再遵守團體規範，其發生通常是因為成員發現所屬團體已無法滿足其期待（meet the expectations），或者成員發現更好的團體替代方案或更適切的目標，就可能脫軌。一般來說，不順從有兩種：一為建設性不順從（constructive nonconformity），一為破壞性不順從（destructive nonconformity）（Engleberg and Wynn, 2010: 42）。

建設性不順從

當團體成員為改善團體目標而努力並反對現有團體規範時，會產生建設性不順從。對團體來說，建設性不順從有其需要與價值，因其可避免成員忽視重要的訊息，加快決策速度，有效率的團體會在順從與不順從之間取得平衡。建設性脫軌的出現形式，例如：(1)開會期間老是問最新進員工的意見，長此以往，我們可能會錯過資深員工豐富的經驗與熟練的技術；(2)開了三個小時會，我就無法參加下一場會議。

家庭是從我們一出生便與我們有濃厚情感的非正式團體，因此家庭對我們的決策通常有很強大的影響力。例如選填大學志願時，如果志趣符合父母的期待與社會主流價值，通常不會受到阻撓；但倘若志趣「異於

常人」，如廣告人、禮儀師、歌手等等，父母若聞所未聞不予搭理就算了，若父母堅決反對，嚴重者可能鬧「家變」。此時，除了要說明自己興趣在此，更宜費盡唇舌說服父母相信「行行出狀元」，以捍衛自己的志趣。

破壞性不順從

當團體成員反抗團體規則且無視於團體的目標與最佳利益時，便產生破壞性不順從。破壞性不順從讓所有類型的團體都必須正視其規範存在的價值，即檢視團體中哪些規範出了問題，並設法釐清、改變，以使成員能夠接受。例如子女離家出走來反抗父母強迫其選填志願，或是婚姻講求門當戶對，引發家庭風暴等等，此時此刻正是檢視彼此價值觀的好時機。

人們都愛當喜鵲來報喜，不願當烏鴉來「唱衰」，因此團體之中並不常出現具有破壞性的成員，而且歷史悠久的團體通常也有一套因應處理機制。對於破壞性不順從的成員，Engleberg and Wynn（2010）提出了容忍接納（accept）、正面迎擊（confront）以及逐出團體（exclude）三種方法來因應之。

1. 容忍接納：對於破壞性不順從，團體通常會選擇接納或容忍。容忍意味著團體必須與具破壞性的行為共處，如果這些破壞性行為不損及團體的任務、目標與成功，未造成不便與干擾，可保相安無事，例如某成員老是遲到，已成其個人風格；或是政府閣員自揭單位內瘡疤反受民眾愛戴等等。

2. 正面迎擊：當破壞性行為難以忍受或忽視，甚至威脅到團體的成功與目標時，便須加以處理。首先，可以在開會時當著所有成員面前公開要求該成員不要再遲到，不要任意打斷別人講話與做人身攻擊；或是要求閣員不要在媒體面前任意放炮，一律透過政府發言人。然於會議期間公開討論破壞性行為，通常耗時費力，此時若能

透過私下場合，由團體負責人或是資深成員與破壞分子（disruptive member）開誠布公地討論其言行舉止的缺失，也不失為一解決成員與團體問題的良方。

3.逐出團體：當前述的方法都罔效，就逐出破壞分子。逐出的方式有多種，例如在開會期間把問題成員趕出會場，或在場中忽視其意見，或是拒絕眼神接觸，或是視而不見等等。其若有自知之明，將會離開團體；而對團體來說，驅逐破壞分子可以減少很多不必要的麻煩，只是團體在下逐客令之前，必須自問其行為是否：(1)破壞性非常高；(2)弄得天怒人怨，成員挫折連連；(3)容忍接納之策已不可行；(4)正面好言相勸之法亦告無效；(5)變得有敵意，並製造麻煩；(6)團體已決議驅逐他／她；(7)驅逐決議引起成員焦慮，但決議卻不變；(8)驅逐後，團體的凝聚力與產能提高。對於團體來說，對成員下逐客令，不僅是家醜，更容易樹敵，也讓當事人丟盡顏面，只是「禍福無門，唯人自召」，也怨不得他人，更何況艱難的決定通常都是正確的決定（the difficult decision was the right decision）。

【團體溝通觀察站】

尊重差異

　　教育家李維思（R. H. Reeves）有個著名的寓言《動物學校》（*The Animal School*），內容是這樣的：有一天，動物們決定設立學校，教育下一代以應付未來的挑戰。校方並訂定了一套完整的課程，包括飛行、跑步、游泳及爬樹等等本領，為方便管理，所有動物一律要修習全部課程。

　　鴨子游泳技術一流，飛行課的成績也不錯，可是跑步就無計可施了。為了補救，只好在課餘加強練習，甚至放棄游泳課來練習跑步。到最後磨壞了腳掌，游泳成績也變得平平。校方可以接受平庸的成績，只有鴨子自己深感不值。

　　兔子在跑步成績上名列前茅，可是對游泳卻一籌莫展，甚至精神崩潰。

　　松鼠爬樹最拿手，可是飛行課老師定要牠自地面起飛，不准從樹頂上起飛，搞得牠精神緊張，肌肉經常抽搐，最後爬樹得了大丙，跑步更只有丁等。

　　老鷹是個問題兒童，必須嚴加管教，在爬樹課上，牠第一個飛達樹頂，不曾理會老師的爬樹規定。

　　到學期結束時，一條怪異鰻魚以高超的泳技，加上勉強能飛、能跑、能爬的成績，獲得最高分，還代表畢業班致詞。

　　另一方面，地鼠為抗議學校未能把掘土打洞列為必修課，而集體抵制，除了先把自己的子女交給獾做學徒，還與土撥鼠合作另設學校。幾年下來，也忘了當初成立學校的初衷。

　　李維思的《動物學校》故事，探討的不僅是教育問題，更是團體成員在團體中是否適才適所的問題。有些成員在團體中表現得像是破壞者、搗蛋者，但經仔細思考，問題或許是將其放錯了位置，或許根本就是入錯了團體。

參考資料：網路。

ⅢⅢ➡ 效率團體的特質

Larson and LaFasto（1989）透過研究許多成功團隊的訪問，發現最有效率的團體，通常具有以下八種特徵：

1. 清楚與振奮人心的目標。
2. 結果導向的結構：建立適當的結構或系統來解決問題。
3. 具才幹的團隊成員：成員之技術、智慧、性格臻於佳境。
4. 信奉團結：忠於團體、獻身於團體目標。
5. 合作的氛圍：創造誠實、開放、一致與相互尊重的團體氣氛。
6. 訂立優越的標準：供成員追求與挑戰。
7. 外部的支持與認可：成員優異表現應予以獎勵。
8. 原則性領導：領導人任務在於協助團體達成目標，以及賦予成員自信與責任。

觀念應用　草帽一夥人 目標：當上海賊王

　　財富、名聲、勢力，擁有這世界上一切的「海賊王」文爾·D·羅傑，在臨刑之前說出了一句話：「想要我的寶藏嗎？想要的話可以全部給你，去找吧！我把所有的財寶都放在那裡。」後來世界上的人們，將這個寶藏稱作一個大祕寶（one piece）。許多人為了爭奪one piece，而爭相出海成為海賊，後來就形成了「大海賊時代」。主角蒙其·D·魯夫為了要實現與「紅髮」傑克的約定而出海，在遙遠的路途上找尋著志同道合的夥伴，一起進入「偉大的航路」，目標是當上「海賊王」。

　　《One Piece》是一部描寫一群夥伴（稱為草帽一夥人，或草帽海賊團、魯夫海賊團）之間誠摯的友誼和夢幻的冒險歷程，漫畫中充滿令人振奮的熱血場景和感動人心的畫面。作者尾田榮一郎（おだ えいいちろう）於1997年起在日本漫畫雜誌《週刊少年Jump》連載，受世界各地讀者的歡迎。《One Piece》目前全部成員有九人，全遭懸賞，總金額高達8億50貝里。海賊團人數雖少，但各個都身懷絕技，從東海進入偉大航路，經過「司法之島事件」後，成為全世界的焦點。航行至夏波帝諸島時，全員被彈飛分散到世界各地。經由「海賊王的右手」雷利的指點，給船員們兩年期間各自修練。之後全員重新聚集於夏波帝諸島，重新展開偉大航路後半段「新世界」的冒險。

　　《One Piece》在《週刊少年Jump》中占據人氣榜第一名，單行本在日本以外的亦已有三十多個翻譯版本發行。2011年，漫畫單行本的總銷量在日本本土突破二億五千萬部，單行本第64卷，初版發行量高達四百萬冊，成為日本圖書出版史上初版發行量最高的作品。

　　從團體溝通的角度來思考，《One Piece》的故事是團體形成過程的範例，當然可以看到這九人團體中隱含的規範，以及明確的團體目標。這九個人各個身懷絕技卻又各司其職，相互扶持，不僅充分展現

出人們對於冒險犯難的渴求，更是對於無私無懼、相互扶持友誼的渴望，無怪乎《*One Piece*》擁有如此超高的人氣，且老少咸宜至今。

參考資料：維基百科《*One Piece*》，http://zh.wikipedia.org/wiki/ONE_PIECE。

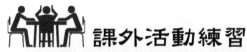 課外活動練習

2-1 介紹新團體

一、活動目的：體驗團體的形成。

二、活動說明：

　　1.李郁文（2001）提到團體是由兩個以上的人，在共同的目標下，經由接觸與互動，並有著相互依賴的關係，逐漸發展形成。以社團為例，也是有一群人因為對某項事物的喜愛，而有了互動，並且為了追尋喜愛的共同目標，逐漸形成。

　　2.本練習在於模擬團體形成的過程，並透過不同小組的分享，讓學生發現，雖同為學生或社團的一員，其實各自有著不同的團體身分與觀點。

三、活動人數：約30人。

四、活動時間：25分鐘。

　　1.小組討論：10分鐘。

　　2.小組介紹：12分鐘。

　　3.票選最想參加社團：3分鐘。

五、所需器材：海報紙、奇異筆。

六、活動程序：

　　1.將參與者劃分為數個小組，每小組中選擇一位出來成立一個新社
　　　團。

　　2.請小組為新社團訂定名稱、目標與活動。

　　3.請小組公開介紹新社團。

　　4.請所有學生共同票選最想參加的社團。

七、活動變化：還可就以下議題進行分享或討論：

　　1.對於新社團，我參加與否的理由為何？

　　2.假如我是社團發起人，將會如何宣傳我的理念？

資料來源：李郁文（2001）。《團體動力學——群體動力的理論、實務與研
　　　　　究》。台北：桂冠。

2-2 畫圖接力

一、活動目的：體驗團體的促成與合作。

二、活動說明：

　　1.由主持人公布繪圖主題，由小組成員以一次一位的接力方式，完
　　　成繪圖。

　　2.透過主題繪圖接力方式，讓小組成員思索如何延續前面小組成員
　　　的成果，達成全組想完成的繪圖主題。

三、活動人數：不限，可6至10人一組。

四、活動時間：約70分鐘。

　　1.主持人說明規則與分發器材：5分鐘。

　　2.小組繪圖：每人5分鐘。

　　3.各組說明：每組3分鐘。

　　4.票選最佳圖畫：5分鐘。

　　5.團體討論：10分鐘。

五、　所需器材：圖畫紙、畫筆、膠帶、計時器。

六、 活動程序：

1.以6至10人為一組，並分發圖畫紙一張與畫筆工具。

2.主持人公布繪圖主題，請以所有人都能想像與發揮者為準，例如海邊、港口、山景、牧場等。

3.請各小組將分配到的圖畫紙利用膠帶黏貼在牆壁上。

4.主持人說明規則，每一小組成員都要上場畫圖，但一次只能有一位作畫，每位有5分鐘的時間，無論是否已經完成，時間一到即換手，由尚未作畫組員上場繪圖，輪完為止。主持人每5分鐘提醒各組換人。

5.待各組完成後，由各小組推派一員，輪流說明自己小組的繪圖。

6.進行票選，以舉手方式票選出最佳圖畫與最佳合作小組。

7.所有學員分享過程中的體會與發現。

七、活動變化：

1.可於各組開始繪圖接力前，給予各組討論構圖的時間。

2.以黑板取代圖畫紙，並且不給予事先討論即直接進行活動。此時會發現有些學員會擦掉前面學員的繪圖，可在團體討論時請學員發表對此舉的看法。

資料來源：作者。

關鍵詞彙

Tuckman團體發展階段	形成階段	風暴階段	規範階段
執行階段	終止階段	團體目標	目標理論
團體規範	快閃族	外顯規範	內隱規範
互動性規範	程序性規範	身分地位規範	成就規範
順從	不順從	初級緊繃	次級緊繃

課後動動腦

1. 說明團體的發展有哪些階段？特色為何？
2. 為什麼清楚明確、具難度且振奮人心的目標對成功團體的產生非常重要？
3. 說明團體規範對於團體的產能與成員的互動有何影響？
4. 你認為要產出成功團體的條件有哪些？
5. 對於團體中所謂的搗蛋分子或是反對派，你認為應該如何溝通或處置為宜？

Chapter

3

團體成員

學 習 目 標

- 瞭解團體成員的需求與角色
- 瞭解團體的多元性
- 瞭解團體成員的性格
- 瞭解團體成員與文化之間的關係

公主的月亮

　　從前有位公主叫蒂蒂，有天，公主生病了，她嬌憨的告訴疼她的父親說：「我想要天上的月亮，如果能擁有月亮，我的病就會好。」愛女心切的國王立刻召集國中的聰明智士，要他們想辦法拿到月亮，但無論是總理大臣、宮廷的魔法師或數學家，都無法達成任務。這可是個大難題！縱使他們過去都曾完成許多超難任務，但要拿到月亮，任誰都不行。有趣的是，他們都找到了拿不到月亮的藉口。

　　總理大臣說：「它遠在三萬五千哩外，比公主的房間還大，而且是由熔化的銅做的。」

　　魔法師說：「它有十五萬哩遠，用綠起司做的，而且整整是皇宮的兩倍大。」

　　數學家說：「月亮遠在三十萬哩外，又圓又平，像個錢幣，有半個王國大，還被黏在天上，不可能有人拿得到。」

　　國王面對這些「不可能」，心頭又煩又氣，只好叫宮廷小丑來給他彈琴解悶。小丑瞭解國王心煩的事情後，得出了一個結論：「如果這些有學問的人說的都對，那麼月亮的大小、遠近勢必都不一樣，所以，當務之急是要弄清楚公主心目中的月亮有多大？有多遠？」國王一聽，茅塞頓開。

　　小丑立時到公主房裡探望公主，並順口問公主，月亮有多大呀？

　　「大概比我拇指的指甲小一點吧！」公主說，因為她只要把拇指的指甲對著月亮就可以把它遮住了。

　　「那麼有多遠呢？」小丑接著問道。

　　「不會比窗外的那棵大樹高！」公主所以這麼認為，是因為有時候月亮會卡在樹梢間。

　　「那麼月亮是用什麼做的呢？」

　　「當然是金子！」公主斬釘截鐵的回答。

　　比拇指指甲還小，比樹還矮，用金子做的月亮當然容易拿啦！小丑立時找金匠打了個小月亮，穿上金鍊子，給公主當項鍊，公主好高興，第二天病就好了。

　　但是國王仍舊很擔心，因為到了晚上，真的月亮還是會掛在天上，公主如果看到了，謊言不就揭穿了嗎？於是他又召集了那班「聰明人」，向他們徵詢解決問題的方法，怎麼樣可以讓公主不會看見真的月亮呢？有人說要公主戴墨鏡，有人說把皇宮花園用黑絨布罩起來，有人說天黑之後就不停地放煙火，以遮蔽月亮的光華。當然，沒一個主意可行。

　　國王深恐公主看見真的月亮就會再生病，心急如焚的他又再度找來小丑為他彈琴解悶。小丑知道了聰明大臣的想法後，告訴國王，那些人無所不知，如果他們不知道怎麼藏月亮，就表示月亮一定藏不住。聽到小丑這種說詞，只是令國王更沮喪。眼看月亮已經升起來，接著就要照進公主房間了，國王大叫：「誰能解釋為什麼月亮可以同時出現在空中，又戴在公主的脖子上？」

　　小丑靈機一動，提醒國王，如果公主可以解開拿到月亮的難題，那麼也就能回答眼下的問題，問問公主就知道答案了。於是小丑到了公主房間，問了這個問題。

　　沒想到公主一聽就哈哈大笑說：「小丑好笨，這個問題很簡單啊！就像牙齒掉了會長新牙，花園的花被剪下來仍會再開一樣，月亮當然也會再長出來呀！」哈！困擾了所有聰明人的問題，對公主來說，根本不是問題。

　　在團體互動中，人們習慣以自己的觀點去思考問題、揣摩他人心意，若揣錯情、會錯意，不免造成彼此的嫌隙。尊重團體成員的個人觀點，多多溝通，並努力從異中求同，方是上策。

參考資料：劉清彥譯（2001），James Thurber著。《公主的月亮》（*Many Moons*）。台北：和英。

摘要

　　「一樣米養百樣人」，縱使是雙胞胎兄弟或姊妹，雖長得同一個樣，性格卻常大不同。團體是人的集合，不免各式各樣的人都有，俗諺「林子大了，什麼鳥都有」便是此理。團體成員形形色色，人才自然濟濟，有助於團體目標的實踐；不過相對的，不免藏污納垢，或不乏別有所圖者，因此，主其事者若能掌握每個團體成員的專長性格，並適才適所任用之，才有助於團體目標的完成。

　　本章分成四個部分來分析團體成員。第一部分說明團體成員的需求與角色，由Maslow的需求階層理論與Schultz的人際需求理論，分析團體成員加入團體的需求因素，並由團體任務角色、團體維持角色與自我中心角色三個觀點，說明成員在團體中的角色扮演。第二部分團體的多元性，分從團體的同質性、異質性與多元性團體的溝通障礙說明之。第三部分則為團體成員的性格，藉由「五大人格特質」與「Myers-Briggs人格分類指標」來說明團體成員的人格類型。第四部分成員與文化，乃借用荷蘭社會心理學家Geert Hofstede所提出的四種文化間面向：個人主義—集體主義、權力距離、不確定趨避、陽剛—陰柔價值，以及人類學家Edward T. Hall提出的高情境文化與低情境文化、單線性與多線性時間取向，合計共六個面向來說明團體成員與文化之間的關係。

海棠詩社

　　黛玉道：「既然定要起詩社，偺們就是詩翁了，先把這些『姊妹叔嫂』的字樣改了才不俗。」李紈道：「極是！何不起個別號，彼此稱呼倒雅。我是定了『稻香老農』，再無人占的。」探春笑道：「我就是『秋爽居士』罷。」寶玉道：「居士主人，到底不恰，又累贅。這裡梧桐芭蕉盡有，或指桐蕉起個倒好。」探春笑道：「有了。我卻愛這芭蕉，就稱『蕉下客』罷。」眾人都道：「別致！有趣！」黛玉笑道：「你們快牽了她去，燉了肉脯子來吃酒！」眾人不解。黛玉笑道：「莊子說的：『蕉葉覆鹿。』她自稱『蕉下客』，可不是一隻鹿麼？快做了鹿脯來！」

　　眾人聽了，都笑起來。探春因笑道：「你又使巧話來罵人。你別忙，我已替你想了個極當的美號了。」又向眾人道：「當日娥皇、女英灑淚在竹上成斑，故今斑竹又名湘妃竹；如今她住的是瀟湘館，她又愛哭，將來她那竹子想來也是要變成斑竹的，以後都叫她作『瀟湘妃子』就完了。」大家聽說，都拍手叫妙。黛玉低了頭，也不言語。李紈笑道：「我替薛大妹妹也早已想了個好的，也只三個字。」眾人忙問：「是什麼？」李紈道：「我是封她為『蘅蕪君』，不知你們以為如何？」探春道：「這個封號極好。」

　　寶玉道：「我呢？你們也替我想一個。」寶釵笑道：「你的號早有了，『無事忙』三字恰當得很。」李紈道：「你還是你的舊號『絳洞花主』就是了。」寶玉笑道：「小時候幹的營生，還提它做什麼？」寶釵道：「還得我送你個號罷。有最俗的一個號，卻於你最當。天下難得的是富貴，又難得的是閒散，這兩樣再不能兼有，不想你兼有了，就叫你『富貴閒人』也罷了。」寶玉笑道：「當不起！當不起！倒是隨你們混叫去

罷。」黛玉道：「混叫如何使得？你既住怡紅院，索性叫『怡紅公子』不好？」眾人道：「也好。」

　　……李紈道：「立定了社，再定罰約。我那裡地方兒大，竟在我那裡作社。我雖不能作詩，這些詩人竟不厭俗，容我做個東道主人，我自然也清雅起來了。還要推我做社長，我一個社長，自然不夠，必要再請兩位副社長，就請菱洲、藕榭二位學究來，一位出題限韻，一位謄錄監場。亦不可拘定了我們三個不作，若遇見容易些的題目、韻腳，我們也隨便作一首。你們四個，卻是要限定的。是這麼著就起；若不依我，我也不敢附驥了。」

～〈秋爽齋偶結海棠社 蘅蕪苑夜擬菊花題〉，《紅樓夢》第37回

團體成員的需求與角色

　　小說《紅樓夢》中人物組成的「海棠詩社」，雖然寥寥數語，也已經說明團體的組成過程、作詩吟詞以彰顯大觀園眾姊妹之文采的團體目標、責任分派與任務分工，以及最重要的成員組成內涵。

成員需求

　　人們加入團體的理由不一而足，有的是基於興趣與理念，有的是礙於人情或是同儕壓力，有的在於尋找歸屬感，有的在可有可無心態下參加，也因此有些人參與團體興致勃勃，出錢出力；有些則人興趣缺缺，三催四請還是不見人影。《紅樓夢》中的人物創立海棠詩社的過程也是許多團體運作的縮影，雖然詩社只有少少七八人，卻各有心思。

　　整體來說，主動參與團體者都是為了滿足個人的需求，例如加入宗

教團體擔任志工做資源回收者，盼為地球環境貢獻心力；大學生參與社團、學會等團體，或在於交友，或在尋求歸屬感。簡言之，這類團體的成員多是志同道合者聚集在一起共同追求理想，以組織樂團為例，雖然走南闖北四處表演奔波，卻也不以為苦。

　　對於人們為何願意加入團體，待在團體之中，以及離開團體，有兩個心理學理論可以說明之，即Maslow的需求階層理論與Schultz的人際需求理論。

Maslow需求階層理論

　　心理學家Abraham Harold Maslow（1908-1970）宣稱，綜觀人的一生，某些需求遠重於他者，而在基本的生理需求滿足之後，才能追求更高的心理需求；換言之，當你饑腸轆轆，覓食的重要性便遠遠大於成功的演說、精采的表演。Maslow提出的需求階層理論（Maslow's hierarchy of needs），將人的需求由較低層次到較高層次，分成生理需求、安全需求、社會需求、尊重需求和自我實現需求五類，如**圖3-1**所示。其中生理

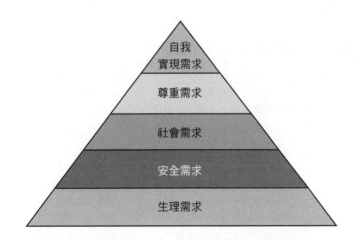

圖3-1　Maslow的需求階層

資料來源：Maslow（1954）；作者整理。

需求指人們加入團體為滿足基本需求如家庭，而加入許多社會機構或團體，係為了追求自我實現。**表3-1**即說明Maslow需求階層理論如何在團體中運作。

生理需求（physiological needs）

滿足饑餓、口渴、溫暖、性等基本需求。

安全需求（safety needs）

免於生理上的傷害與心理上的恐懼，身體、感情的安全、安定與受保護感。

社會需求（belongingness needs; social needs）

被愛和擁有歸屬感，包括團體中的人際互動、感情、親暱關係、陪伴和友情等需求。

尊重需求（esteem needs）

追求自我的價值感，包括受他人尊重、擁有社會地位，以及成就感。

表3-1　Maslow需求階層在團體中的運用

Maslow需求階層	團體需求的運用	範例（2009年八八風災）
生理需求： 食物、水	・加入缺成員的團體以求生存 ・傳統農家需壯丁務農以求生存	・受災戶群聚共享食物、水，互相支援
安全需求： 安全與保護	・消防警政保護民眾身家財產 ・工人籌組工會維護自身權益	・受災戶群聚保護家園與財產，慈善團體提供協助
社會需求： 友誼與愛	・大學社團提供友誼與歸屬感 ・家庭提供情感與社會性支持	・慈善團體協尋家人，提供撫慰等情感與社會性支持
尊重需求： 尊重與讚賞	・加入高級俱樂部以獲他人豔羨 ・領導一團體提高身分地位	・出現英雄人物，或慈善團體出面述說其努力過程
自我實現需求： 潛能發揮	・追求捨己為人之最高價值 ・智慧與創意需求益形重要	・遠地志工出錢出力投身災區，並協助重建家園

資料來源：Engleberg and Wynn（2010）；作者整理。

自我實現需求（self-actualization needs）

最高的需求層次，指個人有追求成長的需求，將其潛能完全發揮，且人格的各部分協調一致。

Schultz人際需求理論

心理學家William Schultz的人際需求理論（interpersonal needs theory）係「基本人際關係取向」（fundamental interpersonal relationship orientation, FIRO），其不若Maslow的需求階層，而主要關切大部分人的三個基本需求：歸屬需求、控制需求與情感需求，認為人際關係的開始、建立與維持，都要滿足另一方這三類需求。整理如**表3-2**所示。

歸屬需求（the need for inclusion）

希望隸屬於某個團體的慾望。意指人們渴望有歸屬感，渴望被接納。許多團體成員對於歸屬感的需求龐大，反之則較小。當團體成員具有歸屬需求時，就是Schultz所謂的適度社交成員（social member），其能享受與他人共事，卻也能獨自工作，自以為樂。

當團體成員的歸屬需求未獲滿足，則有受排斥之感，所以會產生這類情況，來自於成員可能「缺乏社交」（undersocial member）或「過度社交」（oversocial member），前者在團體中不善於社交，傾向自輕自

表3-2　Schultz的基本人際關係取向

需求 ＼ 程度	過度	適當	缺乏
歸屬需求 （inclusion）	過度社交 （oversocial）	適度社交 （social）	缺乏社交 （undersocial）
控制需求 （control）	獨裁型 （autocrat）	民主型 （democratic）	放棄型 （abdicrat, waiver）
情感需求 （affection）	過度人際關係 （overpersonal）	適度人際關係 （personal）	缺乏人際關係 （underpersonal）

資料來源：Schultz（1954）；作者整理。

貶（unworthy, undervalued），經常想要獨處，雖然偶爾也會尋求他人陪伴，但並不需要太多的社會互動來滿足自己，在團體中缺乏歸屬感與生產力；後者則是極端社會化的個體，透過吸引他人的方式來彌補心中的缺憾，此種成員不斷需要有人陪伴，對獨處感到不自在，屬於有會必到，一到會場也努力表現，務使自己成為人氣超高的受歡迎人物，也經常表現與大家都很熱絡的表象。

這兩種情況都是團體歸屬需求出狀況的成員，雖然前者可能著重個人自由或自主，後者或許渴求人際關係，但是過與不及都有其限制，要讓新進成員對團體有好感，兩者之間的平衡宜仔細斟酌。在兩者間的適度社交者，則能依情境變化來決定參與群體活動或選擇獨處。

控制需求（the need for control）

希望能成功地影響周遭人與事的慾望。此類成員通常具有能力、自信，能自由做決策者，在團體中則期望成為領導者並企圖影響其他成員，有的成員會在團體中尋求主事的機會，不過有的成員雖然無法取得領導者的地位，但對於作為追隨者（followers）也甘之如飴，這就是Schultz所謂的民主型成員（democratic member）。這類成員視團體目標優於自身目標，且不論在朝在野均泰然處之，是團體運作的中堅人物。

反之，若控制需求未獲滿足，則可能產生放棄型（abdicrat, waiver）或獨裁型（autocrat）成員。前者不具控制的慾望，也不願承擔太多的責任，通常是對他說一樣，他做一樣，遑論要其負責任何工作；後者則是另一種極端，凡事想掌控，除了想把所有權力一把抓以控制全局之外，也無時無刻想要支配影響他人，對於難以駕馭的成員，也會處心積慮、想方設法控制之。這兩種極端之人，宜給他們一種恰如其分的控制感，以及有責者有權、有權者有責的觀念，避免有權無責或有責無權。

情感需求（the need for affection）

反映出一個人表達與接受情感的慾望。具有強烈情感需求的成員，

會尋找親密的友誼、親暱的關係，並對他人表達愛與關懷。有些成員具有高度的情感需求，因此渴望與其他成員發展出強烈的友誼，即使對於剛剛認識的人也都表現出密友般的情感；也有些成員對情感需求較低，因此不易反映出強烈的情感，甚至表現冷淡，雖然表面看來友好，但與人保持一定距離。介乎這兩種人之間的則是適度人際關係（personal number），其在團體人際關係中表現得宜，會依據兩人友好程度保持距離或表現親密，能愉悅自在地與人互動。

當團體成員的情感需求未獲得滿足，在團體場合便容易覺得不舒服，通常會產生以下兩種行為反映：一是缺乏人際關係（underpersonal behavior/numbers），一是過度人際關係（overpersonal behavior/numbers）。屬於前者的成員相信大家都不喜歡他，故僅維持表面關係，無法與人分享真誠的感情與意見，經常形單影隻，時間一久，不免就受到孤立。至於後者則嘗試與他人建立親密關係，縱使是對討厭的成員也來者不拒，這類成員通常過於自信、多話。面對這兩類人的方法在於表達你的友善與喜愛。另外，對於新進成員以及老成員都應花時間進行溝通，使之有機會成為理想型的成員。

Schultz的人際需求理論，雖然解釋了很多團體中的人際關係與行為，但並未說明人們如何在關係中彼此互相適應，是其不足之處。再者，試圖利用基本人際關係取向（FIRO）觀點解釋或預測團體行為，也須特別小心，例如表現過度社交行為的成員，可能喜歡獨立工作，且怡然自得，於此，就不可說其歸屬需求出了問題；過度人際關係可能只是為了想要創造良好的團體氛圍，因此也就不可說其情感需求出了狀況。

ⅢⅢ➡ 成員角色

每個團體基於其成立的宗旨，各具有特色，在團體目標的引領之下，團體成員不免肩負許多任務，且在團體規範的約束下，也有其行為上

的準則。以佛光山為例，其為推動「人間佛教」的理念，創辦了十多所佛教學院、佛光教團以提倡人間佛教，該團體成員的角色除肩負宣揚佛法之責外，也須謹守規約。

所謂的角色（role），係指成員在團體中顯示的特殊技術或行為模式，對於團體具有特殊的功能（Johnson and Long, 2002: 35）。舉例來說，瑤瑤擅長表演與企劃，團體的慶祝活動都由其規劃統籌，甚至還可以即興上台表演一段，則其在團體中的角色可為公關、企劃等等。

團體角色的確認端賴於成員的性格、態度、技能等等，適才適所則讓團體與成員個人皆能發揮最大的效用。實際上，當角色一經團體確認，成員就預期你應該有哪些實際的表現，亦即不論你扮演何種角色，都應符合該角色所賦予的使命、工作與行為，這也稱為「角色表現」（role performance）。以家庭為例，我們會期待母親有母親的樣子，父親有父親應有的言行舉止，在團體中領導者要有領導力。

其次，在現實社會中我們經常一人分飾多角，例如在學校是老師，回到家是兒子的父親、妻子的老公、父親的兒子、團體的理事長等等，而這種對於在不同時空場合扮演不同角色的認知，則稱為「角色知覺」（role perception）。

再者，當成員的角色行為與其扮演的角色該有的行為表現不一致或矛盾時，則稱之為「角色衝突」（role conflict）。例如我們通常期待團體負責人具有良好的口才、明智的決策力與判斷力，可是新任負責人上台卻畏畏縮縮，講話吞吞吐吐，決策時優柔寡斷、舉棋不定，此時成員便容易產生角色認知上的衝突。

適才適所的成員角色是團體有效的運行之道，為了將成員放對位置，就必須費一番思量。Engleberg and Wynn（2010）整理前人的研究，將團體角色劃分為三大功能性分類（categories）：團體任務角色（group task roles）、團體維持角色（group maintenance roles）與自我中心角色（self-centered roles），如圖3-2所示。

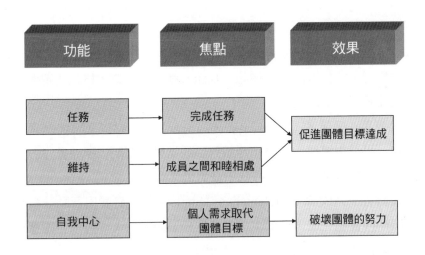

圖3-2　團體角色的分類

資料來源：Engleberg and Wynn（2010）；作者整理。

團體任務角色

團體任務執行的角色，可分為以下十二種：

1. 發起者（initiator）：提供團體新的想法思維，刺激團體努力的方向。例如：要增加顧客來店量，應該提高商品的折扣。

2. 資訊尋求者（information seeker）：追求必要的事實與數據，要求解釋與澄清理念，讓成員瞭解資訊的差距。例如：調查結果顯示每增加10%的折扣，可以增加三百位客人，並有七成的成交率。

3. 協調者—主席（coordination-chairperson）：澄清目標、派遣工作以及會議召集者。例如：大寶與小華負責研究這一份市調報告，並找出對商品銷售有用的內容。

4. 資訊提供者（information giver）：提供相關有用的資訊。例如：我來報告這一期多家雜誌對於我們的報導……

5. 意見尋求者（opinion seeker）：詢問他人的意見，測試團體的意見

氣氛與共識。例如：玲玲，妳看看這個辦法可不可行？

6. 意見提供者（opinion giver）：呈現個人的信念、觀點與詮釋，提供感受、分析與論點。例如：我認為應該將資料表格化、圖像化，更能吸引大家的注意。

7. 澄清者—摘要者（clarifier-summarizer）：觀點以及可能結果的解釋，可減少混淆，並總結團體討論的結果。例如：總而言之，防腐劑雖然符合規定，但是多吃對身體仍然有害。

8. 實施者—完成者（implementer-completer）：發展出行動計畫並在限期內實施完成。例如：這是工作分派表，每人一份，並注意工作完成日期。

9. 評估者—批評者（evaluator-critic）：評估想法、論點與建議，作用如團體的批評思想家，診斷任務與程序上的問題。例如：價格尚未談妥怎可貿然簽約，根本是本末倒置。

10. 激勵者（energizer）：激勵成員竭盡所能做到最好，激起成員的工作熱情，即擔任團體的啦啦隊長（cheerleader）。例如：玲玲，我們真的太傑出了，簡報設計得如此完美，為我們團隊加分不少。

11. 程序技術專家（procedural technician）：堅持程序的完美，包括議程的細節、空間的安排，以及提供必要的文件資料與設備。例如：開會之前，請務必確認麥克風、投影機、電腦是否正常。

12. 記錄者—秘書（recorder-secretary）：記錄與提供精確的書面記錄，諸如團體的核心觀念、建議與結論。例如：露西，請把最後兩個決議再說一次，方便我寫入會議記錄中。

團體維持角色

團體維持的角色，可分為以下七種：

1.鼓勵者—支持者（encourager-supporter）：以讚美、同意與團體成員相處，面對面鼓勵，以同理心傾聽。例如你給的資料好棒，對我們的企劃大有幫助。

2.調和者（harmonizer）：解決衝突，消除團體中的歧見，強調團隊合作。例如比賽當前，我們應該先放下彼此的恩恩怨怨，先努力完成眼前的工作。

3.妥協者（compromiser）：提供建議，減少差距，協助團體達成共識，尋求大家都能接受的決策。例如請大家回去思考，三天後同一時間地點投票決定。

4.緊張關係緩和者（tension releaser）：以笑話等方式緩解緊張氣氛，打破過冷或過熱的氣氛。例如再討論也沒有結果，我們就用抽籤方式決定順序。

5.守門人（gatekeeper）：團體參與的監管者，鼓勵沉默寡言者多講話，制止聒噪不休的成員。例如現在還剩下大寶未發言，我們請他先發表一下個人想法。

6.觀察者—詮釋者（observer-interpreter）：解釋他人所欲表達的意思，注意與詮釋感受及非語言訊息。例如大寶的意思，我們應該在明天以前……

7.團體合作者—追隨者（teamworker-follower）：支持團體及其成員，接受他人的意見與工作分派。例如沒問題，三天內工作可以完成。

自我中心角色

團體自我中心的角色，有以下八種：

1.攻擊者（aggressor）：壓制成員的需求，批評他者，利用別人的工作成果或創意。例如這份報告經我重寫之後，好多了。

2.阻礙者（blocker）：阻礙團體前進，抱持負向、反對、不妥協的態度，使用延遲戰術。例如在我尚未簽名同意之前，你們繼續討論。

3.宰制者（dominator）：避免他者參與，鞏固自身權威並操弄他人。例如大衛，你的意見不可行，我們應該先……才對。

4.尋求認可者（recognition seeker）：自誇對團體的貢獻，渴望成為團體矚目的焦點，會議上故作姿態。例如我們此次拿到這個標案，多虧我PPT製作得精美超吸睛。

5.丑角（clown）：對團體的評論、幽默失當，扭曲團體價值。例如我剛學會老闆可笑的走路姿勢，馬上模仿給大家瞧瞧。

6.背離者（deserter）：對團體離心離德，無貢獻。例如抱歉，我要去打工，等一下的會議我無法參加。

7.懺悔者（confessor）：尋求團體的情緒支持，共享非常私密的個人情感，以及與成員之間的問題，但對團體目標無益。例如我昨天剛剛和男朋友分手，過兩天我就可以恢復正常繼續工作。

8.特殊利益辯護者（special interest pleader）：為外部團體或個人利益講話。例如遊說團體說我的哥哥廚藝精湛，負責尾牙，一定賓主盡歡。

團體的多元性

團體係由成員組成，團體中成員的異質或同質，影響團體的組成內涵。Engleberg and Wynn（2010）整理團體成員多元性的三層面向，如**圖3-3**所示。圖中心部分代表成員的核心性格，由此向外擴散，代表成員獨特的經驗、詮釋與行為方式；下一層代表你無法控制的內在面向，例如你無法改變種族、年齡、膚色等等；第三層是最外在的一層，代表社會與經驗的因素，例如宗教、婚姻狀況、收入、教育背景等等。雖然這一層可以

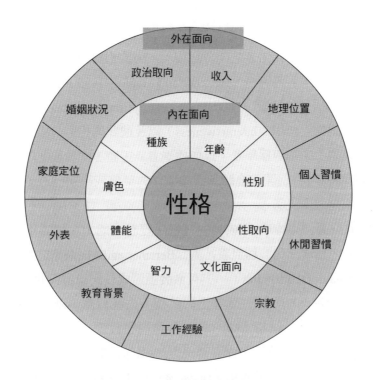

圖3-3　團體多元性的三層面向

資料來源：Engleberg and Wynn（2010）；作者整理。

改變，例如改信他教、結婚或離婚、收入增加或減少、提升學歷等，但仍屬於外在因素，影響你如何看待自己，以及他人如何對待你。

　　本部分在討論異質性與同質性團體，以及團體成員在性格、性別、宗教、文化等對團體多元性的影響。

▌▌▌➡ 同質性與異質性團體

　　團體的同質性（homogeneous）或異質性（heterogeneous），主要取決於成員的人格特質、教育程度、社經地位、生命週期、性別、宗教、文化背景等等。一般來說，同質團體的成員，其背景、經歷、能力、知識

水準、文化等較為接近，因此許多想法相對較為相近，溝通上也較為容易。舉例來說，蘭嶼達悟族之間背景相近，因此相對於閩南人、客家人或外省人，在溝通上容易許多。Bertcher and Maple（1985）認為，同質團體具有「共同的描述性特質」（common description attributes），因此有助於彼此之間的交互作用（interactiveness）以及彼此的相容。舉例來說，傳播學界組成的「中華傳播學會」以傳播學者為主體，由於彼此的學術背景相近，因此每年7月召開年會時，無論觀念的交流或議題的討論，很容易進入狀況或是做出決議。

相對的，異質團體則因成員的背景、經歷、能力、知識水準、文化等均不相同，呈現出另一種風貌，對此Bertcher and Maple謂之為「行為的特質」（behavioral attributes），其可激發團體成員的學習與共鳴。

團體中的每個成員與在地球上的每個人之相似處，就在於每個人都是獨特的個體。不妨試想：(1)你的成長過程與背景，影響你最深遠的人為何？(2)對你的生理特徵，你喜愛與否？(3)你最嚮往的是哪一種文化？你最想逃離的又是哪一種文化？(4)你個人的性格、智慧與技術，與他人有何差異？(5)閒暇的時間，你熱愛的休閒活動有哪些？等等，每個人的答案應該都不會一模一樣，這些差異性則是異質團體中特別值得觀照之處。反之，若成員的背景接近，想法一致，則較無可書之處。

簡言之，參與團體的可貴之處，在於所屬團體的具異質性、多元性，透過成員豐富多樣的特色以及殊異的人格特質，相互刺激、觀摩、學習，方能讓成員有所成長，也讓團體的發展更具多元性。不過面對成員多元化的團體，如何理解多元性團體溝通的障礙，以促進有效的相互溝通方式，則是接下來要說明的主題。

▶ 多元性團體的溝通障礙

一般來說，面對成員具多元性背景的團體，欲提升溝通上的效能，

除了必須透過學習瞭解其他文化之外，也必須避免阻礙團體溝通的四個障礙，即：種族中心主義、刻板印象、偏見與歧視。

種族中心主義（ethnocentrism）

係指相信自己所屬的文化優於他者，其不僅是愛國主義或驕傲，更是誤信所屬文化優於他者，此種信念對團體發展有致命的影響，主要有以下三個特徵：我的文化是其他文化的模範、人們以生活在我們的文化之中為榮、大多數文化與我們相較則落後許多。

刻板印象（stereotyping）

係對團體成員特性概括性的簡化。當我們對他者具有刻板印象時，常以誇大方式來判斷該團體的成員，而且刻板印象通常來自該團體少數人擁有的負面特質。例如認為黑人又髒又懶、同性戀者皆具愛滋病、大陸配偶假結婚真斂財、女主內男主外，或者女性是麻煩製造者（trouble maker）、男性是問題解決者（problem solving）等等。

偏見（prejudice）

刻板印象導致偏見。對於他者的負面態度通常奠基在缺陷與僵化的刻板印象。對於團體成員或是其文化的偏見，通常源自於我們對該團體或文化缺乏直接的接觸與認識。將英文prejudice拆開分析便可發現實情。pre是before之意，judice是judge之意，因此偏見就是前人的判斷，並未經過你的親身體驗。僅有少數的偏見是正面的，例如林書豪哈佛畢業，在NBA打籃球特別有頭腦；其實大多數的偏見都是負面的，例如叮叮竟然大二就被退學，智商應該不高，早知道應該去讀科技大學學一技之長。一般來說，偏見通常有以下特性：很少源自直接經驗與第一手知識；源自非理性的感受或對特定團體的憎恨；以負面與不公平的方式判斷團體成員可辨識的行為。

【團體溝通觀察站】

誰最重要？

秋天的果樹上結滿了纍纍的碩果，果園增添了幾分生機，格外的引人注目。其中一顆又紅又大的鮮果面對枯黃的葉子和凋落的花瓣，洋洋得意的自誇道：「顏色鮮，滋味長，吃到嘴裡甜又香，誰見我不誇獎？」

一朵剛剛飄落的花不甘示弱的說：「別臭美了！沒有當初盛開的花朵，哪有今天的果實！你們的榮耀不是全仰仗我們的嗎？」

「誰能離開我們？沒有葉子，你們早就沒命了，還吹啥！」一片枯黃的葉子有點憤憤不平。

深深紮在地下的根，聽著他們一個個你爭我奪、自命不凡的炫耀，憋了一肚子火。心想都光知道自己，看著沒有我會不會有你們！說罷，用力扯斷樹根，憤怒地從土中跳出來。

到了來年春天，這株果樹再也沒有發芽、開花，自然也不會結果。不久，便成了一堆朽木。

旁邊一株百年老槐樹嘆息道：「太可惜了！不知道團結，只能自食苦果。」

每一顆小螺絲釘盡本分地發揮功能，才能成就一部機器的正常運作。團體中的成員若能扮演好自己的角色，又尊重別人的價值，那麼團體才能長久運作下去。

參考資料：網路。

歧視（discrimination）

　　說明了我們是如何將偏見付諸行動與表達出來。當團體成員歧視他者時，會逐斥非我族類者，通常出現在聘雇、升遷、家務、政治立場與平等權等等問題上。歧視通常也以種族、民族、宗教、性別歧視、性騷擾、性取向、年齡、社會階級與意識形態等等方式現形。在團體中歧視他者將無立足之地。

團體成員的性格

　　團體成員的性格也會影響團體的產能及其他成員的滿意度。由於每個人的性格皆不相同，因此在不同時空環境之下，成員的性格可能成為團體運作的阻力或助力。以下分從「五大人格特質」與「Myers-Briggs人格分類指標」說明團體成員的人格類型。

五大人格特質

　　許多心理學家都使用「五大人格特質」（big five personality traits）來描述人的性格（Peeters et al., 2006）。團體溝通的研究也發現，特定的人格特質可以預測團體的表現。例如高度協議與情緒穩定度高的團體有較高的凝聚力，在工作表現上也較為負責。**表3-3**說明五大人格特質的特徵及與其相對立的人格特質。

Myers-Briggs人格分類指標

　　第二個人格理論在於說明團體成員對團體任務如何反映，以及社交上的差異。Myers-Briggs人格分類指標（Myers-Briggs type indicator,

表3-3　五大人格特質

五大人格特質	特徵	對立的人格特質
外向 （extraversion）	活潑外向、健談、喜社交、積極、自信、主動等	內向 （introversion）
親和力 （agreeableness）	合作、友善、有禮貌、彈性、信任、有教養、原諒、忍耐、好心腸等	乖僻 （disagreeableness）
盡責認真 （conscientiousness）	自律、守紀律、謹慎、責任感、勤奮、成就取向、注意細節等	粗心大意 （carelessness）
情緒穩定 （emotional stability）	冷靜、具安全感、樂觀、正向等	情緒不穩定 （neuroticism）
開放的學習 （openness to experience）	想像力、好奇心、智慧、心胸寬大、原創力、藝術的、敏銳度、思考等	封閉的學習 （closeness to experience）

資料來源：Peeters et al.（2006）；作者整理。

MBTI），由美國心理學家Katherine Cook Briggs及其女兒Isabel Briggs Myers經過長期觀察和研究而完成。MBTI現已成為全球著名的性格測試／評核之一，在教育界、雇員招聘及培訓、領袖訓練及個人發展等領域均有廣泛的應用。從團體溝通角度來看，透過此表來瞭解其他成員的性格，對團體合作也有所裨益。正所謂「知己知彼，百戰百勝」也。

　　MBTI模式將人類的思想與偏好分出四大類，即：外向型（extrovert）與內向型（introvert）、感覺型（sensor）與直覺型（intuitive）、思考型（thinker）與情感型（feeler）、判斷型（judger）與感知型（perceiver），兩兩相對。再者，透過**表3-4**至**表3-7**關於每一種類型的描述，不妨思考一下，你的個性是屬於哪一種類型的性格（Engleberg and Wynn, 2010: 82-85）。

表3-4　外向與內向型性格

	外向型	內向型
特徵	・活潑外向、社會化、善於表達 ・享受團體生活與討論 ・先說出口後，再思之 ・一心多用，身兼數職 ・暢談心底話 ・可能掌控討論 ・與他人相處時生龍活虎	・保守的、重隱私的、從容的 ・偏好一對一互動 ・先思考後，再說出口 ・一次只專心一件事情 ・自思自忖 ・討論時沉默寡言 ・需要時間來激勵之

表3-5　感覺與直覺型性格

	感覺型	直覺型
特徵	・關注於細節 ・偏好一次做一項任務 ・具實踐力與現實的 ・喜歡具體的資訊 ・喜歡事實 ・相信經驗 ・尊重常識 ・喜歡規則	・關注於大方向 ・喜歡同時進行多項任務 ・理論派的 ・喜歡抽象的資訊 ・對真實與細節感到厭煩 ・相信靈感與直覺 ・尊重創意與創新 ・喜歡打破規則

表3-6　思考與情感型性格

	思考型	情感型
特徵	・工作導向 ・客觀的、堅決的、分析的 ・樂於爭辯 ・偏好實際有效率的會議 ・尊重能力與理性 ・直接與鐵石心腸 ・用腦思考	・人物導向 ・主觀的、有人情味、心神領會 ・發現爭辯具破壞性 ・偏好在會議中進行社會性交流 ・尊重關係、和諧與正義 ・圓融與仁慈心腸 ・用心思考

表3-7　判斷與感知型性格

	判斷型	感知型
特徵	・尊重組織與結構 ・控制與定義 ・喜歡期限 ・先工作再逸樂 ・需要標準與期待 ・配合計畫期程以準時完成工作	・尊重彈性與自動自發 ・順其自然 ・不喜歡期限 ・先逸樂再工作 ・認為規則、風險綁手綁腳 ・最後一刻才動工

外向—內向

　　外向型專注於外在的人事物，內向型專注於內在的想法、思想與印象。前者通常喜歡團體的工作，常以為內向者只聽不說；後者則偏好獨力完成的工作，且多三思而後言或行動，常以為外向者光說不練。有效能的團體需要瞭解這兩種人格上的差異，妥善運用，例如由外向型成員為團體發聲，內向型成員做補充與修正，可收截長補短之功。

感覺—直覺

　　這兩種特質在於說明我們如何看待或感受周遭的世界。感覺型著眼於眼前世界，見樹不見林，喜歡事實與細節，慣用五官來感受世界；直覺型見林不見樹，偏好大方向、未來，著重於直覺與預感。在團體中，前者注重規則、系統性的解釋與事實；後者關注於以機智逃避規則、提供理論性的解釋，並且忽視細節。

　　團體運作中具有這兩種類型的成員，有助於團體的有效運作。不過，調和這兩種類型的成員非常困難，適才適所的任務分派，才能使其發揮長才，例如由直覺型成員勾勒出某企劃的大方向，感覺型成員補充企劃細節，則是完美的企劃組合。

思考—情感

　　這兩種特質在於解釋你如何做決策。思考型是工作導向者且具邏輯

性，並以其具有的客觀與邏輯思考能力自豪，因之樂在爭辯與進行困難的決策，其為完成任務，不惜得罪其他成員。至於情感型則是人物取向者，尋求團體和諧，盼與所有人和睦相處，並花費許多時間協助其他成員。

這兩種類型的人若一起共事則易生誤解（misunderstanding）。思考型成員較無情與具攻擊性，情感型成員可能浪費很多時間跟大家閒話家常、叨叨絮絮、熱心過度。前者會批評他人，期待來改正他人行為──此舉雖然動機良善，卻常令人難堪；後者雖學會不批評他人的私事，但非鄉愿，也會適時發出不平之鳴。團體中，如果兩者可以欣賞彼此的優缺點，則思考型成員有利於決策，而感覺型成員則可以維持團體的和諧氣氛，兩者一搭一唱，相得益彰。

判斷─感知

這兩種特質關注於你如何面對與處理外在世界的問題。判斷型成員具有高度的結構力與組織力，其在行動之前，須先一一條列出計畫來，然後按表操課。由於非常遵守時間規定，因此對於遲到、浪費時間之舉經常覺得無法忍受。感知型成員則喜歡開放、無窮無盡的互動方式，彈性與調整遠比準時來得重要，由於經常拖拖拉拉，因此經常是火燒屁股了，才急急忙忙的完成工作。

一般來說，這兩種類型的成員很難共事。判斷型成員認為感知型成員是糊里糊塗的糊塗蛋，感知型認為判斷型成員過於嚴厲且控制慾太強，而且對於其老要決策與解決問題的習性不滿，因此舉不免讓人有被決定（being decided）的惡感，心底總難以痛快。再者，感知型喜歡重來、討論、重做，為辯論而辯論。對此，判斷型若能先暫停工作、與他人閒聊放鬆；感知型夠尊重期限、信守承諾，則兩者容或有合作的空間。

整體來說，每個團體成員不會只擁有一種人格特質，多數人通常兼具數種性格。如果團體中少了判斷型或認真盡責特質的成員，則會老是錯

過期限而誤事，團體目標的達成也就遙遙無期；如果團體中缺乏開放的學習，也會缺乏創新與有創意的問題解決方式；如果團體中缺乏感覺型成員則無法看到躲在細節中的魔鬼。因此，團體成員就如李白〈將進酒〉中所道「天生我才必有用」，團體宜知人善任、適才適所，成員之間宜經常溝通，在瞭解彼此優缺點之後，尚有包容的雅量，方能群策群力，完成團體的目標。

成員與文化

除了團體成員的人格特質影響團體成員的互動之外，文化面向亦影響團體成員甚深。荷蘭社會心理學家Geert Hofstede所提出的文化面向研究，有助於對不同文化與多元性的理解，其定義文化間面向（intercultural dimension）是一種可以測量自身文化與其他文化關係的文化觀點（Hofstede, 2001, 2005）。Hofstede所提出的四種文化間面向，包括個人主義—集體主義（individualism-collectivism）、權力距離（power distance）、不確定趨避（uncertainty avoidance）、陽剛—陰柔價值（masculine-feminine values）。人類學家Edward T. Hall再增加兩個面向，高情境文化與低情境文化（high-low context cultures）、單線性與多線性時間取向（monochronic-polychronic time）（Hall, 1976）。整體來說，這六個面向可作為辨識團體多元性的角度，整理如**表3-8**所示。

個人主義—集體主義

根據Hofstede與許多研究顯示，美國乃視個人主義為文化價值的國家。整體上，其相信個人價值非常重要，個體的獨立、獨特性與個人的成就等等，都值得熱烈追求。話雖如此，全球約70%的人口卻視相互依賴

表3-8　團體成員的文化面向

文化面向	定義與範例	團體成員行為	調整建議
個人主義｜集體主義	偏好獨立行動或相互依賴 個人主義：看重個人成就與自由，如美、澳、加 集體主義：強調團體認同，如亞洲與拉丁美洲國家	個人主義成員單獨工作，從工作中建立信譽；集體主義成員集體工作並相互協助。成員偏好面對面溝通，不好虛擬空間討論	鼓勵集體主義成員可讓個人主義成員瞭解其為大團體的一分子，且其貢獻與參與有助於團體共同目標的達成
權力距離	團體中平等與地位的差距程度 高權力距離：成員地位間高低不平等，如墨西哥、印度、新加坡 低權力距離：團體成員間平等且相互獨立，如以色列、紐西蘭、丹麥	高權力距離成員統籌全局與決策；低權力距離成員尋求諮詢與共識	建立成員行為的明確規範；哪些範疇內的成員可決策？專業工作如何分派？成員如何評鑑？如何方可擔任領導者？
不確定趨避	在不確定情境的自在程度 高度不確定：偏好規則、計畫與儀式，如日本、比利時、希臘 低度不確定：對模糊與不可預測者感到自在，如牙買加、香港	高度不確定成員須架構清楚的任務並關切細節；低度不確定成員對架構需求低，且可獨立工作，毋庸太多建議	對高度不確定成員予以明確指令；對低度不確定成員予以從事無奧援任務的機會
陽剛—陰柔價值	關心自己與成功以及關注於分享與愛心 陽剛：果決的、決策的、宰制的，如日本、義大利、委內瑞拉 陰柔：教養、合作，如瑞典、挪威、丹麥	陽剛取向成員關注於工作與個人的成功；陰柔取向成員關注於關係與受他人尊重	陽剛與陰柔之間取得平衡來達成團體的工作與社會目標。勿輕言放棄達成全面合作與共識的目標
高—低情境文化	特殊情境中的直接溝通方式 高情境：訊息「不可言喻」，經由對情境的敏感度察知，如日本、中國、希臘、墨西哥 低情境：訊息「不言可喻」，明確、表面且客觀，如英國、美國、德國	高情境文化中成員溝通時考慮背景、非語言線索與人際歷史；低情境文化中成員要求事實、清楚、直接的溝通方式	給予高情境成員時間來檢視訊息與反應；讓低情境成員知悉比事實（just facts）更有價值的東西
單一多線性時間取向	人們如何組織與看待時間 單線性時間：因時間無價，故堅持計畫、期程與期限，如北美與北歐 多線性時間：因時間非無價，故不受準時、期程等干擾，如肯亞、阿根廷、美國黑人	單線性時間成員一次只能關注一件工作，並努力在期限內完成；多線性時間成員經常延遲，一心多用，容易曲解訊息，能忍耐干擾	鼓勵單線性時間取向成員負責具時間壓力的任務，並接受多線性時間取向成員依據本性、情境或關係來行事的特點

資料來源：Hofstede（2001, 2005）；Hall（1976）；作者整理。

或集體主義為更重要的價值，在這些國家中，「我們」（we）比「我」
（I）的概念來得更重要，其特徵有：

1. 強調團體的意見、需求與目標，而非個人。
2. 團體的存在內涵包括社會道德與責任，而非僅為個人的享樂與利益。
3. 團體價值的共享比凸顯個人主張來得重要。
4. 團體成員樂於合作。

不過，若視「所有」美國人都為個人主義者，也是一種刻板印象，大可改正。許多美國人並非高度個人主義，舉例來說，非裔、墨西哥裔，以及具西班牙裔／拉丁裔（Hispanic/Latino）共同文化的美國人，則具有集體主義的特性。對於團體中的高度個人主義者成員，多被視為自私、傲慢、充滿敵意、權力饑渴、無情，且缺乏耐心。

ⅢⅢ➡ 權力距離

想一想，與小公司老闆談話容易，還是與大企業總裁見面容易？與就讀學校校長見一面較簡單，還是見總統來得更簡單？仔細一想，不禁懷疑美國獨立宣言（U.S. Declaration of Independence）中揭示的「人生而平等」（all men are created equal）是否存在（Hofstede, 2000）。

權力距離係指在機構或團體中，有權力與無權力者在生理與心理上的距離。在某種程度上也意味著社會上權力相對薄弱者受到不公平對待卻視之為正常。在高度權力距離（high power distance）的文化中，個體視這種權力的差異為正常，也預設人並非生而平等，卻也不能挑戰權威。例如家庭中父母的權威高於子女，男性權力通常又高於女性。在低度權力距離（low power distance）的文化中，權力差異最小化，長官與部屬、教授與學生、民選官員與機構員工一起共事，這類國家如美國、芬蘭、瑞

士、英國、德國、哥斯大黎加、澳大利亞、荷蘭、加拿大等等（Hofstede,
2001）。

權力距離對於團體的發展有巨大意義。對於集體主義與高度權力距離的文化來說，如果你是個人主義者，又喜歡發表個人意見，你雖會面臨不小的同儕壓力，甚至是異樣的眼光，但這也意味著你很有機會成為團體的領導者；相反的，若你是集體主義者，順從大家的意見，你就不太會挑戰團體的意見，或成為領導者。台灣的大學生多屬於後者，上課通常是悶葫蘆，發問、表達意見者寥若晨星，下課卻又問題一堆。

▶ 不確定趨避

面對不確定的人事物，你會如何反應呢？例如搬家、新工作、新學校、淘汰舊男／女友？你覺得是輕鬆自在，還是百般不願？Hofstede（2001）界定不確定趨避（uncertainty avoidance），乃指在某文化內的人們對於結構不明、不可預測、不明確的情況感到焦慮。假若渾沌不明的情境讓他們感到焦躁不安，他們就會透過制定嚴格的行為準據與絕對的真理來避免不安。例如古時不似今日科技發達，天災人禍、氣候變遷不可逆料，因此發展出一套嚴謹繁複的祭天方式，祈求得到上蒼的庇護和福佑，即是此理的實踐。

在高度不確定趨避（high uncertainty avoidance）的文化中，團體成員對於不確定或未知的情境備感威脅，不確定感引發人們的壓力與焦躁，也衍生對於可預期性的渴求，因此希望寫下／立下規則，以避免風險。相對的，在低度不確定趨避（low uncertainty avoidance）的文化中，團體成員視改變為生活的一部分，因此較能忍受改變帶來的不舒服與風險，而且視規則與管制為局限，視衝突與競爭為自然，異議可接受，異常非威脅，個人成就對大家都有益。

美國屬於低度不確定趨避國家，高度不確定趨避國家則有馬來西

亞、印度與菲律賓等。在高度不確定趨避團體中，同儕極力追求規則與穩定，若你是個不畏變化、熱愛模糊性與冒險的挑戰者，則可能被視為不可理喻，甚至是種威脅，而你則會批評他們守舊、保守、無法妥協、懼怕打破規則等等。

ⅢⅢ➡ 陽剛—陰柔價值

Hofstede（2001）利用masculine、feminine兩個詞語來形容該社會的文化價值特性係屬陽剛或陰柔，而非用來形容個體是男性或是女性。在陽剛的社會（masculine societies）中，男性必須是果敢堅忍，關心成功；女性則是溫良恭儉讓，關心生活品質。不過在陰柔社會（feminine societies）中，性別角色重疊，即男性與女性均是溫良恭儉讓，關心生活品質。美國雖是陽剛社會，但尚次於澳大利亞、紐西蘭與希臘等，其特徵有欣賞與重視個人成功、競爭力、果決與力量。愛與教養經常被視為是脆弱的，或是屬於女性的工作。

在團體中，通常會面臨陽剛與陰柔價值混合的情境，具陽剛觀點的成員奮力角逐權位，展現堅定果敢的精神；具有陰柔價值的成員則是團體最佳的支持者，不過陰柔價值觀的成員在團體中說話多不具分量或影響力。

ⅢⅢ➡ 高—低情境文化

所有的溝通都發生在物理的或心理的情境（context）之中。人類學家Hall and Hall（1990）視情境為一種資訊（information），其來自環境中的事件與已被分類了的意義。他宣稱情境本身充斥的訊息遠多於實際文字所承載的訊息，基此可將文化視為從高情境文化到低情境文化的連續體（continuum）。

在高情境文化（high context culture）中，團體成員的溝通非仰賴文字訊息，而是透過肢體語言、沉默、臉部表情以及彼此的關係等。此外，地位、年齡、性別、教育、家庭背景、頭銜，以及個人的人際網絡等等，也不斷透露出各種訊息與意義。換言之，訊息的意義多半潛藏在成員所處的環境與關係中，或是已內化於成員的信仰、價值規範體系之中。因此，在團體溝通的過程，資訊本身所提供的數量有限，且聽來抽象含蓄，成員多半藉由情境中所提供的線索來詮釋「不可言喻」的訊息意涵。

在低情境文化（low context culture）中，團體成員則多半依賴語言來表達所欲傳達的意義。例如來自北美地區的成員，多半說得多、講得快又大聲。換言之，訊息意義來自訊息內容本身。因此，訊息內容的直接性、明確性，已經成為溝通過程的首要考量，但相對地，對環境中「不可言喻」的部分較為忽視，故其察言觀色的能力也相對較為薄弱。

高情境文化是集體主義文化的共同特徵。在團體中，成員因為共享相似的態度、信念與價值觀，因此成員只要透過對整體環境的瞭解、非語言行為的觀察，以及彼此關係的釐清，就能掌握狀況，對於發生何事也多半心知肚明，因此高情境文化的成員在口語表達上多半較為間接與含蓄，其與華文文化中「巧言、令色，鮮矣仁」、奈及利亞「百聞不如一見」（seeing is better than hearing）等觀念不謀而合。

在團體中，分屬於高—低情境文化表達的成員其表達方式有很大的差異，後者可能滔滔不絕，勇於表達己見，提出各式建議；前者卻可能半天還大氣不吭一聲，讓人丈二金剛摸不著頭緒。因此，屬於高情境文化的華人文化圈，成員很多都是「省話一哥」，點個頭就代表同意，廢話不多說。前述高—低情境文化特性的區隔，整理如**表3-9**所示。

表3-9　高—低情境文化的特性

高情境文化特性	低情境文化特性
依賴非語言訊息	依賴語言訊息
反應含蓄保守	反應表面膚淺
團體內聯繫力強	團體關係具彈性
高度團體妥協	低度團體妥協

資料來源：Hall and Hall（1990）。

▐▐▐▶ 單—多線性時間取向

時間可分為正式時間（formal time）與非正式時間（informal time），前者乃指時間的區分單位，例如世紀、年、四季、月、週、日、時、分、秒等計算單位，這種劃分乃是人類方便規劃時間之用；至於後者是指人類的生活時間，這種時間觀點來自於我們對正式時間認知之下所衍生出的觀念，例如「一寸光陰一寸金」、「時間就是金錢」、「殺時間」等等，此皆屬於非正式時間的用法。至於非正式時間又可分為兩種：一為把時間分為過去、現在、未來；一為將時間分為單線性時間取向（monochronic time, M time）與多線性時間取向（polychronic time, P time）（Hall, 1959）。

單線性時間取向以北美與北歐諸國為代表，因其把時間當作是直線式的前進，不僅可以片斷化（fragmentation），還可以經營與管理，亦即時間可節省下來，也可以揮霍出去。如此一來，團體的運作就受制於時間，須依計畫期程行事，早到或遲到都算失禮、不守規矩，準時便成為此一時間觀的關鍵特色。

多線性時間取向以南歐、拉丁美洲、中東國家為主，這些國家把時間具體化，恍若可以看到或摸到，並且可以分段經營。其文化中注重人際關係的和諧，因此準時與否不重要，重要的是是否答應出席，因此不免出現撞期的情況；而且在這些文化中，約會可輕易改期、議程可輕易擱

置、期限僅聊備一格,也無須感到愧疚或歉然。有笑話說:「德國火車誤點是算秒的、台灣火車誤點是算分的,印度火車誤點是算天的」,便是此理。

團體中這兩類成員共事,都將令對方備感挫折。此因單線性時間觀的成員縱使擬訂完美的時間規劃,卻因多線性時間觀的成員通常不照規定行事,因此不確定對方是否可以確實施行計畫;相對的,若由多線性時間觀的成員擬訂計畫,可能在最後一秒鐘還在修改重要計畫的內容。在團體中,單線性與多線性時間觀成員相處共事,在時間調配上宜更具彈性,並配合其習性,而後者也應學習尊重,並盡力修正調整時間觀。

總結來說,一個有效率、效能的團體對於不同特質、文化、性別、宗教、種族、世代的成員,應該嘗試去瞭解、尊重與調整,對於彼此的差異也應多方溝通,以期相互瞭解。團體中成員能彼此瞭解,不僅可以減少誤會與代溝,也讓團體生活更顯得多姿多采;而臥虎藏龍的團體成員更能有效發揮所長,不僅可以達成團體的目標,更可完成發揮個人潛能,實踐個人參與團體的初衷與遠景。

觀念應用　團體與鯰魚效應

挪威人愛吃沙丁魚，尤其是活魚，挪威人在海上捕得沙丁魚後，如果能讓魚兒活著抵港，賣價就會比死魚高出好幾倍。但是，返航的路途又長又遠，因此捕撈到的沙丁魚往往在回到碼頭前就已經死了，即使有些活的，也是奄奄一息。但是，有一位漁夫的沙丁魚到岸後還總是活著，而且很生猛，因此他賺的錢遠比其他人來得多。由於漁民嚴守成功祕密，因此直到他死後，人們才有機會打開他的魚槽，發掘他的祕密。大家發現，漁夫的魚槽裡不過是多了一條鯰魚。

原來鯰魚以魚為主要食物，裝入魚槽後，由於環境陌生，便四處游動，而沙丁魚發現異己分子後，便緊張起來，加速游動並保持警戒，如此一來，沙丁魚便活著回到港口，這就是所謂的「鯰魚效應」（catfish effect），亦即對個體的「中途介入」，對群體發生競爭作用。「鯰魚效應」一直是領導階層激發團體成員活力的有效措施之一。

人皆有惰性，團體成員亦然。人們在一個團體或組織待久了，熟悉了環境，不僅容易怠惰，更瞭解混水摸魚之道，此絕非團體佳音。事實上，「滾石不生苔」，團隊需要不斷補充新鮮血液，引入富有朝氣、思維敏捷的生力軍，才具有活力，若團體採用「鯰魚效應」觀點，加入具有競爭力的生力軍，則可為故步自封、因循守舊的懶惰成員和官僚體系帶來競爭壓力。換言之，多少能喚起這群安逸已久的「沙丁魚」產生生存與戰鬥意識。

團隊管理亦如同此理，無論是傳統型團隊還是自我管理型團隊，時間久了，其內部成員由於互相熟悉，就會缺乏活力與新鮮感，從而產生惰性。尤其老成員，工作時間一久，除了倦勤，更會倚老賣老，拖垮團體士氣、腐化團體氛圍。因此有必要透過外來的「鯰魚」加入團隊，製造一些競爭氛圍。

從Maslow的需求層次理論來說，人到了一定的境界，工作的目的就不只是物質與金錢而已，還包括了尊嚴與自我實現。所以，當把「鯰魚」放到一個老團隊裡，則那些已經逐漸怠惰的老成員也會被迫展現與證明能力，以捍衛尊嚴；而對於新進的「鯰魚」來說，也將面臨極大的壓力，其為求生存或繼續留在團體之中，也需要努力不懈，方能存活，整體說來，此舉實有利於團體的生存與發展。

不妨想想看，你所處的團體中有哪些已經陷入怠惰、腐化的氛圍之中？如果要刺激團體的活力與朝氣，則哪些人可以是刺激團隊士氣的鯰魚呢？

參考資料：http://www.lalulalu.com/thread-1452749-1-1.html。

 課外活動練習

3-1 逐步深入對談

一、活動目的：練習親和感。

二、活動說明：

1. Robert Dilits 將人類心理所關注的焦點分為環境、行為、能力、信念／價值觀、自我認同與靈性六個層次，稱為「從屬等級」。當話語所對應的等級層次愈高，則該話語所能發揮的影響力就愈大（赫威思，2004）。

2. 案例說明：從屬等級應用上，愈往上，其話語的影響力愈大。以數學不佳為例，當描述的話語層級愈往上，則描述出來的數學情況就愈嚴重。說明如下：

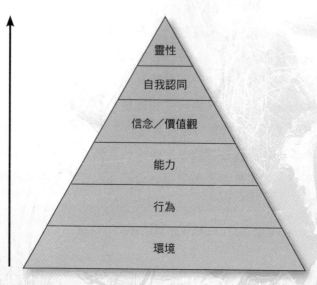

圖3-4　從屬等級

2.1環境：因教改出問題，所以數學不好。

2.2行為：沒用對解題的方法，所以數學不好。

2.3能力：我沒有數學根基，所以數學不好。

2.4信念／價值觀：數學很難，數學不好啦！

2.5自我認同：我永遠都不會，數學不好啦！

2.6靈性：全天下有誰懂數學，數學不好。

3.基此邏輯思考，在與不熟悉的人聊天時，內容先由底層逐步往上
提升，則談話效果或品質會較佳。

三、活動人數：不限。

四、活動時間：40分鐘。

1.分組練習：每人10分鐘，共20分鐘。

2.團體討論：20分鐘。

五、所需器材：無。

六、活動程序：

1. 2人一組，請找不熟的同學一組，各為甲與乙。

2. 甲以「環境」作為起始的話題與乙聊天，例如：今天的天氣、最近的熱門話題等等。

3. 如果順利開場，甲先把談話提升到「行為」層級，例如：你是怎麼來到這裡的？課後準備去哪裡用餐？或是其他自己做過最棒的事情等等。

4. 甲可再提升談話等級到「能力」，例如：想要達到你認為最棒的事情，需要哪些能力配合？或是你的工作需要哪些能力？等等。

5. 甲接著再提升談話等級到「信念／價值觀」，可問道：若想做好你現在的工作，你會給我們哪些建議？或是你會給新生哪些衷心的建議呢？等等。

6. 甲再提升到「自我認同」層級，問道：你對自己感覺最好、最滿意的是哪一點？

7. 接著甲、乙互換練習後，再回到大團體中分享彼此談話過程中的感受。

參考資料：赫威思（2004），〈NLP專業執行師講義〉。台北：赫威思公司。

3-2 頭版標題

一、活動目的：練習使用一句話來引起注意。

二、活動說明：

1. 現在的生活腳步相較三、四十年前快上許多，相對的也縮短了人與人之間溝通的時間。有人笑說向主管彙報，就要當作在搭電梯一般，當電梯由一樓上升到頂樓時就要講完，還要能引起主管的興趣。

2.本活動練習，就是請你構思一句如同報紙雜誌的頭版標題，並迅
速引起別人想瞭解的興趣。

三、活動人數：50人。

四、活動時間：20分鐘。

五、所需器材：無。

六、活動程序：

1.每一學生就某一故事給予「頭版標題」。

2.學生輪流對大家講出「頭版標題」。

3.其他學生可逐一記錄想瞭解內容的頭版標題。

4.待所有學生都講完「頭版標題」後，再統計哪一個標題最有吸引
力。

七、活動變化：

給予學生相同的故事或時事新聞，這些故事或時事必須是全體學生
都知道的。在同一個故事內容的前提下，請學生賦予故事新的標
題，看看誰的標題最吸引人。

關鍵詞彙

Maslow需求階層理論	生理需求	安全需求
社會需求	尊重需求	自我實現需求
Schultz人際需求理論	基本人際關係取向	歸屬需求
控制需求	情感需求	缺乏社交
過度社交	適度社交	民主型成員
放棄型成員	獨裁型成員	適度人際關係
缺乏人際關係	過度人際關係	角色
角色表現	角色知覺	角色衝突
團體任務角色	團體維持角色	自我中心角色
發起者	資訊尋求者	協調者―主席
資訊提供者	意見尋求者	意見提供者
澄清者―摘要者	實施者―完成者	評估者―批評者
激勵者	程序技術專家	記錄者―秘書
鼓勵者―支持者	調和者	妥協者
緊張關係緩和者	守門人	觀察者―詮釋者
團體合作者―追隨者	攻擊者	阻礙者
宰制者	尋求認可者　丑角	背離者
懺悔者	特殊利益辯護者	同質性
異質性	共同的描述性特質	行為的特質
種族中心主義	刻板印象	偏見
歧視	五大人格特質	Myers-Briggs人格分類指標
外向型	內向型	感覺型
直覺型	思考型	情感型
判斷型	感知型	個人主義―集體主義
權力距離	不確定趨避	陽剛―陰柔價值
高―低情境文化	單線性與多線性	時間取向

課後動動腦

1.請問：你參加了哪些團體？驅動你加入的需求為何？

2.哪一種類型人格對團體成員具有高度的影響力？

3.團體中何種角色能夠提升或阻礙團體效率？

4.從團體的多元性角度思考，哪些因素阻礙多元化團體成員之間相互瞭解、尊重與調適？

5.一樣米養百樣人，表示每個人都有不同的人格特質。請問：團體成員的人格特質如何影響團體的產能與成員的滿意度？

6.（續前題）請問：文化差異如何影響團體的產能與成員的滿意度？

Chapter 4

團體領導

學 習 目 標

認識領導與權力的關係

瞭解領導理論

認識5M領導模式

楚漢爭霸

　　公元前203年，楚漢爭霸進入關鍵時期。此時，大將韓信率軍一路猛進，高奏凱歌，攻下了趙國和齊國，威震天下。韓信手下有名叫蒯通的齊國謀士來勸韓信說：「當今兩主之命懸於足下，足下為漢則漢勝，與楚則楚勝。」意思是說，現在劉邦、項羽的命都在您手裡攢著呢！你如果為漢則漢勝，轉投楚國則楚國勝。緊接著他又分析說：如果幫劉邦，劉邦滅了項羽之後，下一個對付的就是你；如果幫項羽，則項羽滅了劉邦後，下一個對付的也是你，所以最佳選擇是什麼呢？「三分天下而王之」，就是稱王，三分天下，鼎足而居。

　　韓信拒絕了他，並說了一段有名的話：「臣事項王，官不過郎中，位不過執戟，言不聽，畫不用，故倍楚而歸漢。漢王授我上將軍印，予我數萬眾，解衣衣我，推食食我，言聽計用，故吾得以至於此。夫人深親信我，我倍之不祥，雖死不易。」意思是說，我（韓信）曾經在項羽手下當差，官不過郎中（警衛員，或說侍衛官），整天拿著戟在門口站崗，我出的主意他不聽，我做的策劃他不用，所以才離開項王。來到漢王這邊，漢王對我怎麼樣呢？授我上將軍印，封我做三軍總司令，給我兵馬馳騁疆場，建功立業，況乎漢王還脫下自己的衣服讓我穿，讓出自己的飯菜給我食用，如果背叛他，是不吉利的，我寧死也不會改變對漢王的一片忠心。

　　從韓信的話可知劉邦的「授上將軍印」、「予我數萬眾」、「解衣衣我」、「推食食我」、「言聽計用」與「深親信我」之策，不僅滿足了韓信這位「無雙國士」的需求，其運用之妙也顯示劉邦在兩千多年前就把管理學上領導人的激勵理論應用得有聲有色，無怪乎項羽丟了天下與人頭！

參考資料：http://www.songyan.com.tw。

宜陽之戰

　　戰國時代，秦武王找來大將甘茂商量出兵攻打韓國，甘茂除了獻策可與魏國結盟，並主動請命，願前往魏國遊說。但是當甘茂抵達魏國後，卻請隨行的副手向壽回國，向武王回報「還是不要攻打韓國比較妥當」。秦武王不知甘茂何以臨時變卦，於是親自到息壤迎接。

　　在息壤，甘茂向秦武王分析攻打韓國的困難，除了需要走幾千里路，途中還須經過諸多險阻。另外，又向秦武王說魏文侯攻打中山國的故事：「魏文侯曾派樂羊攻打中山，費時三年多，樂羊歸國後誇耀自己的戰功。魏文侯便拿出一整箱毀謗他的奏章，樂羊看罷後，連忙向魏文侯跪拜認錯：『拿下中山非臣功勞，全靠君主的支持與信任啊！』」

　　甘茂接著對秦武王說：「我不過是位客卿，樗里子和公孫衍兩人卻在君王身邊，如果我攻打韓國不利，兩位因而詆毀臣的不是，君王一旦聽信，就等於毀棄與魏國的盟約，我也將面臨險境，所以臣勸君王還是不要攻打韓國的好。」

　　秦王聽完，發現甘茂攻打韓國的決心並未變卦，因而保證不會聽信讒言，願意跟甘茂在息壤發誓為盟。話雖如此，實際上仍不出甘茂所料，當甘茂出兵五個月仍無法攻下韓國時，樗里子和公孫衍兩人乃在秦武王面前進讒言，秦武王有點聽信，下令召回甘茂，甘茂於是派人傳信給秦武王：「息壤還在嗎？」秦武王猛然驚醒，說：「息壤當然還在！」於是再增派大軍給甘茂，不久就攻下韓國宜陽。

參考資料：林文政（2011）。〈管理老闆的三種策略〉。《經理人雜誌》，第84
　　　　　期，頁34。

摘要

「英雄造時勢，時勢造英雄」，成功的領導人物，總為人類開創新局、新視野，舉凡國父孫中山、美國華盛頓、林肯、黑人民權領袖金恩博士、印度甘地、南非曼德拉等等，均讓成千上萬的人們受益。因此，成功的領導者對團體、社會、國家均十分重要；而成功的團體領導者，更是帶領團體邁向成功彼岸的旗手。

本章分成三個部分來分析團體領導。第一部分說明領導與權力，並且從領導與領導者、領導與權力、領導者的生成，以及成為領導者的方法，共四小部分逐一談起。第二部分介紹四種較為重要的領導理論，依序為特質論、風格論、情境論與轉換論，每個理論除皆為後至理論的基礎外，在理論內涵上彼此亦且互有關聯；其中，情境論又稱「權變理論」，情境論中較具影響力的有二：一是管理學家Fiedler提出的領導權變模式，一是Hersey-Blanchard提出的情境領導模式。第三部分則介紹5M領導模式，說明領導工作具有五種獨立的領導功能，包括樹立領導行為的榜樣、激勵成員、管理團體進程、決策與良師益友。

割髮代首[1]

　　操即奏張繡作亂，當興兵伐之……行軍之次，見一路麥已熟。民因兵至，逃避在外，不敢刈麥。操使人遠近遍諭村人父老，及各處守境官吏曰：「吾奉天子明詔，出兵討逆，與民除害。方今麥熟之時，不得已而起兵，大小將校，凡過麥田，但有踐踏者，並皆斬首。軍法甚嚴，爾民勿得驚疑。」……

　　操乘馬正行，忽田中驚起一鳩，那馬眼生，竄入麥中，踐壞一大塊麥田。操隨呼行軍主簿，擬議自己踐麥之罪。主簿曰：「丞相豈可議罪？」操曰：「吾自制法，吾自犯之，何以服眾？」即掣所佩之劍欲自刎。眾急救住。郭嘉曰：「古者《春秋》之義，法不加於尊。丞相總統大軍，豈可自戕？」操沉吟良久，乃曰：「既《春秋》有『法不加於尊』之義，吾姑免死。」乃以劍割自己之髮，擲於地曰：「割髮權代首。」使人以髮傳示三軍曰：「丞相踐麥，本當斬首號令，今割髮以代。」於是三軍悚然，無不懍遵軍令。

　　～〈袁公路大起七軍　曹孟德會合三將〉，《三國演義》第17回

領導與權力

　　本小節先從領導與權力談起，分從領導與領導者、領導與權力、領導者的生成，以及成為領導者的方法，共四部分談起。

---

[1]　古人不輕言割髮，因為身體髮膚，受之父母，不敢毀傷，相當神聖。因此，若髮與體相離，則意味著身首異處或棄塵緣而去。曹操自訂法令規定踐踏麥田者斬，今其座騎受驚誤闖麥田，仍願受罰，以「割髮代首」展現了領導者的自律，其以身作則，違法必究，將能有效地行使權力，並對戰鬥團體有效管理，凡此皆是成為成功領導者的原因。

▐▐▐▶ 領導與領導者

在亞馬遜網站搜尋leadership有將近八萬本書出現，在雅虎搜尋關鍵字「領導」，則會出現至少五百萬筆以上的資料，在博客來網路書店則約有四萬筆圖書，可見討論領導者的書籍資料汗牛充棟。再細看討論的主題，則有《僕人：修道院的領導啟示錄》、《牧羊人領導：聖經詩篇中的領導智慧》、《笨蛋！問題在領導》、《耶穌談領導》、《三國的奧祕II：領導與被領導的藝術》等等，不一而足，也顯示古今中外多少人事，均與領導攸關，並可成為討論的主題。這個現象多少說明每個人都有機會成為領導，或者說領導是發生在人們身邊的平常事，例如小學當班長、國中擔任球隊隊長、高中擔任啦啦隊隊長、大學擔任學會會長、研究所帶領讀書會、出了社會成了經理或總監等等。所有的團體都需要領導者，沒有領導者就如同缺乏目標的團體一般，使團體變成一盤散沙。

擔任領導者未必就有領導能力，而有領導能力者未必就有機會擔任領導者，例如：中國歷史上生而為皇帝者數百人，昏庸愚昧者遠遠多於明主，將國家帶往滅亡者，歷朝歷代均不乏其人。那麼真正的領導（leadership）與領導者（leader）的內涵是什麼呢？

Engleberg and Wynn（2010: 108）指出，領導是制定決策、有效與團體成員溝通以達成共同目標的能力，領導者則是個頭銜。因此，領導者採取行動以協助團體成員達成共同目標，就是「領導」。若無單一領導者，則由數位成員聯合領導。再者，透過管理（management）與領導的對照，有助於認識領導的本質，前者關注於指派任務的完成，而後者則是關注團體的基本方向與目標。

李郁文（2001：149）指出，領袖（leader）[2]是團體運作過程中，負責帶領和指引團體走向的領導者，指的是人，且是位具有特殊人格特質（personal qualities）、專業（professional）、受過訓練（trained）與能力

---

[2] 本文中leader譯作領導者，與領導人、領袖同意，引言部分依原作者用詞。

足夠（competent）的帶領者。至於領導是指在運作過程中，使用團體技巧協助運行，例如：如何營造團體支持性的氣氛、如何激勵團體成員士氣、如何催化團體活動的進行與如何達成團體的預定目標等。

前開「楚漢爭霸」、「宜陽之戰」中，看到漢高祖劉邦用人的心機與智慧，以及秦武王能夠察納雅言的器量；至於「割髮代首」一文，我們看到了曹操制定決策、執行決策與完成任務的決心與魄力，無怪乎在三國爭霸中成為一代梟雄。

IIII➡ 領導與權力

Johnson and Johnson（1991: 368）界定團體領導者的權力（power），乃是：(1)對他人的行為能有實際的掌控；(2)有影響他人行為的能力；(3)有影響他人報酬和代價（rewards and costs）的能力；(4)有左右他人行為（behavior）或執行特定行動的能力；(5)有影響別人目標達成的能力。一位領導者具有上述的權力，方能發揮其影響力並運作團體，以達到團體的目標。再者，領導者的權力有哪些類型，則說明如下：

French and Raven（1959）研究權力與團體領導的關係，歸納出五種權力的類型（types of power）：獎賞權（reward power）、強制權（coercive power）、法定權（legitimate power）、專家權（expert power）與參照權（reference）。

心理學家Yukl and Fable（1991）則整理出三種權力類型：資訊權（information power）、說服權（persuasive power）與魅力權（charismatic power）。Engleberg and Wynn（2010: 110）統整前述學者的分類，歸納出兩大類權力類型：職權（positional power）與個人能力（personal power）[3]。前者權力來自成員在組織的職位或身分地位（status），包括法定

---

[3] personal power得譯作個人權、能力法則（意謂不懈地拿出行動）、個人潛能與個人能力等，本文則譯作個人能力。

權、獎賞權、強制權與資訊權；後者則依靠成員個人特質（individual characteristics）而取得，包括專家權、參照權、說服權與魅力權。前述權力內涵與範例參見**表4-1**所述。

　　團體領導者不同權力類型的使用，端視團體特性與時空的需要而為之，領導者可以僅採其中一種類型或多種類型並行。不過，權力的使用宜小心謹慎，過度使用權力，可能引發反彈或導致團體彈性疲乏；相對的，若疏於權力的使用導致散漫無紀律，也可能讓團體嚐到失敗的苦果。

IIII➡ 領導者的生成

　　所有人都可擔任領導者，不過取得領導者的地位通常要有天時、地利與人和三方的配合方成。一般來說，領導者的出現有兩種方法：一是透過選擇（being chosen to lead），即被指派任命的領導者（designated leaders），一是自然浮出的領導者（naturally emerging as a leader），即自

表4-1　團體的權力類型

職權：來自權位		個人能力：來自個人特質	
定義	範例	定義	範例
法定權：來自工作或義務	我在其位，故謀其政	專家權：來自專業與證照（credentials）	我是傳播法規的博士，學識淵博
獎賞權：控制與提供有價值的資源	我決定賞你5萬元工作獎金	參照權：依賴成員的意見與領導者的經驗	感謝大家對我的肯定與信任
強制權：控制與處理制裁和懲罰	當兵喝酒鬧事，罰你關禁閉兩週	說服權：憑藉有效的溝通技術	你講話好有邏輯，我們都被唬了
資訊權：控制與傳送資訊，是為資訊來源	我有你坊間找不到的資料喔！	魅力權：依賴領導者人格、能力與活力	你總是精力充沛、笑臉迎人，好喜歡你

資料來源：French and Raven（1959）；Yukl and Fable（1991）；Engleberg and Wynn（2010: 110）；作者。

然生成的領導者（emergent leaders），這兩類領導者產生方式不同，角色功能各異。

首先，就被指派任命的領導者而言，其多透過團體成員或外在力量來選擇。團體內選擇的領導者，有時因當事人恰好在其位，有時係因受到拔擢，有時是透過選舉或表決等等方式選出；至於外在力量，就是所謂的「空降部隊」，對當事人以及團體成員而言，彼此都需要時間調適與經營，縱使領導者在團體中已經廣為人知，仍須盡力贏得信任與尊重。建議宜：(1)盡可能參與團體的決策；(2)與朋友討論單位的互動規則；(3)誠心誠意且公開地傳達對成員的關心，並尋求團體成員協助共同解決潛在問題。林振春、王秋絨（1992：130）指出，此類型的領導者展現出以下特點：

1.瞭解團體目標，並以此目標指引本身與成員努力的方向。

2.瞭解成員的特性、能力與專長。

3.激勵成員的士氣，增強團隊凝聚力。

4.鼓勵成員發揮才能，並擔負領導任務。

5.以才德服人，爭取成員認同。

6.視領導為服務，促進共同成長。

其次，就自然生成的領導者而言，是最有效率的領導者產生方法。其與團體成員的互動不斷，對團體目標具有高度的貢獻，且對團體目標與生態熟稔，能夠輕易上手，許多政治、社會等團體的領導者以此種方法產生。林振春、王秋絨指出，此類型的領導者具有以下特色：

1.民主理念的具體表現。

2.團體發展過程的最佳成果。

3.擔負自身團體的任務與功能

4.領導角色非固定一人，而是流轉於全體成員之間。

5.得發揮成功領導者的特質和才能。

6.得溝通成員需求與任命領導者。

7.非搶奪領導權，而是分配任務。

Ⅲ➡ 成為領導者的方法

雖然沒有方法保證可以生而為領袖，或是受賞識被拔擢為領導者，但是機會是給準備好的人，透過諸多策略的學習與運用，不僅有機會成為領導者，也可自我提升，晉身成為領導者所應具備的能力、技術、知識，甚或智慧，以避免發生荒唐的領導行徑或言語[4]。Engleberg and Wynn（2010）建議成為領導者（becoming a leader）有三種方法：

先說、常說與聆聽（talk early and often[and listen]）

Hollander（1978）研究顯示，先說與常說（talk early and often）個人的企圖與貢獻，較有機會成為領導者。在成為領導者前，貢獻的數量比品質重要得多，成為領導者之後，則宜講求貢獻的品質。不過，不宜說過頭，要多花些時間聆聽，以讓成員知道你是能接受他人意見者，而非嘮嘮叨叨忙著誇耀自己。

---

[4] 以歷史上的皇帝為例，有晉惠帝說出「何不食肉糜」、周幽王「烽火戲諸侯搏褒姒一笑」、「明神宗三十年不上朝」、「後晉石敬瑭向契丹稱『兒皇帝』」等等荒唐行徑。其故事分別為：(1)晉朝天災人禍不斷，百姓沒飯吃，活活餓死者眾。晉惠帝聽見臣下報告這件事，同情之餘也大惑不解，問道：「何不食肉糜？」意即那些饑民沒飯吃，為什麼不用碎肉煮粥來吃呢？(2)周幽王沉湎酒色，廢申后而立褒姒，以「烽火戲諸侯」來搏取褒姒一笑，由於狼來了的遊戲玩久了，導致邊境真有外敵入侵，已無諸侯起兵救援，終致亡國；(3)明神宗朱翊鈞三十年不上朝，荒廢朝政，史書道：「明之亡，亡於神宗。」(4)石敬瑭為奪後唐政權，勾結契丹，割讓燕雲十六州予契丹，且每年輸30萬兩予之。公元936年，契丹冊封石敬瑭為「大晉皇帝」，彼此約為「父子之國」，其亦成了契丹的「兒皇帝」，自此也埋下北宋王朝與遼國之間的數百年爭戰。

博學與分享（know more and share it）

領導者通常都是專家，因其博學多聞或專業而入主領導階層。團體需要知識淵博的領導者領航，但無須無所不知（know-it-alls），並且重視其他成員的意見。例如：政府執政團體組閣多用博學或經驗豐富之士；公司主管遴選條件相等，學歷可能是最後的考量依據等，適才適所是人才拔擢的核心。

提供意見與歡迎異議（offer your opinion and welcome disagreement）

在團體面臨決策困境時，出謀劃策解決問題者，容易贏得掌聲與讚美。團隊中最後出線成為領導者，通常都是這一類人，不過其他成員的觀點容或也別有新意，因此宜具備協調、包容的胸襟，歡迎不同的意見相互激盪。

前述三者是提供成為領導者的敲門磚，但未必能保證成為領導者，有時一位老聽不說、專門拾人牙慧與老是以統整大家意見以為自己意見的成員，也會成為領導者。其實各類型團體的文化殊異，成為領導者有其時空機遇等條件的配合。

領導理論

透過文獻檢閱，不難發現領導理論早已汗牛充棟，各種理論觀點令人咋舌。一位優秀的領導者在認識領導理論之後，宜擇選適合團體環境者來實踐之，不宜囫圇吞棗大小通吃，或是削足適履，本末倒置。以下茲介紹四種較為重要的領導理論，依序為特質論、風格論、情境論與轉換論，每個理論除皆為後至理論的基礎外，在理論內涵上彼此亦且互有關聯，說明如下：

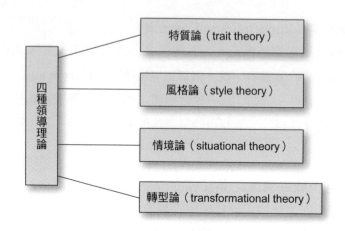

圖4-1　四種領導理論

資料來源：作者整理。

⫸ 特質論

「特質論」又稱為「偉人論」（great man theory），源自1930年代的研究，認為領導者是天生而非後天。特質領導理論（trait leadership theory）強調一位成功的領導者擁有有效促使團體運作的人格特質（characteristics）與行為（behavior），例如曹操、國父孫中山、美國華盛頓、林肯、英國邱吉爾、法國拿破崙等等均是。

那麼一位成功的領導者應該具備哪些明顯的人格特質呢？一般人若也具備這些人格特質是否也可以成為成功的領導者？

Stogdill（1948）的歷年研究發現，成功的領導者較常人更具有知識（intelligence）、學問（scholarship）、可靠性（dependability）、社會參與（social participation）與社經地位（socioeconomics status）。

DuBrin（2004: 51-53）在其著作*Leadership*中，提出成功領導者的十三種特質，包括：自信（self-confidence）、謙虛（humility）、可信任（trustworthiness）、高挫折忍耐力（high tolerance of frustration）、

【團體溝通觀察站】

「將將」與「將兵」

上常從容與信言諸將能不，各有差。

上問曰：「如我能將幾何？」

信曰：「陛下不過能將十萬。」

上曰：「於君何如？」

曰：「臣多多而益善耳。」

上笑曰：「多多益善，何為為我禽？」

信曰：「陛下不能將兵，而善將將，此乃信之所以為陛下禽也。且陛下所謂天授，非人力也。」

上開文字出自《史記‧卷九十二‧淮陰侯列傳》。書中記載劉邦經常與韓信閒談評論各個將領統御軍隊能力的高低。有一回，劉邦問韓信：「如果我來帶兵打仗，你認為我能統率多少兵馬呢？」韓信回答：「皇上只能帶領十萬大軍。」劉邦又問：「那你呢？」韓信說：「我當然是多多益善、愈多愈好。」劉邦笑著說：「既然如此，那你為什麼會臣服於我呢？」韓信回答：「皇上您不善於帶兵，但卻善於統御將領，這就是我臣服您的原因。而且這是上天賦予您的能力，不是一般人可以擁有的。」這段對話一方面凸顯韓信的自知，一方面也顯示其深諳上司劉邦的性格。

熱切（warmth）、幽默（humor）、熱情（enthusiasm）、外向（extroversion）、魄力（assertiveness）、情緒穩定（emotional stability）、適應性（adaptability）、遠見（farsightedness）、開放（openness）等。

從常情常理來看，擁有這些特質者雖然未必保證可以成為有效率且偉大的領導者，但可以確認的是，若擁有前述特質卻缺乏團體的工作經驗、基本智慧與工作技能，則幾乎不可能成為成功的領導者。事實上，許多傑出的領導者可能僅具一兩項領導特質，就已表現亮眼，例如：比爾·蓋茲（Bill Gates）是大學未畢業且個性內向的電腦怪咖（computer geek），因其天馬行空的智慧與專注，以及創辦微軟電腦而成為全球首富；蘋果電腦創辦人賈伯斯（Steve Jobs, 1955-2011）終生追求完美、卓絕，改變二十一世紀人類「看世界的方式」，其金句「求知若饑，虛心若愚」（stay hungry, stay foolish）也成為個人鮮明的人格特質。

ⅠⅠⅠ➡ 風格論

透過前述特質論的討論，可發現作為領導者的人格特質幾乎包山包海，如果網路怪咖是成為全球首富的特質，那麼真正的領導者特質又是什麼呢？由於領導者與非領導者特質的差異不易清晰劃分，學者的研究乃逐漸轉向以嘗試回答此一難題。風格領導理論（styles leadership theory），係透過整理集合可定義與學習的行為（behaviors）或風格（styles），例如嚴厲或溫和、悲情或滑稽、悲觀或樂觀、放任或嚴格等等行動者（actor）不同的行事風格，而歸納出風格理論，並補特質論的不足。

深入來說，由於領導者行為風格的差異，連帶使得團體各有各的氛圍與特色，例如教師團體、廣告人協會、行銷人協會、公關人協會、記者聯誼會、球隊、工運團體、樂團等等，各有千秋。

Lewin、Lippit and White（1939: 271-299）是最早企圖勾勒領導者的

圖4-2　領導風格光譜

資料來源：作者。

風格者，他們得出三種不同的類型：權威型、民主型與無為而治型，如**圖 4-2**所示，並分述如下：

權威型領導者（autocratic leader）

權威型領導者追求權力與權威以掌控團體工作的方向與結果，有以下行為特徵：(1)嘗試掌控方向與結果；(2)為團體制定諸多決策；(3)期待追隨者守規矩；(4)對團體工作負責且值得信任；(5)常使用獎賞與強制力。為了掌控團體依己之意運作，又要捍衛己身原則，權威型領導者付出眾多時間精力等，代價高昂。權威型領導雖然經常弄得人仰馬翻，可是卻極有效率，成果易見。例如球隊賽前特訓、大學考前衝刺密集班裡，教練或班主任說一不二，通常都有「臨陣磨槍，不亮也光」的效果。

民主型領導者（democratic leader）

一般來說，我們都會認為民主型領導者較佳，因其以提升團體成員的利益與社會平等為念，通常具有以下特徵：(1)共同決策；(2)協助規劃與執行計畫；(3)專注於團體任務與士氣；(4)給團體成功以信心；(5)依賴參照權與專家權來激勵成員；(6)提倡合作、衝突管理與有效聆聽。不過，民主型領導雖然使成員對領導者與團體較感滿意，有忠誠感，且工作愉快，在問題解決上也較具創意與變革力，但是因無法直接決策與負責，所以由其領導的代價是產能不佳，且領導者多被認為是軟弱且優柔寡斷。

無為而治型領導者（laissez-faire leader）

也就是自由放任型領導者。laissez-faire係法語詞彙 "to let people do as they choose"，意味照人們的選擇而行，無為而治的領導者讓團體成員負責全部的決策與執行。在成熟且具高度產能的團體中，無為而治領導者與團體可以說是完美的結合，且團體氛圍充滿鼓勵與獎賞。無為而治領導者多用既有的法定權，且對團體與成員無法發揮多大的影響力。

ⅢⅢ➡ 情境論

情境論又稱為「權變理論」（contingency theory），是當代領導理論與研究的主流之一，為Fiedler於1962年率先提出的領導模式，宣稱有效能的領導者會依情境的不同，靈活使用不同的領導風格與策略。一旦我們需要成為更有效率的領導者，情境領導理論（situational leadership theory）便是可借用的工具，其可協助我們獨力分析我們自己、團體成員與工作環境。情境論中較為知名且具影響力的有二，分別為管理學家Fiedler提出的領導權變模式與Hersey-Blanchard提出的情境領導模式，分別介紹如下：

Fiedler領導權變模式（Fiedler's contingency model of leadership effectiveness）

是頗具影響力的情境論之一，主張有效能的領導者僅出現在領導者風格與團體工作情境的理想結合（ideal match）情況下。Fiedler（1984）認為領導者不是任務導向（task motivated）就是關係導向（relationship motivated），而團體領導者通常都是兼具任務導向與關係導向，不過想取得兩者之間的平衡卻也不易。其整理如**表4-2**。

當你決定採取何種領導風格之後，下一步則是分析該風格如何與團體情境搭配。根據Fiedler的觀點，團體情境包含三個重要考量面向：領導者—成員關係、任務結構與權力。

表4-2　工作與關係激勵型領導者

領導者類型	領導者激勵	領導者行為
任務導向	即使付出犧牲與成員們相處的代價，也要完成工作	• 忽視團體士氣 • 與破壞分子發生衝突 • 以具效率、強悍者的姿態出現 • 不滿成員工作的質與量時，會越俎代庖
關係導向	即使付出工作無法完成的代價，也要與成員們相處	• 忽視任務要求 • 容忍破壞分子 • 以無效率與軟弱姿態出現 • 避免讓成員負擔過重而越俎代庖

資料來源：Engleberg and Wynn（2010: 118）；作者。

領導者—成員關係（reader-member relations）

　　兩者關係不論是正面、中立或負面，均會影響領導者與成員目標的追求。可以試問：成員對於領導者是友善且忠誠的嗎？成員是合作且支持領導者的嗎？他們老是唱反調還是力挺領導者？

任務結構（task structure）

　　任務結構的範圍很廣，從失序混亂到井井有條皆有。可以試問：團體目標夠清楚明白嗎？在達到目標之前，有擬出程序或步驟嗎？有建立評估成功與否的標準嗎？

權力（power）

　　係指影響或刺激成員的能力或權威。可以試問：領導者的權力是外在力量賦予，還是來自團體？例如是空降部隊還是內升的領導者？使用獎賞權、強制權、法定權、專家權、參照權、資訊權、說服權與魅力權，對團體成員會產生哪些不同的效果？

　　Fiedler的研究認為，領導風格與團體情境能有效搭配是最理想的組合。在圖4-3中，任務導向領導者在掌控極高與接近失控的情境時，工作起來得心應手，遊刃有餘，表現最佳，此因其負責且使命必達。

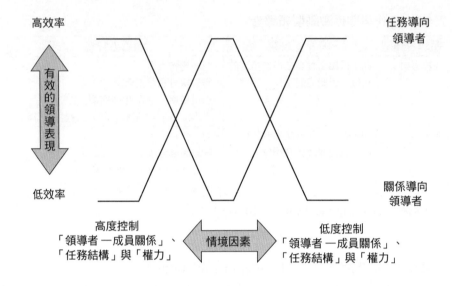

圖4-3　領導權變模式

資料來源：Engleberg and Wynn（2010: 119）；作者。

　　關係導向領導者在情境掌握達到調和時如魚得水，表現最佳，其可能面對幾種狀況：首先，當領導者面對有架構可循的任務與不合作的成員時，會利用外交手腕與成員一起合作以改善「領導者—成員」之間的關係；其次，當領導者面對良好的「領導者—成員」關係，但任務內容卻一團混亂時，會利用現有資源發展行動方案。不過，這兩類情況通常容易讓任務導向領導者感到挫敗。

Hersey-Blanchard情境領導模式（Hersey-Blanchard's situational leadership model）

　　「情境領導模式」為Hersey and Blanchard（1992）所提，係較為新穎的領導理論，主要強調團體的領導形態原則上只要能滿足成員的需求便是好的。因此，領導風格與團體成員意願（readiness of group members）緊密連結。所謂成員意願（member readiness）係指團體成員願意（willing）與能（able）共事以達成共同的目標。

根據Hersey and Blanchard的觀點，當團體的意願增加，領導者就必須更加依賴關係行為（relationship behaviors）、減少工作行為（task behavior）。以下說明Hersey and Blanchard以領導者為基礎的情境領導模式的四種可能情境（參見**圖4-4**所示）：

情境一：低意願（low readiness）—告知階段（telling stage）

又可稱為引導階段（guiding）、指導階段（directing），或建立階段（establishing）。此階段的成員沒有能力、沒有意願，或缺乏安全感，因此領導者應該採用直接與權威式的工作導向行為，除告訴成員該做什麼之外，並嚴格監管。

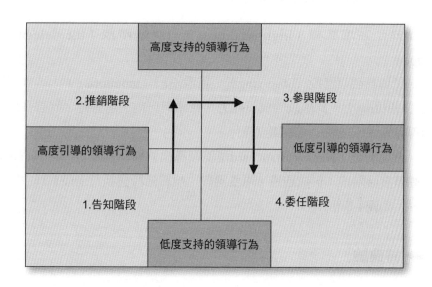

圖4-4　Hersey-Blanchard情境領導模式

資料來源：Engleberg and Wynn（2010: 121）；作者。

情境二：中度意願（moderate readiness）—銷售階段（selling stage）

又稱為解釋階段（explaining）、澄清階段（clarifying），或說服階段（persuading）。此階段的成員沒有能力，但是有意願或自信，因此領導者必須聚焦於關係導向。領導者要透過解釋決策的理由與提供機會給成員參與的方式來推銷。

情境三：中高度意願（moderate to high readiness）—參與階段（participating stage）

又稱為鼓勵階段（encouraging）、合作階段（collaborating），或委託階段（committing）。此階段成員有能力，但是沒有意願或是缺乏安全感，因此領導者的參與方式為提供高度的關係導向行為。例如領導者透過理念分享、協助決策與激勵成員等等。

情境四：高度意願（high readiness）—委任階段（the delegating stage）

又稱為觀察階段（observing）、監看階段（monitoring），或實踐階段（fulfilling）。此階段的成員能力、意願與自信三者皆足，狀態良好，領導者宜委派任務給成員獨立運作。

有趣的是，Hersey-Blanchard情境領導模式與第三章提到之Tuckman的團體發展階段：形成階段、風暴階段、規範階段與執行階段有異曲同工之妙，如**圖4-5**所示。

⫸ 轉換論

1970年代之後，對於領導的特質有更為成熟的認識，也開始詢問在我們所生存的世界中領導者有哪些共同的特質，以致改變我們生活的世界。例如美國總統林肯、黑人民權運動領袖金恩博士、國父孫中山先

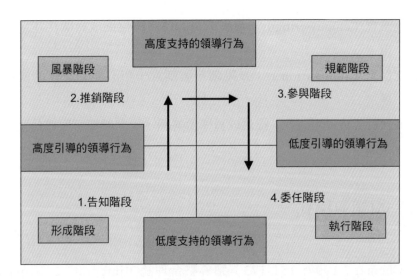

圖4-5　Hersey-Blanchard情境領導與Tuckman團體發展階段的關聯性
資料來源：Engleberg and Wynn（2010: 122）；作者。

生，甚至是跨國企業的商業鉅子等等，並據此研究發展出「轉換論」。

「轉換領導理論」（transformational leadership theory）視領導者實現任務不是因其個人特質，或他們與團體成員之間的關係或情誼，而是確實實踐了「轉換」一詞的精義，即為了團體的益處與目標，領導者帶領成員超越自利（self-interest）而引發龐大且正面的改變。Carless、Wearing and Mann（2000）檢視轉換型領導的研究，結果得出六個轉換型領導者擁有的六個特質：

1.魅力（charismatic）：擁有正向且無法抗拒的特質，使得成員緊緊跟隨。

2.遠見（visionary）：協助成員跳脫自利的框架，看見更大的遠景（big picture）。

3.支持（supportive）：鼓勵成員個人成長，提供明確的方向與關注點，協助成員滿足個人與專業的需求。

4.賦權（empowering）：參與成員的決策與協助成員關注在自我實現。

5.創新（innovation）：鼓勵創新與創意、耐心與智慧幫助成員改變。

6.典範（modeling）：提供成員學習典範，建立領導者與成員互信的氛圍。

5M領導模式

Chemer（1997: 151-173）領導整合理論（integrative theory of leadership）中三個領導的功能性觀點；形象管理（image management）、關係發展（relationship development）與資源利用（resource utilization），再加上Engleberg and Wynn（2010）提出的兩個功能——決策（decision making）與良師益友（mentoring members），成為Chemer的領導觀點，亦即5M領導模式（5M model of leadership effectiveness）。其認為領導工作有五種獨立的領導功能，包括：樹立領導行為的榜樣、激勵成員、管理團體進程、決策與良師益友，如圖4-6所示。

樹立領導行為的榜樣（model leadership behavior）

領導者應該樹立自信、能幹、值得信賴與樂觀的形象。Chemer以形象管理視之，指出當形象管理成功，則領導者便容易被說成有魅力。樹立榜樣宜注意：(1)公開擁護你的團體與目標；(2)有效且自信的聽與說；(3)行為具一致性且肯定性；(4)展示你的才幹與值得信賴。

激勵成員（motivated members）

激勵成員時，領導者要引導、發展、支持、捍衛與鼓舞成員，發展出適合個人需求與團體成員期待的關係。激勵成員有四種核心技術：(1)

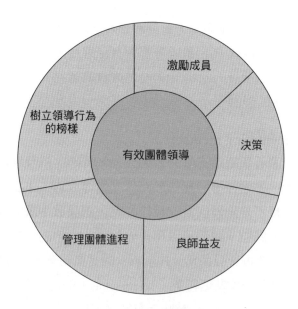

圖4-6　5M領導模式

資料來源：Chemer（1997）；Engleberg and Wynn（2010）；作者。

成員對團體共享的目標放心；(2)適當的獎賞團體與成員；(3)協助處理人際問題與衝突；(4)依據成員能力分派與調整工作。

管理團體進程（manage the group process）

　　管理團體可說是領導的最重要功能。鬆散、無法解決問題、難做決策的團體，沒有效能，難以運作。管理團體宜注意：(1)團體於工作會議前宜準備充分；(2)知人善任；(3)協助解決與工作相關與程序的問題；(4)監看與介入，以改善團體執行力。

決策（make decisions）

　　我們經常抱怨領導者優柔寡斷、遇事慌張、難以擔當大任，或是抱怨開會時會而不議、議而不決、決而不行等等。不過，就如同特質論的觀點一樣，大多數的人不是生而為領導者，而是逐漸學習成為領導者，成為

能夠審時度勢且負責任地做出大家都滿意的決策是有效的領導。欲做出有效的決策宜注意：(1)確認全體成員都擁有足夠且清楚的資訊；(2)討論初步的決定，並要求成員的回饋；(3)聆聽成員的意見、爭論與建議；(4)解釋你的決策背後的理由。

良師益友（mentoring members）

成功之士關心感謝過去幫助他們成長、成熟，以及激勵他們往前奮戰的良師益友。不過領導者無法無時無刻指導成員，事實上領導者既不是心理醫師，更不是團體成員的最佳好友，應該放手讓成員去闖一闖，而非過度介入與關照。我們可以用古希臘mentor一詞來說明領導者的角色。mentor源自於古希臘荷馬（Homer）的《奧德賽》（Odyssey），原意指英雄奧德賽兒子忒勒瑪科斯（Telemachus）的家庭老師（tutor）與顧問（advisor），因此mentor也意味著有智慧、值得信任、年長且經驗豐富的導師。此外，忙碌不堪的領導者若要進行指導，除了要懂得如何安排時間指導成員，更要知道如何指導成員；換言之，指導成員時宜注意以下事項：(1)充分準備且願意指導所有人；(2)鼓勵與邀請成員加入領導行列；(3)激發樂觀之情。

觀念應用　三國演義與團隊獎懲

　　諸葛亮兵法書《將苑・勝敗篇》指出，團隊競爭必勝的徵兆，頭一則是「賢才居上，不肖居下」，指讓部屬見賢思齊，認定只要努力，只要成績好，就能修得正果，得到出頭的機會；相反的，若不適任者反居於上位，甚至得到獎賞、受到肯定，團隊成員看在眼裡，不免怨在心裡，並不適合。

　　上述標準原則在執行時卻難免有例外；換言之，即指一位空有虛名者，在團隊中本應排除不用，然而假若任用此人，反而提振團隊士氣，則此人該用不用？三國時代劉備便曾面臨這個抉擇。

　　劉備以荊州地區為據點，靠武力奪取劉璋的地盤益州（四川）後，安排劉璋的舊部任職，和解共存。原來的蜀郡太守許靖名望很好，卻不在人事名單裡，原因是劉備對許靖的印象不好。此肇因於劉備攻打蜀郡時，許靖打開城門迎接劉備大軍，說是為了保護人民的身家性命，但在劉備眼中，許靖其實是毫無風骨的投降派。

　　劉備身邊的謀士法正，先前從劉璋陣營中窩裡反，曾和許靖有同事情誼，他向劉備說：「世界上有一種名不副實的人，許靖就是這樣。然而主公您剛創立大業，不能讓天下人議論，建議還是重用許靖，以安撫民心，不讓大家失望。」

　　這段話的意思很明白。許靖名不副實，法正深有同感，但這個「名」，在這個時刻，比「實」更重要。許靖縱然徒有虛名，但民眾普遍認為許靖是有才之人，而劉備從荊州率兵進入益州，是外來政權，若不重用益州人才，百姓不服，引發反彈情緒，則民心不定。因此，與其要辯論證明許靖優劣，不如順勢發展，就給許靖一個官位，以安定益州民心。劉備覺得有理，乃利用許靖的政治號召力，吸引更多劉璋帳下的英才投靠。基此可知，從功能觀點思考人才，則領導者應該把個人好惡拋一邊，以達到特定的目的。

領導學有時就是注重組織成員感覺的學問。從劉邦封賞雍齒的個案，也可清楚看到劉邦得天下後分封功臣，由於人數眾多，難免掛一漏萬，有些人自認有功，可是獎賞未到，心裡不爽，嘀嘀咕咕。劉邦雖聽到怨言，可是短時間內要面面俱到，一一犒賞卻也不易，乃問計於智囊張良。

張良反問劉邦：「陛下生平最討厭，大家也知道您討厭他的人是誰？」

劉邦答：「雍齒。」

張良：「那好，就先封雍齒。」

於是劉邦舉辦酒宴，以風風光光的儀式晉封雍齒，同時當場交代，盡快評比眾人功勞，作為獎賞參考。原本不滿多疑的人，這下歡歡喜喜，不再滿腹牢騷。

賞功罰過、人事升降，必須考慮到團隊成員的感覺。就像雍齒賞不賞，不是其他人所關切的，但雍齒受封，表示大家有賞，心裡就篤實多了。同樣的，許靖是否有真才實學並非重點，而是大家認為的人才獲得任用，便起了指標作用，方是重點。簡言之，用人唯才，是從上往下的角度來看待統御之術；但是由下往上的角度來看，所用之人在團員心中才不才，便是領導者更要費思量的，以免影響團隊士氣與默契。因此，劉備、劉邦的做法，容或不合領導規則，也非常態，卻掌握了團體成員微妙的感覺。

在你所屬的團體中有這類看似無用、實則有大用的成員存在嗎？他們的存在對團體貢獻了哪些重要的價值呢？

參考資料：三國智囊電子報，2006年11月10日，或參見：http://www.songyan.com.tw。

課外活動練習

4-1 我話你畫

一、活動目的：讓參與者發現領導、溝通與任務完成之間的關係。

二、活動說明：

　　1.2人一組，甲負責在海報上畫圖，乙則距離甲至少五步（約3.5公尺），以口語說明引導甲進行繪圖，其他人則為監督，確認甲、乙兩人均遵守規則。

　　2.在時限內，看看乙指揮甲所畫的圖與題目有多少契合度。

三、活動人數：至少6人。

四、活動時間：50分鐘。

　　1.說明活動與徵求自願者：5分鐘。

　　2.活動練習：每組10分鐘。

　　3.團體分享：15分鐘。

五、所需器材：海報紙、奇異筆、膠帶、圖案。

六、活動程序：

　　1.由主持人徵求6位自願者，並分為1、2、3組，每組2人，其中一人為甲負責畫圖，另一人為乙負責指揮。

　　2.由第1組開始，請甲就繪圖定位，乙距離甲五步之外站定。

　　3.主持人請乙看所要畫的圖案，但是不可讓甲知道、看到，等乙確定記住圖案後，收回圖案（答案），由乙指揮甲繪圖。

　　4.10分鐘一到，主持人出示圖案（答案），供大家比對。

　　5.待三組完成之後，進行團體討論。可先請擔任甲、乙角色者分享，再請其他人分享所見。

七、活動建議：

　　1.主持人在徵求自願者時，可事先提示，盡量選擇不熟悉的成員為
　　　一組，效果更佳。

　　2.如果人數較多，可三組同時進行，並分散成員到不同組觀察。

　　3.如為節省時間，也可三組同時進行。

4-2 排排坐

一、活動目的：由座位安排發現不同的領導風格。

二、活動說明：

　　1.每個人都有自己的觀點與注意力的焦點，透過模擬辦公室座位的
　　　安排，則你會如何安排主管、績優員工與黑名單員工的座位呢？

　　2.當座位安排完成，再回頭思索，你是怎麼領導員工的，特別是在
　　　面對績優員工與黑名單員工時？

三、活動人數：21人（若超出此數，其他人員則擔任觀察者）。

四、活動時間：35分鐘。

　　1.整理空間與分組：10分鐘。

　　2.分組活動：15分鐘。

　　3.團體討論：10分鐘。

五、所需器材：座墊（或可移動的座椅）、紙筆及至少可容納七張座墊
　　的排列空間。

六、活動程序：

　　1.7人一組，由小組成員推選一位「主管」、一位「績優員工」與
　　　一位「黑名單員工」，其他人為一般員工。

　　2.若給予「主管」一間辦公室，可能是教室或訓練室大小的三分之
　　　一空間，請「主管」規劃自己的座位以及小組成員的座位。

3.「主管」請同組成員攜帶座墊實際安排位置並感受實際坐下來的感覺。

4.「主管」如規劃完成，請將座位圖記錄於紙本。

5.團體討論與分享：

5.1先由「主管」說明座位分布，特別要說明「主管」自己位置、「績優員工」與「黑名單員工」的位置與如此安排的理由。

5.2請該組「員工」分享對分配到位置的感想。

5.3其他學員也可分享由「外」看「內」的感想。

七、活動變化：

1.小組成員可輪流擔任「主管」、「績優員工」、「黑名單員工」與一般員工等角色。

2.就不同的座位安排，討論適合的領導情境。

關鍵詞彙

領導	領導者	權力
法定權	獎賞權	強制權
資訊權	專家權	參照權
說服權	魅力權	領導理論
特質論	風格論	情境論
轉換論	權威型領導者	民主型領導者
無為而治型領導者	Fiedler領導權變模式	任務導向領導人
關係導向領導人	領導者—成員關係	任務結構
Hersey-Blanchard情境領導模式		告知階段
推銷階段	參與階段	委任階段
5M領導模式	激勵成員	管理團體進程
決策	良師益友	

課後動動腦

1. 說明領導與領導者兩概念之間有哪些差異？
2. 領導者使用的權力類型有哪些？其運用時機又有哪些差異呢？
3. 請問：如何成為一位領導者？
4. 你認為哪個領導理論最具有解釋力？請以身邊團體作為例子，說明之。
5. 請問：你如何透過所學的領導理論來改變你所屬的團體？
6. 有效能的團體領導通常會使用哪些溝通策略與技術？

Chapter **5**

團體溝通的語言與非語言

學 習 目 標

- 瞭解語言與意義之間的關係
- 瞭解團體對話的技巧
- 認識非語言溝通的重要性及其行為與環境
- 瞭解非語言溝通與文化之間的關係

聰明漢斯效應

二十世紀初，飼主赫爾·方澳斯頓（Herr Von Osten）訓練他的馬——漢斯（Hans），用踏腳來數數。漢斯學得很快，不久就學會加減乘除和複雜的數學計算，牠甚至還能數出房間裡的人數，或是戴眼鏡人數。飼主帶著漢斯做巡迴表演。演出中，他叫漢斯計算5＋8、100÷10，和其他計算問題，每一題漢斯都表現得零缺點，大家乃稱呼牠為「聰明漢斯」。有些懷疑者認為聰明漢斯作假，便要求證明牠的數學能力。

第一個測試，由其他人在舞台上念出數字給漢斯計算，牠用腳踏出正確答案。然而，接下來的第二個測試則沒那麼順利，因為由兩個人在漢斯兩邊的耳朵念出兩個數字讓牠相加，目的是要讓牠在沒有其他人在場的情況下計算出答案。經過深入調查，研究人員推斷漢斯只能在觀眾知道答案的情況下進行計算。因為研究人員發現，當漢斯開始計算時，觀眾身體前傾；當牠踏腳時，觀眾則身體緊繃，等到牠踏出正確的答案時，觀眾會放鬆姿勢並點點頭，而漢斯則將此類動作視為停止踏腳的信號。

換言之，漢斯的聰明並非在於牠的計算能力，而是能夠理解人類傳達出來的非語言訊息。

參考資料：T. A. Sebook, and R. Rosenthal (eds.) (1981). *The Clever Hansphenomenon: Communication with Horses, Whales, Apes, and Peoele*. New York: Academy of Sciences.

摘要

　　身體會說話，甚至說得比語言還多、還豐富、還真誠。我們習慣透過語言文字來瞭解對方所欲表達的意義，卻忽視人類溝通過程中，非語言訊息其實傳達了65%至93%的內容，比起語言部分僅占的7%至35%多得多。因此，成功的團體溝通，更要重視互動過程中的非語言訊息與意義。

　　本章分成三個部分來探討團體溝通的語言與非語言。第一部分說明兩種溝通工具：語言與非語言，比較了語言與非語言溝通的相似性與相異性。第二部分說明語言溝通與意義，分別從語言的明示意與隱含意來說明語言的特性；從團隊對話一詞來說明團體成員可以透過語言的使用來形成團體工作上的一體感；從語言的挑戰來說明語言應用上面臨略語、攻擊性語言、黑話，以及因性別與文化的差異，可能造成的溝通障礙。第三部分則說明非語言溝通的九種形態，包括動作學、撫觸學、身體外貌、人工製品、環境因素、距離學與個人空間、時間學、副語言與沉默。就其中的距離學言，Hall的研究發現，人際的溝通距離可分為四種，即親密距離、個人距離、社會距離與公眾距離，此一結果在團體溝通的實務上具有應用性的價值。

項莊舞劍，意在沛公

秦朝末年，劉邦與項羽爭奪天下。劉邦統領的軍隊因率先破秦入關，且派兵把守函谷關，引起實力遠勝於己的項羽的疑慮與震怒，決定攻打劉邦。勢弱的劉邦為顯示自己無意稱王，翌日特赴鴻門，向項羽請罪。一早，劉邦率領了一百多名人馬親赴鴻門，項羽且留下劉邦一同飲酒，在筵席上項羽和項伯（項羽的叔叔）面東而坐，范增向南而坐。劉邦坐在范增的對面，張良則在項羽對面。范增舉自己所佩戴的玉玦三次向項羽示意殺劉邦，但項羽無動於衷。項羽軍師范增著實按捺不住，於是找來項羽堂弟項莊，藉口舞劍以趁機殺劉邦，項伯看穿了項莊意圖，也拿劍起舞，掩護劉邦。就在危急之際，張良用計緩兵，不久劉邦更藉口如廁尿遁，且在將軍樊噲護送下逃回劉營。范增知道劉邦逃走了，怒且斷言，將來奪項王天下者，必然是劉邦啊！

～《史記‧卷七‧項羽本紀第七》

兩種溝通工具：語言與非語言

「察言觀色」、「聽其言，觀其行」等等，均是團體溝通重要的過程。在團體溝通過程中，透過觀察團體成員的眼神、臉部表情、肢體動作、聲調高低、時間先後、空間位置與工藝製品等等，有助於瞭解成員所欲傳達的訊息與意義。歷史上著名的「鴻門宴」便是絕佳的團體非語言溝通（nonverbal communication）教材。舉例來說，劉邦坐南朝北，以示臣服於項羽；臣子張良立東朝西，侍立於沛公之旁，合乎禮制；項王、項伯坐西朝東，為最尊位，也是主人位次；范增坐北朝南，乃次尊之位，實是

活靈活現的一場空間政治學之體現；而項莊舞劍，意在沛公，透過肢體語言——舞，以及工藝製品——劍，展現殺機，成為非語言溝通中登峰造極之作。

除了非語言作為團體傳達訊息的工具之外，語言本身自是溝通過程中經常使用的工具。語言溝通（verbal communication）著重在文字與語言的使用，其溝通的載具（carrier）則有身體（如面對面）、機器（如傳真機、室內電話、手機、電子郵件、書信、網路等）與大眾傳播媒體等等。尤其是大眾傳播媒體早已蔚為當代社會生活的主要傳播工具，幾乎無所不在，也無遠弗屆，可以說我們早已活在大眾傳播工具建構的語言世界之中。不過，我們雖然活在語言的天空下，諸多研究卻發現，在人類溝通過程中，非語言行為占了整體溝通意義的65%至93%（Birdwhistell, 1970; Mehrabian, 1981），相對的語言溝通僅占7%至35%。

不管兩者比率差距如何，語言與非語言均是各類型團體在溝通時必備的兩項工具，並由此建立溝通行為的意義。以下比較語言與非語言溝通的相似性與相異性（游梓翔、劉文英、廖婉如譯，2006：179-183），整理如**表5-1**所示。

|||➡ 語言與非語言溝通的相似性

符號性

語言溝通乃透過文字等符號為之，非語言溝通亦同。不過非語言溝

表5-1　語言與非語言溝通的相似性與相異性

相似性	相異性
• 符號性 • 有規則可循 • 可能是有意或無意 • 生成於文化之中	• 非語言溝通比語言溝通可靠 • 非語言溝通可使用多重管道 • 非語言溝通比語言溝通有持續性

資料來源：游梓翔、劉文英、廖婉如譯（2006）。

通非以文字方式來指稱其他事物，而是透過非語言的溝通形態，例如身體、人工製品。就身體來說，如低頭表達沉思、聳肩代表無奈、雙手抱胸意味警戒；就人工製品來說，拿名牌包試圖彰顯品味或地位，蕾絲花邊衣服傳達童稚可愛的氣息等等。不過，語言溝通的精確性遠大於非語言，透過文字的排列組合，語言意義雖然多元，但通常定於一尊，且透過前後文的脈絡來判斷，多能精確掌握語言的意義；非語言的溝通則有任意性、模糊性且抽象程度高，有時甚至無法臆測對方所欲傳達的意義，例如眨眼睛便有眉目傳情、開玩笑、眼睛裡有異物，或僅是習慣等多種可能性。

有規則可循

雖然前述語言與非語言在意義表達上，均具某種程度的模糊、不精確性，不過，兩者的溝通也是有規則可循。以中文語言來說，便有一套語法規則。謝國平（2002：48-50）指出，語言學（linguistics）在具體層次上係研究語音學（phonetics），即語音要組合成詞才能表意，其組合且有一定形式，非隨意而為；在抽象層次上係研究句法學（syntax）、構詞學（morphology）與語意學（semantics），前者研究語言的句子結構、排列，再者則研究基本表意單位的詞或字之構詞法則，最後語意學則是對語意表達的研究。

根據Burgoon（1995: 232）的定義，非語言溝通包括以下七種非文字符號：

1. 動作學（kinesics）：包括身體、臉部表情、眼睛、目光等。
2. 語音學（phonetics）：包括音調（pitch）、聲音大小（loudness）、速度（tempo）、停頓（pauses）等語音特質。
3. 身體外貌（physical appearance）：即人為操控的特點，諸如穿著、髮型、化妝、香水、衣服配件等。
4. 撫觸學（haptics）：透過肢體的碰觸撫摸，傳達喜愛或是權力關係。

5.距離學（proxemics）：係指空間以及人們如何使用空間。

6.時間學（chronemics）：指我們如何利用和理解時間來定義身分與互動。

7.人工製品（artifacts）：係用來宣稱個人身分地位、傳承，以及個人風格。例如：藍領與白領、名牌服飾、汽車、豪宅等等。

雖然不同學者對於非語言種類有許多不同的劃分方法（黃鈴媚，1998：53-54），有的還包括沉默、環境因素（游梓翔、劉文英、廖婉如譯，2006：190-209）等，但不論分類如何分歧，非語言溝通仍有類型、有規則可循。

可能是有意或無意

語言與非語言溝通均可能是有意或無意的舉動。就團體中的語言溝通來說，有意的表達就是團體之間透過語言傳遞訊息；至於無意的語言溝通，就像有些成員習慣性的口頭禪便是，例如：有沒有搞錯、這個我個人是這樣認為，甚至三字經「他X的」也琅琅上口，通常不具惡意，但聽來令人不爽。

非語言溝通有意的舉動，如面試之前、第一次約會之前都會刻意打扮，挑選適合該場合的服裝、配件，面試時甚至會刻意控制講話速度與咬字、調整身體姿勢，以期展現自己的專業來取得主考官的青睞。非語言的無心舉動則更加豐富，例如：回憶過去時我們通常會不自覺的把腦袋往左上方抬；說謊時不自覺的舔舌頭、結巴；焦慮時不斷搓揉雙手或是玩弄手上的筆、手帕等等。

生成於文化之中

語言與非語言溝通均受文化、價值、風俗、習慣等等的陶塑，因此在語言的表達中便受不同時空環境與不同文化的影響，例如：台灣、大陸雖然同文同種，但語言便有所差異，情人／愛人、泡麵／方便麵、高麗菜

／捲心菜、坪／平方米、賓士／奔馳、馬鈴薯／土豆、土豆／花生、新力
／索尼、餐廳／食堂[1]。因此，台灣習慣以坪作為土地大小的計量單位，
與大陸平方米不同，便是文化發展不同之下，產生的語言表達差異。

➤ 語言與非語言溝通的相異性

非語言溝通比語言溝通可靠

　　常識上，人們會認為語言溝通白紙黑字、有文有字較為可靠。不過
前已提及，有研究發現非語言占整體溝通意義的65至93%，且人們比較相
信非語言訊息，此因語言可以作假、掩飾，非語言卻難以掩藏。例如闔家
回娘家，爺爺疼愛的孫子不慎打破他心愛的蟠龍花瓶，嘴上雖然直說沒關
係，心痛的表情卻久久難以自臉上抹去，由此非語言訊息便知爺爺不捨破
碎的花瓶，又不忍責罵孫子才是真相。

非語言溝通可使用多重管道

　　語言使用有其時空上的局限性。在團體會議中，甲發言之際，便
獨占時空，乙必須等待；如同閱讀，正在讀《莊子》，《老子》只好候
著。不過，非語言溝通可以同時以兩種以上類型溝通，例如會員大會
時，主席一身盛裝發表年度願景，說得眉飛色舞、口沫橫飛、手舞足
蹈，便同時傳達身體、面部表情、聲調、人工製品等等類型的非語言訊
息。不過，由於訊息多元，成員通常依其背景偏好選擇性的理解，例如視

---

[1] 其他尚有（左為台灣用詞，右為大陸對應用法）化妝室／廁所、避難方向／安
全出口、公共汽車（公車）／公交車、電動自行車／電瓶車、機車／摩托車、
火車頭／機車、捷運／地鐵、腳踏車／自行車、鮭魚／三文魚、貓熊／熊貓、
列印／打印、數位相機／數碼相機、太空人／航天員、航太／航天、太空梭／
航天飛機、飛彈／導彈、雷射／激光、矽谷／硅谷、品質／質量、資訊／訊
息、仲介／中介、攝護腺／前列腺、背心／馬甲、瀨尿蝦／琵琶蝦，等等，兩
者差異十分有趣且多元。

覺型成員關注衣服打扮，聽覺型關注講話語氣與思維邏輯等。

非語言溝通比語言溝通有持續性

　　語言溝通時，通常有明確的起始點，例如開始報告—報告中—報告完畢，寫作業一小時休息十分鐘等等。但非語言溝通卻無時無刻都在傳遞訊息。例如總統電視辯論會，候選人一上台便已進行訊息傳遞，縱使發言空檔看稿、推眼鏡、擦汗、喝水等等，也都是辯論訊息的一部分。再如1960年美國史上首次電視辯論會，甘迺迪（John Fitzgerald Kennedy, 1917-1963）與尼克森（Richard Milhous Nixon, 1913-1994）兩人開啟總統選舉辯論的濫觴。電視辯論中四十多歲且陽光洋溢的年輕甘迺迪，對上一襲淡色衣服、頭髮蓬鬆、一臉倦容、表情嚴肅，且老態已現的中年尼克森，光禿的額頭還冒著汗，更顯醜陋。於此，觀眾自然偏好年輕上相的甘迺迪，也使他幾乎利用電視贏得好名聲而當選總統，有學者便說尼克森其實是輸給了電視辯論。

語言溝通與意義

　　語言是語言傳播的重要媒介，團體中使用語言有助於表達成員的想法與理念，甚至影響團體成員的觀點與團體目標。以下說明語言的基本概念。

明示意與隱含意

　　語言往往是團體成員所共享，其意義是由語言符號、慣例規則所組成，以決定此語言在何種情境使用，以及如何組合與使用，進而形成更複雜的訊息。語言在團體的傳播過程中不斷被傳送，而意義則是傳播的結果或產物。一般來說，語言意義的產生，有兩個層次：第一層次為明示意

（denotation），第二層次為隱含意（connotation）。

　　就第一層明示意來說，乃指符號（sign）、影像（image）或陳述的表面意義，係來自其字面上或直接指涉的意義，也就是描述符號、符號具（signifier）以及符號義（signified）三者和客體（object）之間的關係。例如一輛車只是我們用來命名該物體為車的交通工具。不過，就第二層隱含意來說，其指涉的意義來自字詞、符號或影像透過連結而產生的深層意義，且包含迷思（myth）與象徵（symbol），例如汽車可能暗示簡約或豪奢的生活方式，如果是外國車，則會顯示出更為特殊的文化內涵，例如德國賓士汽車象徵其文化中穩重內斂與嚴謹的內涵（引自王志弘、李根芳譯，2003：66）。

　　在團體溝通過程中，隱含意的影響力通常大於明示意。例如以開會

【團體溝通觀察站】

用簡單、易懂的語言溝通

　　有位秀才到市場去買柴，對賣柴的人：「荷薪者過來！」賣柴的聽不懂「荷薪者」，但是聽得懂「過來」，於是把柴擔到秀才前面。秀才又問他：「其價如何？」賣柴的依舊聽不懂這句話，但是聽得懂「價」這個字，於是告訴秀才價錢。秀才接著：「外實而內虛，煙多而焰少，請損之。」（意思是：你的木柴外表是乾的，裡頭卻是濕的，燃燒起來，會濃煙多而火焰小，請減些價錢吧！）賣柴的人聽不懂秀才的話，又覺得秀才老掉書袋，於是忿忿然擔著柴走人。

　　團隊溝通最好用簡單、易懂的語言來傳達訊息，有時過分修飾反而無法達到想要完成的目標。

參考資料：網路。

（meeting）一詞為例，從字面或字典的定義來看是「集合有關人員議決
事項」，但老是在開會、會而不議、議而不決等等卻意味著團體的運作
缺乏效率，連芝麻綠豆、雞毛蒜皮之事也開會，徒然浪費大家的寶貴時
間。

再者，明示意通常透過具體的符號呈現，且可為人類視覺、聽覺、
嗅覺、味覺和觸覺五感所感知，例如交通號誌等，團體成員較不易誤
解。相對的，隱含意通常運用迷思、抽象（abstract）、象徵等方式傳達
理念或觀點，較容易為團體成員所誤解，例如團體目標為創造公平正義的
社會，或是捍衛綠色地球等等，由於都是極為抽象的概念，必須落實到具
體的計畫，如淨灘、教育資源回收習慣等，成員方有遵守方向。

ⅢⅢ➡ 團隊對話

社會學家Donnellon（1996: 25）使用團隊對話（team talk）一詞
來說明，團體成員可以透過語言的使用來形成工作上的一體感（work
together）。團隊對話讓成員共享資訊與意見，也探知團隊從何而來，
欲往何而去；更重要的，透過對話可以改變團體目標、刺激成員建立關
係，甚至獲致成功。

團隊成員成功的語言使用，有助於團隊的對話。Donnellon提出六
種團隊對話的面向，以協助團體透過對話創造更強固且合作力更強的團
體，如**表5-2**所示，他並提出一些團隊對話的操作性建議，說明如下：

1.提到團體與工作時，使用我們（的）（we, us, and our）一詞。

2.傳達共享而非個人需求，例如我們需要，而非我要。

3.位居要津時，聽多於說，並鼓勵多問問題。

4.以具體積極的聲調說話，而非抽象消極。

5.鼓勵團體成員喚你的名字或綽號。

6.鼓勵團體成員表達異議，對異議者意見有耐心聆聽。

表5-2　團隊對話的面向

團隊對話面向	成功的範例	失敗的範例
以複數代名詞建立認同	這次動腦會議做出決議後，我們再休息	我很高興大家很認真動腦提創意
以集合性語言達成相互依賴	我們如果可以集體撰寫這次的公關提案企劃，思慮角度會更周延	春嬌與志明小兩口很有默契，兩個人就把這次企劃搞定
深思熟慮使用語言以縮小權力差距	抱歉！遲到了，上個會議拖到時間，請問秘書長能簡單告訴我會議的進度嗎？	全部暫停，誰報告一下，現在的會議進度
以不拘泥、非正式的語言建立社會平等	哈囉！大家好，天氣很冷，記得多穿些衣服	各位先生女士大家好！
以合作性語言管理衝突	我們應該心平氣和的坐下來，再討論團體經費的規劃運用	你怎麼會認為秘書長的經費規劃沒問題，未免太沒常識了！
以探討式語言談判	我們是否再想想其他較有創意的行銷方案	我們一直都以折扣銷售商品，也沒出問題啊！

資料來源：Donnellon（1996）；作者。

7.多問假設性問題，少說我們辦不到。

8.懷疑時，換句話說或是再問一次提問者的問題，以確定真正理解問題。

IIII➡ 語言的挑戰

全世界各種語言都自成一套系統，有其一套文字與文法規則。語言雖然有其力量，不過也有其挑戰。美國幽默大師Mark Twain便說「近乎正確的文字與正確文字之間的差別很重要」[2]。對於語言的難題，Engleberg

---

[2] 原文為The difference between the almost right word and the right word is really a large matter—it's the difference between the lightning bug and the lightning.〔相似的「螢火蟲」（lightning bug）跟「閃電」（lightning）的差別可是很大〕。參見 http://www.books.com.tw/exep/epage/read.php?id=12541。

and Wynn（2010: 167-169）乃提出略語（bypassing）、攻擊性語言
（offensive language）與黑話（jargon）來說明，團體溝通過程中可能面
臨的語言挑戰（language challenges）。

語言的難題（language difficulties）

略語

　　當團體成員對同一單字或詞彙賦予不同的意義時，即冒了一個略語
的風險，此種錯誤的溝通形式易產生誤會，團體計畫也可能因對某一個詞
語的誤解而告吹。例如導師要求班代調查一下學生對於「團體溝通」課程
的滿意度，一週後班代竟收回一百多頁的問卷調查結果交予導師，令導師
瞠目結舌。因導師所謂的調查不是正式的問卷調查，而是簡單問幾位學生
的看法，此即是對於詞語的誤會。

攻擊性語言

　　所謂攻擊性語言是指貶抑、排斥他者，或將他者刻板印象化。舉例
來說，以小弟弟、小妹妹稱呼團體成年的成員，一方面貶抑他者，一方面
自抬身價；再者，如指成員是從南部鄉下來的，難免不懂，便犯了地理位
置上的認知偏見；其他如說女人都很小心眼、善嫉妒、膚淺等等，也是偏
見。舉凡此類語言看似與一般刻板印象無所出入，其實都是很嚴重的歧視
與排斥。簡單說來，這類語言如果經常在團體溝通中出現，將替成員貼標
籤，並容易產生以下兩種影響：其一為變成以偏概全的標籤，例如鄉巴佬
王五、下港來的小陳、跛腳老李、小心眼志玲等等；一為影響成員對他的
認知與關係，例如粗心老六、遲到大王老張，顧名思義，很容易想當然爾
的質疑其做事態度與時間觀。

黑話

　　黑話是特殊化或專業的技術性語言。團體使用黑話讓彼此之間的溝
通更清晰、快速、有效（Lutz, 1990: 3）。有些團體更透過使用黑話作為

會員身分的象徵；有些則使團體理念溝通困難，更有些以之隱藏真相，以致不熟團體黑話的成員備感威脅與挫折。網路社群網站中的對話就充滿了這類黑話，例如鄉民、推文、大大、五樓、臉書打卡、踹共等便是[3]，如果未能事先瞭解就盲目加入，則溝通上容易產生障礙。

語言差異（language differences）

多元化團體的成員會影響我們如何使用與聆聽語言。雖然人們使用語言無對錯之別，但成員的差異會使我們對團體成員有所誤解。以下從性別與文化的角度說明之。

語言與性別

Tannen（1990）宣稱，男性與女性使用語言有很大的差異，例如女性傾向以語言維繫關係或與他人合作，許多女性講話都有試探性（tentatively），且很可能含有修飾語與附加問句（tag questions）。女性採用的修飾語傳達了不確定性，例如也許、可能等等。附加問題則是在陳述之後，例如大家已討論出國計畫三小時了，是不是可以討論下一個提案？便是一個充滿試探的附加問句。不過，此合作性方法未必代表缺乏講者自信，此舉其實反而容易激起大家的回應。

---

[3] 「鄉民」：據說出自周星馳電影《九品芝麻官》中的一個角色，其中說到：「我只是和鄉民來湊熱鬧的」，現在通常是對大型網路論壇使用者的稱呼，例如批踢踢（PTT）；「推文」：乃指推薦文章給予積分，並在文章底端留下一行文字作為回應；「大大」：網路上早期的大大通常指站長、板主大人，因為他們權力很大，所以網民乃稱之大大，諸如站長大大或板主大大，不要砍我文章，後來大大則泛指厲害或是網路老鳥，如各位前輩大大；「五樓」：以推文順序由上而下依次為一樓二樓等，以此類推，後來大家喜歡叫五樓回答事情，結果蔚為流行，許多人就很喜歡推跟五樓有關的推文，例如請五樓打分數；「臉書打卡」：指從臉書上記錄與傳送訊息，目的是為了讓其他親朋好友知道你有去過哪裡，打卡時上面會出現位置、照片等等，例如學生上課時在臉書上打卡，其他翹課學生便能掌握課堂狀況；「踹共」：即出來講（台語發音），讀快一點就變成「踹共」。

相對的，男性傾向於使用語言來確認其理念並與他者的競爭。男性比較不可能使用試探性語言，其講話一般來說都很直接且具有強迫性。團體溝通過程中兼採兩性溝通的優點，可以更有效的溝通。

語言與文化

語言與文化是相對等的，不同的文化就會有不同的語言出現，相對的，不同的語言也會創造不同的文化。語言不僅僅是一種溝通工具而已，在不同地區的團體，其溝通的語言縱使相同，但仍會有細微的差異，例如聲調、語氣等等，像台灣目前使用的方言（dialect）──台語，北、中、南便有不同的腔調，其與大陸閩南地區的差異性又更高了。由於在團體中使用方言會影響其他成員的觀感，因此講者必須要有能力進行「符碼轉換」（codeswitching），以減少負面的刻板印象。所謂的「符碼轉換」，係指能在自身文化情境中轉化方言，以及在特殊情境中運用多數人語言的能力。

語言學家McWhorter（1998: 143）便稱非裔美人經常視情境的轉變切換語言符碼（linguistic codes），意即他們在商業場合或在白人之間講一口標準的英語（standard English），但回家之後又改為黑人英語（black English），有趣的是，許多非裔中產階級同時操持前述兩種語言，在對話中不斷切換，有時一句話便出現兩種語言。前述現象也與台灣社會的語言使用相當類似，許多人在上班或是正式場合講國語，也就是北京話，回家後可能講母語如客家話、閩南話或原住民語等。

傳播學者Dodd（1995: 151）指出，語言與文化之間有四種關係，即：

1. 人們透過語言評判他者。
2. 向上流動與社會的鼓舞影響人們是否願意使用滿足社會規範的語言。
3. 美國人普遍使用的語言為美國文化中大多數人所接受者。

4.人們應該察覺偏見並超越之。

簡言之，在團體溝通中，宜試著瞭解、尊重方言。

非語言溝通的形態

在團體溝通中多數是以非語言溝通的形式出現。以下說明非語言溝通的九種形態，包括動作學、撫觸學、身體外貌、人工製品、環境因素、距離學與個人空間、時間學、副語言與沉默（游梓翔、劉文英、廖婉如譯，2006：190-209；Engleberg and Wynn, 2010: 172-179），說明如下：

動作學

動作學（kinesics）為專有名詞，係指身體姿勢或身體動作，包括臉部表情（facial expression）。透過身體姿勢可以傳達成員如何看待自己的訊息，例如無精打采顯示沒有把握；走路速度快、表情堅決顯示決心。

身體姿勢也傳達對團體成員是否保持開放的態度，例如雙手抱胸坐著，身體往後躺，通常含有戒心與敵意。作者初任記者時曾至北部一家公立醫院演講，初上台便見台下醫師、護士多抱胸後躺仰頭，其身體語言具有十分敵意。一般來說，在團體溝通中，成員或聽者若對講者不信任或尚在觀察之際，便容易出現這類姿勢；反之，一旦聽者對講者的內容與表演感興趣或信任，則身體放鬆、前傾，身體動作前後的反差不可謂不大。

再者，人臉部的表情相當複雜，超過一千種的表達方式，諸如歪頭、挑眉，以及眼睛和嘴巴的動作等等來表現各種情緒。其中快樂（happiness）、驚喜（surprise）、恐懼（fear）、生氣（anger）、嫌惡（disgust）等五種情緒是人類與生俱來（innate），無須學習的原始情感表現（primary affect display），五大洲的各色人種多能正確地辨識這

【團體溝通觀察站】

邱吉爾的道歉

　　一次宴會中，朋友看見邱吉爾夫婦對坐無言。不久，大名鼎鼎的首相把食指和中指彎曲起來放在桌面，向他太太的方向匍匐前進。朋友很好奇，問他在做什麼？夫婦倆微笑不答。宴畢，邱吉爾的太太才悄悄告訴朋友：「出門前，我們倆發生了爭執，剛剛他那個動作是表示他正跪在地上爬行。來向我道歉！」

參考資料：網路。

五種情緒狀態（Ekman, Friesen, and Ellsworth, 1972; Ekman, Friesen, and Tomkins, 1971，轉引自陳皎眉，2004：243）。申言之，臉部表情有其規則，一般來說，女性較常也自在於情緒表達，臉部表情較為豐富；男性則容易為了「打斷手骨顛倒勇」、「有淚不輕彈」等等「男子氣概」壓抑情緒，表情相對較少。因此，團體決策過程中，透過觀察成員臉部表情所傳達的態度、好惡，以及是否理解問題等等，都可能影響團體的決策。

　　在所有臉部的特徵中，眼睛傳遞的訊息最為豐富，例如「眼睛為靈魂之窗」、「水汪汪的眼睛會說話」、「回眸一笑百媚生」、「月牙似的笑眼」等等，便充分說明了眼睛在溝通中所扮演的角色。透過眼神的注視（gaze）、方向（direction）與時間長短（duration），可以傳達豐富的訊息，例如開會時眼神專注看著講者，顯示對其講話內容感興趣或是贊同，準備加入討論或回應；相反的，眼神渙散、飄向窗外，常意味著無聊或不贊同，也盡可能避免加入討論，或根本就不想回應。

ⅢⅢ➡ 撫觸學（haptics）

嬰兒一出生，父母便藉由撫觸行為來表達關愛，而孩子也是由撫觸開始認識這個世界，因此撫觸是人們五個感官中發展最早、最基本的溝通方式。Jones and Yarbrough（1985）將撫觸行為分為多種類型，每一種類型的功能各異。

首先，功能性—專業的撫觸（functional-professional touch），主要是為了完成某項工作而為之，例如中醫診法「望、聞、問、切」[4]、西醫診察、民俗療法、按摩等等。

其次，友誼—溫暖撫觸（friendship-warmth touch）與愛情—親密撫觸（love-intimacy touch），用以傳遞彼此的關心與喜愛，例如老友擁抱、傷心時互拍肩膀打氣，情侶之間十指緊扣、摟腰等。

最後，社交—禮貌性撫觸（social-polite touch），在團體、公眾的場合中經常使用，例如握手寒暄等。在團體成員的撫觸中，以友誼、社交撫觸較多，而透過成員撫觸類型的運作，也可窺知彼此之間的互動與關係。

撫觸也傳達出地位與力量。Henley（1977）指出，地位高的人比地位低的人容易撫觸他者，侵犯他人空間，而且主動觸摸者地位較高，不論男女則對於被觸摸的反應都較為正向。再從性別角度來看，成年女性傾向以撫觸表現喜歡與親密，男性則依賴撫觸表現權力與控制。這也說明為何女性較不會拒絕撫觸，即使在違反意願的情況下，這些性別化模式使得女性常淪為性騷擾的對象（LePoire, Burgoon, and Parrott, 1992；均轉引自游梓翔等譯，2006：193-194）。申言之，團體中的領導者拍拍成員的肩膀，緊握雙手表達感謝，多少有上下關係的意味；不過團體的規範與獎懲不若公司組織嚴謹，因此不宜經常透過撫觸凸顯團體階級與地位。

---

[4] 「望」指看病人的氣色，「聞」指聞病人的氣味，「問」指詢問病人病情，「切」指診斷脈搏的跳動。

ⅢⅢ➡ 身體外貌

我們常聽到以「外表不重要、內涵更重要」這類的說詞來鼓勵人，弔詭的是，受鼓勵者卻通常是其貌不揚者。不論東西方，身體外貌（physical appearance）是給人的第一印象（first impressions），畢竟大多數人先注意到他人長相，並以此建立初步的評價後，再進一步認識。研究人員便發現，豐滿、圓胖的體態容易和懶惰、骯髒，甚至軟弱連結在一起，纖瘦骨感的身材則展現年輕、自信、努力與緊張、固執的人格。一份針對兩千五百位男女律師的研究更顯示，外貌出眾的律師，其收入比長相普通的高出14%，其結果與其他研究相符，顯示外貌與收入之間具有正相關（游梓翔等譯，2006：195）。

白居易〈長恨歌〉中有「溫泉水滑洗凝脂」，唐玄宗的貴妃楊玉環身材豐腴，可是在漢成帝，皇后趙飛燕身材卻是清瘦，顯示環肥燕瘦各有其美，各有所好。審美觀受到時空環境與文化習俗等影響，並無絕對值，當前社會追求纖瘦美是社會建構的結果，並非真理。在團體溝通中，強調因外貌產生的性別刻板印象，並無助於團體成員的互動。

ⅢⅢ➡ 人工製品

人工製品（artifacts）用來宣告自己的身分與傳承，以及個人風格、品味等。透過服裝和配件、飾品可以表現出自身的形象，甚至塑造團體成員之間的認同；尤其許多因為流行文化或社會運動過程中誕生的次文化團體，其透過人工製品來彰顯其精神與特色，並作為相互識別的符號。例如圖5-1所示：台客服裝上可能穿著五分袖襯衫、七分褲、藍白拖鞋或方頭皮鞋、七星牌香菸或長壽菸與二兩重黃金項鍊等等；豪邁奔放的哈雷機車族則穿著印有哈雷標誌的厚重皮衣、皮褲和粗獷的皮靴；具反抗傳統與色彩的嬉皮（hippie）則慣穿色彩鮮豔的衣著或不尋常的衣飾，喜愛另類音樂、毒品。

圖5-1　台客、哈雷機車族和嬉皮常見的服飾配件

　　不過，有組織的團體也有一套人工製品，作為成員的認同與識別的符號，例如慈濟人的服裝「藍天白雲裝」，為慈濟活動的標誌，有人稱此為「藍色天使」，而證嚴上人加註為「藍衣大士」[5]。此服裝的隱含義是慈濟人要有藍天般寬闊的胸襟，白雲般潔淨的作為，又成為成員共享的價值。

　　人工製品更可成為彰顯個人身分、風格與品味的標籤。在現代社會中，許多女性透過購買限量的高檔名牌精品，例如包包、服飾、鞋子、帽子、絲巾、珠寶首飾等，來凸顯其在團體中與眾不同的身價與品味。再

---

[5]　出自《慈濟語彙‧專有名詞篇二》。參見http://taipei.tzuchi.org.tw/publish/book/88b3/paper8.htm。

者，也會有人透過人工製品來建立其種族身分，例如台灣原住民利用其服裝、頭飾、配件等凸顯其身分。在團體溝通中，我們可以利用人工製品表面的明示意與背後的隱含意，更加瞭解成員的背景與所欲傳達的想法，通常有助於彼此的互動與瞭解。

IIII▶ 環境因素

環境因素（nonverbal environment）是影響團體互動的另一項非語言因素，其影響我們的動作與感覺，諸如材質、色彩、空間設計、溫度、聲音、味道與燈光等均是。例如昏暗的空間令人沮喪、有霉味的房間令人作噁、燈光微弱的咖啡廳容易入睡、潔白寧靜的教堂令人肅然起敬、香氣四逸的餐廳令人食指大動、炎熱的夏天促使人們懶洋洋、秋高頓覺氣爽、酷寒令人瑟縮等等。

再就華人社會特有的風水觀來說，也是一種環境觀點的運用。風水觀起源於道家，深具哲學基礎，陳國明指其在於探討人的生命、能量與大自然、氣、陰陽、五行等之間天人合一的和諧關係，並引王玉德（1991：5）言：「風水是一門研究環境與人之間關係的學問。」其亦指風水觀點吻合非語言溝通中的環境因素與空間觀點（陳國明，2003：243-250）。

就團體溝通的角度來說，環境因素通常會影響溝通的品質，例如團體會議選擇在吵鬧的餐廳、KTV進行，則吃喝玩樂為真，開會為假。若從風水觀點來看，選在風大的河岸郊外，或陰濕偏遠的深山小屋，其效果大概不及窗明几淨、陽光和煦的玻璃小屋來得舒適。

IIII▶ 距離學與個人空間

距離學（proxemics）乃指空間以及人如何使用空間。在每個文化中

都有其特有的空間使用規範，例如在美國，一般人互動的距離大約4至12英呎，不過親密伴侶、家人或好朋友僅18英吋也感舒適。就距離學而言，Hall（1959, 1966）經過長時間的觀察後，將人際距離（interpersonal distances）分為四種空間區域（zone of personal space），分別為親密距離（intimate distance）、個人距離（personal distance）、社會距離（social distance）與公眾距離（public distance），說明如下：

親密距離

親密距離的範圍為0至18英吋（0至0.5公尺），親密朋友、家人、愛人適用。在這個距離之中，可以聞到對方的氣味，感受對方的體溫、心跳，清楚聽到彼此的談話。擠電梯或公車乃強迫行為，心理其實不適，通常透過閉眼、盯著遠方等增加心理距離的方式，減緩內心的不適感。團體成員互動的距離如果過近，不利對話，宜拉開到彼此關係應有的距離，否則可能會影響彼此現有的關係。

個人距離

個人距離的範圍為18英吋至4英呎（0.5至1.25公尺），朋友、親戚或其他熟識的人適用。通常可由此距離判斷大團體之中的小團體數量與成員。團體溝通時，如果與該小團體關係不夠熟悉者，無法進入這個區域，若未受邀請而闖入，將造成對方不悅或關係緊張。不過，小團體成員若未維繫其本該有的距離，外人可窺知其關係可能生變。

社會距離

社會距離約為4至12英呎（1.25至3.5公尺），與新認識的朋友、陌生人、師生交談，或購物交易、洽公時適用之。此一社會距離並無法從事太多互動，團體成員維持此一距離亦難以互動。

公眾距離

公眾距離範圍為12至25英呎以上（3.5至7.5公尺），適用公開的演

講或表演、講課時與台下觀（聽）眾的距離。在此區域大家互動機會均等，但難以進行互動。團體若非進行大型的報告或集會，不宜用此一距離溝通。

團體成員的人際距離顯示彼此喜歡的程度，愈喜歡對方距離愈近，反之則保持「安全距離」，以策安全。另外，團體間成員的人際距離也凸顯地位（status）、性別（gender）與文化（culture）的差異。

就地位差距言，團體管理階層可能與一般成員保持較遠的人際距離（Mehrabian, 1969）；就性別言，團體中女性與其他成員互動距離比男性

 【團體溝通觀察站】

輕鬆看網路時代的非語言

隨著網路愈來愈普及，上網時間已經成為企業頭痛的問題。暫不論各公司、團體何時使出渾身解數防止員工上網打混摸魚，透過聆聽聲音，觀察員工身體動作、臉部表情等等非語言訊息，除了可判斷員工是否在電腦前乖乖上班，甚至可歸納其正在玩什麼。以下七種是比較容易判讀的非語言訊息：

1.打字非常輕快且有停頓——在聊天。
2.鍵盤鼠標並用且不停點擊——在玩game。
3.不停滑動滾輪或Page Down鍵——在看信。
4.不停按刷新／F5——在上臉書、微博。
5.一動不動，緊盯著螢幕——在看電影或影片。
6.表情時而嚴肅、時而輕鬆——在看股票。
7.手放鍵盤上但長時間不動——睡著了。

參考資料：網路。

與其他成員的互動距離近，而且異性之間（即男女之間）的互動距離通常也比同性（即男性與男性、女性與女性）之間接近。就文化言，有些文化如拉丁美洲、阿拉伯，人際距離很小；有的則相對較遠，例如日本人、中國人（陳皎眉，2004：253-254）。

總而言之，團體溝通中的空間距離傳遞多種訊息，包括彼此的關係、喜歡程度，以及顯示雙方的地位與性別差異等等，若無法認清這些差異，可能引起溝通上的困擾。

ⅢⅢ➡ 時間學

所謂時間學（chronemics），乃指我們如何認知、使用、理解與組織時間來定義身分及與他者互動。Hall（1959）把人類認知的時間劃分為三類：

1.正式性時間（formal time）：指時間的區分，例如世紀、年、月、日、時、分、秒。
2.技術性時間（technical time）：類似黑話（jargon），內行人方能瞭解箇中含義，例如光年（light year）是指光走一年的距離，是距離單位而非時間單位。
3.非正式性時間（informal time）：人類生活的時間，觀念源自正式性時間，例如「一寸光陰一寸金、寸金難買寸光陰」、「消磨時間」等。

時間行為也可傳達團體之中權力地位的差距、成員在團體中的排序，以及文化期待。就地位言，電視劇或電影拍攝期間，媒體經常爆出大牌明星讓整個劇組團隊整整等了半天才見到人影的新聞，此舉一方面是大明星透過時間拖延行為凸顯其價值與地位外，另一方面也是趁機炒作新戲；就排序言，在團體會議時，若主席總讓某位女士暢所欲言卻限制其他

人發言時間，兩相比較便可發現該成員在團體排序極前，間接也顯示其地位高低；最後就文化期待言，團體會議如果預定需要兩個小時，則結束前成員便會出現收拾包包準備離開的行為，如有延遲，最好預告將延遲多久結束，以提升議事效率。

ⅢⅢ➡ 副語言

副語言（vocalics）係研究人類溝通時聲音或說話方式的變化，包括音調（聲音高低）、音量（聲音大小）、頻率（聲音的速度）、音質（聲音的品質）等，這四種聲音的特性且會相互補充、加強或牴觸語言本身所欲傳達的意思（曾端真、曾玲泯譯，1996）。我們的聲音豐富有變化，有助於瞭解個人特色，以及話中所隱含的意義，例如開玩笑或是威脅等等。

人類聲音的用途廣泛，當我們感到緊張時聲音會提高、頻率會加速；生氣憤怒時，則音量變大、大聲吼叫；對於愛人知己輕聲細語以表示親密；為顯示權威專業，聲音不疾不徐，老成持重；冷言冷語，以示譏諷；說話缺乏抑揚頓挫，音調、頻率、音量平平缺乏變化，常暗示著窮極無聊。MacLachlan（1979）指出，說話速度比一般人快者，常給人專業自信感，較具說服力；不過他也發現，雙向溝通時，如果講者說話速度過快，導致聽者無法掌握，可能引發憤怒而不利後續溝通。

再者，副語言也可以展示我們的文化傳承、性別與階級（游梓翔等譯，2006：207-208），這些差異在團體溝通中扮演識別成員身分角色、背景與階級等等功能。就文化傳承言，例如非裔美國人的口語比白人的口語有較大的聲音範圍、抑揚與腔調，此就如台語的腔調，台語有八個音節，加上各地口音差異，如海口腔、宜蘭腔、中部腔等等，如此一來，一些詞彙如滷蛋、吃冰等南腔北調並不相同，有多種說法。

就性別言，男性語調偏向強硬、低沉，以及有限的抑揚頓挫，以控

制情緒；女性則音調較高，音量較少，較多的抑揚頓挫，以反映女性退縮與客氣有禮的形象。就階級言，發聲口音與句子的複雜程度可表現階級高低，例如清脆響亮的聲調、清晰的咬字、複雜的文法，通常與高教育程度有關。

ⅢⅢ➡ 沉默（silence）

俗諺云：「沉默是金。」[6]中國著名詩詞大家的作品更將沉默凝聚的非語言力道推到極致，例如白居易〈琵琶行〉：「別有幽愁暗恨生，此時無聲勝有聲。」蘇軾〈江城子〉：「相顧無言，唯有淚千行。」柳永〈雨霖鈴〉：「執手相看淚眼，竟無語凝噎。」句句點出無法透過言語表達傳遞的真摯感情，透過無聲、沉默，卻將情感提升到極高點，此一境界也只能說：「只可意會，無法言傳。」

無聲的非語言行為其實響亮、震耳，在團體溝通中，不說話經常比說話更引人注意。例如嘈雜的會議當中，主席突然從聲嘶力竭中靜默下來，經常可以換來半晌的寧靜，作者在嘈雜的大學課堂上課，曾經多次利用此法，屢試不爽，此實如賈島〈題李凝幽居〉「閒居少鄰並，草徑入荒園。鳥宿池邊樹，僧敲月下門」、王維〈鳥鳴澗〉「人閒桂花落，夜靜春山空」的境界，可以感受到無聲或沉默帶來的表面張力，深怕一根針掉地上，就破壞了一片寧靜。

在團體溝通中，沉默具有正面的價值，例如沉默代表團體成員正集中精神思考問題，展現團結一致；或者團體成員彼此心靈相通，心照不宣也能心意相通。當然，透過沉默也具有負面的價值，例如對於團體討論問題沉默以對，除了表示同意，亦常具有抗議、不滿、忽視等等意味。沉默，實是最殘酷的懲罰，因其背後隱含的意義是被忽視者根本不值得置

---

[6]　俗諺「沉默是金，雄辯是銀」（speech is silver, silence is golden），意味著說話能力雖然很重要，但是沉默更有價值。

喉，人格遭貶抑至最低。

　　上述說明團體溝通中九種非語言行為的形態，可透過觀察團體成員的非語言行為，「知己知彼，百戰百勝」，有助於與團體成員的溝通與互動。

【團體溝通觀察站】

虛擬團體的網路非語言

　　傳統上，團體溝通奠定在成員必須面對面、聆聽對方聲音的基礎上進行，並觀察對方的非語言行為。現今網路時代的來臨，溝通環境躍上虛擬的電腦中介環境，打破過往的實體溝通模式。在虛擬平台中溝通的團體成員〔即虛擬團體，（virtual groups）〕，無須聽或是看臉部表情、姿勢、手勢等，就可（要）彼此溝通。有趣的是，網路非語言的出現又告訴我們，缺乏表情的溝通容易引起誤解，也無法揣摩對方的情緒與態度，驗證了團體溝通中非語言訊息無可取代的重要地位。

　　蔡鴻濱（2008）整理出十一類的網路語言，其中一類稱為「網路副語言」。這種網路語言中的狀聲詞，或可謂語氣詞，又可稱為電子副語言（electronic paralanguage），一般來說，其透過注音或是英文字母或是日文字母來表示。例如：嘿／哈、哼／ㄏ／h、呀／啊／ㄚ／r／a、喔／ㄛ／o、噁／哦／ㄜ、唉／哎／ㄞ／I、呦／喲／ㄡ／u、嗯／ㄣ／n。不過，電子副語言的定義已非完全等同於實體團體中非語言的概念，其對副語言的界定也更為寬廣（吳筱玫，2003；Werry, 1996）。

　　網路中使用頻繁出現的輔助符號、身勢符號，以及非語言符號的面部表情與圖像，也是非語言傳播中臉部表情、手腳動作、整個軀體姿勢等等的再現。火星喵喵、火星旺旺（2006）的逗趣網路語言小書

中，將圖像化的表情符號分成下列八種：

1. 象形符號類：如 ↑ ↓ ←→ 代表上、下、左、右。

2. 表情符號：如 +__+ 是睡眼惺忪　>__< 是開心　*^_^* 是笑（打招呼）→_→ 好啦！

3. 動物符號：如 <。)#))) ≦ 代表烤魚　(˙˙)nnn代表毛毛蟲 (=^ ^=)代表貓咪　(：≡ 是水母　≡〔° °〕≡ 是螃蟹 (˘(∞)˘) 是豬豬 ＝^ω^＝ 是狐狸。

4. 雜物符號：如 ::( ):: 是OK繃　(●-●)是太陽眼鏡 ■D″ 是咖啡杯 ○●○— 是烤丸子。

5. 問候符號：如 #^˙^# 是幸福嗎？　>_<)}} 是發抖（好冷）p(^ O ^)q是加油！σ(˙˙)是槍斃。

6. 瘋狂orz符號：如●rz是黑人頭先生 crz是摩托車騎士　orz=3是放了個屁　On 是嬰兒。

7. 西式表情符號：如:-)是微笑 :-(是不悅 ;)是使眼色 :-D 是開心 :-P是開玩笑 :-O是驚訝。

8. 日式表情符號：如-_-lll 是尷尬 ^o^ *_* ^_^ 是笑臉 <{=……是烏鴉飛過（冷場）。

參考資料：蔡鴻濱（2008）。〈網言網語的對話與遊戲：口語、書寫的再省察〉。台北：世新大學傳播研究所博士論文。

火星喵喵、火星旺旺（2006）。《火星文傳奇》。台北：華翰文化。

吳筱玫（2003）。《網路傳播概論》。台北：智勝。

Werry, C. C. (1996). Linguistic and interactional features of Internet Relay Chat. In S. Herring (ed.), Computer-mediated Communication: Linguistic, Social and Cross-Culture Perspectives (pp.47-64). Amsterdam, Philadelphia: John Benjamins Publishing Company.

觀念應用　身體會說話

美國前聯邦調查局的幹員納瓦若曾在《華盛頓郵報》撰文說，要判斷一對男女的關係是否健全，最可靠的方式不是聽他們的談話，而是觀察肢體語言。肢體的一舉一動，能傳達很多不為人知的隱藏訊息，包括一個人的思緒、感覺、慾望和意圖。

納瓦若舉了一個實例：他和一群朋友以及他們的配偶到加勒比海度假三天，大家玩得非常盡興，其中一人提議：「明年我們再來玩。」其他人紛紛表示贊成，但納瓦若這時卻發現，這個人的妻子把手放在下巴下，手握成拳頭。

這個姿勢在旁人看來沒什麼，但在納瓦若看來卻是一個「危險」訊號。接下來他繼續密切觀察，當其他人在熱烈討論時，這位女士也勉強擠出笑容，但笑得很僵硬。納瓦若因此判斷，這個朋友的婚姻恐怕不保。結果不到六個月，這個朋友的妻子就要求離婚，而男方這才發現，妻子另有意中人。

納瓦若說，男女發展感情時，許多行為源自幼時與母親的互動，一個人在回應母親關愛的眼神時，眼睛會睜大，瞳孔會放大，臉部肌肉放鬆，嘴唇變得豐滿與溫暖，頭會稍微傾斜；這些行為會跟著一個人一輩子。

根據納瓦若的觀察，男女開始戀愛時，一舉一動往往反映出對方的行為，像相互深情凝視或手牽手走路；等到這段戀情發展得更深時，彼此反映的律動會更強烈，例如可能有相同的眨眼頻率或呼吸節奏。外人或許無法察覺，只有他們能心領神會。

納瓦若那位朋友離婚後已經再婚，最近又與納瓦若參加加勒比海遊輪之旅。在旅途中，這位朋友不時用關愛的眼神看著新婚妻子，她也回報以愛慕的眼神，當他們牽手時，她會輕揉他的手。納瓦若因此確定這會是一段幸福婚姻。

　　簡言之，人們的身體無時無刻洩漏出許多有趣的訊息，不管當事人願不願意，都無法阻擋身體的語言。不妨停下腳步仔細觀察身邊或是路過的行人，不難從他／她們身上讀出許多意義來。

參考資料：〈一對男女的關係是否健全 看肢體語言就知〉。http://blog.udn.com/aaa12087/2085505。

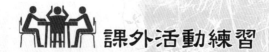

課外活動練習

5-1 聲音模仿秀

一、活動目的：發現語言所帶來的威力。

二、活動說明：

　　1.語言的內容豐富多元，雖是同一句話，但是透過聲音的大小、速度的快慢，以及音調的高低，卻可呈現出各種不同的效果。

　　2.透過對語言的模擬，感受相同字句的不同效果。

三、活動人數：50人以內。

四、活動時間：30分鐘。

　　1.練習時間：20分鐘。

　　2.團體練習：10分鐘。

五、所需器材：黑板或大字報。

六、活動程序：

　　1.請先回憶語言線索，並利用語言線索中的聲調大小、高低與說話的快慢等方式，來練習朗讀以下例句。也可模仿老人、小孩或卡通明星的聲調。

　　2.例句：可事先抄在黑板上方便參與者練習。

「這真是太棒了！我們已經完成了一半的課程。」

「努力不一定成功，但是不努力一定不會成功。」

「如果問題解決得了，何必擔心？如果問題解決不了，何用擔心？」

　　3.參與者請自行找一例句，並輪流對大家講述。請使用語言線索來變化講述例句，看誰的變化最多，聽起來效果最好。

七、活動變化：團體一起討論會場遇到的各種情境，來增加口語應用情境，例如激勵、安慰、平撫等等不同情境，由學員輪流以例句對大家講述，感受口語表達應用上的差異性。

5-2 抽牌

一、活動目的：練習非口語的觀察。

二、活動說明：

　　1.由一方出牌，讓另一方猜花色。

　　2.透過猜牌顏色的過程，練習觀察驗證出牌方的非口語動作與實際出牌的結果，進而推測出牌方的非口語表達特徵。

三、活動人數：28人。

四、活動時間：40分鐘。

　　1.分組猜牌活動：25分鐘。

　　2.團體討論：15分鐘。

五、所需器材：七副撲克牌。

六、活動程序：

　　1.4人一組，先決定出牌順序1、2、3、4。

　　2.每組使用一副撲克牌，去掉鬼牌，洗牌後將牌平均分給小組成員。

　　3.小組成員依照出牌順序，由組員1拿出一張牌，牌面點數向下，

由組員2猜這張覆蓋牌的顏色（紅色或黑色）。如果猜對，組員1收回該牌；如果猜錯，則其須收下該張牌，依序輪流進行，看誰手上的牌先出清。

4.每位成員在每次猜牌時，同時對出牌者的外在表徵與出牌結果，進行分類與歸因。

5.猜牌活動結束，進行團體討論，分享在活動中的發現，特別是獲勝者的發現。

七、活動變化：

1.可改變猜牌的方式，例如由顏色改為猜花色或數字等等，提高難度。

2.可改變出牌順序，分析不同成員對之反應的非語言差異。

關鍵詞彙

語言溝通	非語言溝通	明示意	隱含意
動作學	人際距離	親密距離	個人距離
社會距離	公眾距離	撫觸學	身體外貌
人工製品	環境因素	距離學與個人空間	時間學
副語言	沉默	方言	團隊對話
黑話	符碼交換	符號具	符號義

課後動動腦

1.請說明語言與非語言溝通有何異同？

2.團隊對話如何才能協助團體達其目標？

3.團體溝通中的非語言形態有哪些？

4.團體溝通中的非語言為何會影響團體溝通的品質？

5.你所會的方言有哪些？對你在團體中的溝通產生哪些影響？

Chapter 6

傾聽

學 習 目 標

- 瞭解傾聽的本質與特色
- 認識傾聽的過程與類型
- 瞭解傾聽的技巧與策略
- 有效溝通的七個習慣

傾聽法門

很久很久以前，有位追尋生命意義的僧人，不斷尋找能幫他發現偉大真理的上師。有天，他聽說鄰國住一位大師，便立刻出發前往，步行好幾個月後，終於來到大師的住處，他先越過一塊空地，看見一間小屋。當他走近時，看見已經打開的大門，他在門口候著，經過長時間的等待之後，他決定大膽走進去。

一進屋，首先見到一張小桌子，上面擺著一壺茶和兩個杯子。因為他口渴了，又聽說大師是位慷慨的人，於是為自己倒了一杯茶。幾乎在同時，大師出現在門口，是位駝背的老翁，有著充滿智慧及和善的眼神。大師看了看僧人，再看看茶杯，然後搖著頭離開。

僧人不解其意，在屋內等了一個小時，不見大師回來，於是離開了小屋，在林中找地方休息，隔天一早，又進入小屋等候，桌子、茶壺和茶杯依舊。同樣因為口渴，喝了口茶，於此同時，大師又出現在門口，一樣看看僧人，再看看茶杯，之後又搖著頭離開。同樣的情況持續多日，僧人終於忍不住乞求大師：「求求您，我走了很遠的路來此向您學習，今天請別再離開，教導我吧！」大師停下腳步，轉身走向桌子，拿起那壺茶開始把茶倒入僧人已經裝滿茶的杯子裡。僧人在茶水滿到杯外、桌面和地板時，往後一跳，躲了過去。大師說：「你的心就像這杯茶已經滿了，你必須先放空，你的心才有空間探索偉大的真理、生命的意義。」僧人聽罷，豁然開朗，拜謝大師。

我們常以為傾聽就是安靜與專心地聽話，觀察對方的一舉一動。事實上，在傾聽之前，先把心清空，不存偏見與預設立場等等，才能聽進各種話語與聲音。

參考資料：陳智文譯（2008），安奈特·西蒙斯（Annette Simmons）著。《說故事的力量》。台北：臉譜。

摘要

　　管理學大師柯維（Stephen Covey）說，聽、說、讀、寫是最基本的溝通形式，一天二十四小時，大部分的人會花三分之二至四分之三的時間在這四件事上，且其中40%至50%的時間用於傾聽（listening）。由此可推知，聽在團體溝通行為中扮演著重要的功能，可惜人類常常不會聽，導致誤解或錯誤之事層出不窮。

　　本章分成四個部分來探討團體溝通中的傾聽。第一部分為團體與傾聽，說明傾聽的本質，以及傾聽的對話性，亦即聽與說是一體的兩面，缺一不可。第二部分為傾聽的過程及傾聽的偏好與類型。一般來說，傾聽的過程有五個階段：接收、理解、記憶、評估與反應；至於傾聽的類型，若從傾聽者的偏好分，可分為四種：人物導向傾聽者、行動導向傾聽者、內容導向傾聽者與時間導向傾聽者；若從不同的適用環境來分，可分為五種：區辨型傾聽、理解型傾聽、同理型傾聽、分析型傾聽與讚賞型傾聽。

　　第三部分為傾聽的技巧與策略，通常人們有七種不良的傾聽習慣，包括假傾聽、以沉默抗爭、偏見、敵意、捨本逐末、轉變話題與防禦性回應。要改善此不佳的傾聽習慣，或是達成前述第二部分所提之五種傾聽類型，可透過「黃金傾聽原則」與「善用多餘的思考空檔」兩種技巧，或是利用傾聽大觀念、戰勝分心、傾聽非語言行為、「傾聽」而後行，以及幫助團體傾聽等五種傾聽策略來達成。

　　第四部分說明團體中有效溝通的七個習慣：(1)描述而非評價；(2)具體而非模糊；(3)試探而非確定；(4)真誠而不操弄；(5)同理而非同情或無情；(6)平等而非優越；(7)正向而非負向。

黛玉葬花

　　（寶玉）把那花兜起來，登山渡水，過樹穿花，一直奔了那日和黛玉葬桃花的去處。將已到了花塚，猶未轉過山坡，只聽那邊有嗚咽之聲，一面數落著，哭得好不傷心。寶玉心下想道：「這不知是哪屋裡的丫頭受了委屈，跑到這個地方來哭？」一面想一面煞住腳步，聽她哭道是：

　　花謝花飛飛滿天，紅消香斷有誰憐？游絲軟繫飄春榭，落絮輕沾撲繡簾。閨中女兒惜春暮，愁緒滿懷無釋處，手把花鋤出繡簾，忍踏落花來復去。柳絲榆莢自芳菲，不管桃飄與李飛。桃李明年能再發，明年閨中知有誰？三月香巢初壘成，梁間燕子太無情！明年花發雖可啄，卻不道人去梁空巢已傾！一年三百六十日，風刀霜劍嚴相逼。明媚鮮妍能幾時，一朝飄泊難尋覓。花開易見落難尋，階前愁殺葬花人，獨把花鋤偷灑淚，灑上空枝見血痕。杜鵑無語正黃昏，荷鋤歸去掩重門。青燈照壁人初睡，冷雨敲窗被未溫。怪奴底事倍傷神？半為憐春半惱春：憐春忽至惱忽去，至又無言去不聞。昨宵庭外悲歌發，知是花魂與鳥魂？花魂鳥魂總難留，鳥自無言花自羞。願儂此日生雙翼，隨花飛到天盡頭。天盡頭，何處有香坵？未若錦囊收豔骨，一抔淨土掩風流。質本潔來還潔去，不教污淖陷渠溝。爾今死去儂收葬，未卜儂身何日喪？儂今葬花人笑癡，他年葬儂知是誰？試看春殘花漸落，便是紅顏老死時。一朝春盡紅顏老，花落人亡兩不知。

　　寶玉聽了，不覺癡倒。

～〈滴翠亭楊妃戲彩蝶　埋香塚飛燕泣殘紅〉，《紅樓夢》第27回

團體與傾聽

　　管理學大師柯維指出，溝通無疑是生活中最重要的技巧。溝通有四種基本模式：聽、說、讀、寫，一天二十四小時，除了睡眠時間，大部分的人會花三分之二至四分之三的時間在這四件事上，且其中40%至50%的時間用於傾聽（listening），但是傾聽偏偏是我們訓練最少的領域。他認為大部分的人因為天天都在「聽」話，就自認為懂得如何聽別人說話。實際上，我們只是在自己的參照框架（frame of reference）中聆聽別人說話。由**表6-1**可知，柯維把傾聽分為五個階段：忽略、假裝在聽、選擇性傾聽、專心傾聽和以同理心傾聽，只有在最高階段以同理心傾聽，聽者才能夠做到把自己放到對方的參照框架內傾聽。換言之，真正的傾聽意味著必須超越自己的世界與認知，走出自己的參照框架、價值觀、個人歷史與判斷傾向之外，深入對方的參照框架或世界觀之中（殷文譯，2005），也因此要做到真正的傾聽並不容易。

　　許多針對商業主管所做的調查也發現，傾聽雖是重要的溝通技巧，不過多數的職場新人多缺乏此能力，僅約19%的大學新鮮人具有傾聽能力；針對五百大企業的訓練經理人研究發現，缺乏傾聽能力的現象多出現在開會、績效評估（performance appraisal）、長官／下屬（superior-subordinate）的溝通之中（Engleberg and Wynn, 2010）。

表6-1　柯維的傾聽五階段

傾聽的連續性	
5.以同理心傾聽	在對方的參照框架中
4.專心傾聽	在自己的參照框架中
3.選擇性傾聽	
2.假裝在聽	
1.忽略	

資料來源：殷文譯（2005：184）。

ⅢⅢ➡ 傾聽的本質

　　Engleberg and Wynn（2010）認為，傾聽是一種對他者演說與非語言訊息意義的瞭解、分析、尊重與欣賞的回饋。首先，傾聽就像呼吸一般簡單與自然，不過雖然我都能夠聽見（hear），但未必都能傾聽（listen），前者僅需要透過基本的生理能力，而後者則須具有複雜的思考能力。

　　傾聽是人們最好的溝通行動。研究發現，在大學生溝通過程中，傾聽的時間超過一半（Barker, Edwards, Gaines, Gladney, and Holley, 1980）；而且企業界的管理者估計有60%的時間都用在傾聽他者的談話，執行長甚至超過75%（Wolvin and Coakley, 1996）。雖然不同研究得出的比率容或有出入，不過仍可說傾聽在溝通過程中扮演著舉足輕重的角色。Engleberg and Wynn（2010）勾勒出人們在溝通過程中，聽、說、讀、寫所占的不同比重，其中傾聽占40%至70%、說占20%至35%、讀占10%至20%、寫占5%至15%，由圖6-1整理不同角色聽說讀寫的比率，可以看出聽在人類溝通中所占的比率相對偏高。

　　人類其實是不太善於傾聽的動物，而且比我們想像的還要糟糕。許多研究顯示，在聽他人講完話之後，我們可以精確記住的內容不會超過50%（Nichols, 1987），若缺乏良好的訓練，我們只能記住25%，而且這當中還充滿許多被扭曲或不精確的訊息（Benoit and Lee, 1986）。

ⅢⅢ➡ 傾聽與對話

　　聽與說是一體的兩面，就如同銅板一般，一面是接收一面是回應，相輔相成。因此，在團體中說與聽的搭配良窳與否，不僅顯示出成員的特質，也影響領導者是否具備成功的特質。在第四章「團體領導」中，我們提到在團體中慣於率先發言者，通常都會成為團體的領導者，意味著團體成員說的次數愈多，貢獻度愈大，愈容易受到重視或青睞；相反的，一旦

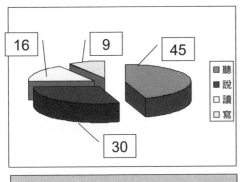

不同職業成人之溝通比率（Rakin,1929）

聽 40-70%　說 20-35%　寫 5-15%　讀 10-20%

聽說讀寫之溝通比率（Engleberg and Wynn, 2010）

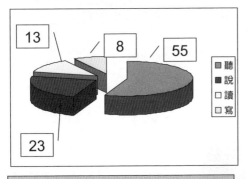

中學生與大學生之溝通比率（Werner,1975）

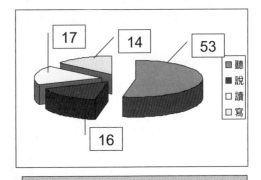

大學生之溝通比率（Barker et al.,1980）

圖6-1　不同角色聽說讀寫之溝通比率

成為領導者，則聽比說、問比答都來得重要許多，通常這種現象也反映出其已為成功的人士。

　　通常在團體溝通互動中，我們會花大量的時間聆聽其他成員的談話，如果半小時內要讓五個人說話，則不可能讓每個人擁有十分鐘的講話時間，更何況話說太多占用其他人的時間，也會自討沒趣。不過，團體中多數人皆關注於團體的角色與責任來決定發言權，例如董事長、秘書長、執行長等等關鍵角色來發言，而不太重視傾聽（Engleberg and Wynn, 2010）。

傾聽的過程與類型

傾聽的過程

在團體中，傾聽成員談話是一種複雜的心理過程（psychological procedure），過程中通常包含了五個階段：接收（receiving）、理解（understanding）、記憶（remembering）、評估（evaluating）、反應（responding）。此五階段為一循環過程，如**圖6-2**所示，以下摘自DeVito（2010）*Essentials of Human Communication*一書中有關傾聽過程的描述。

接收

在團體中進行傾聽的第一個階段是：接收訊息。張開你的感覺器

圖6-2　傾聽的過程

資料來源：DeVito（2010）；作者整理。

官，接受來自外界的各種刺激。傾聽始自於接收團體成員中說話者所發出的各種訊息，此階段不僅要注意語言或非語言的訊息（例如身體姿勢、眼神、臉部表情、聲音語調的變化等），更要注意訊息中透露的意義。例如成員起身發言支持下年度工作計畫，眼神卻閃爍，還不斷左張右看，透露其對挺身而出支持的不確定感。在此一階段中，傾聽成員表達，宜注意：

1. 將注意力集中在講者的語言與非語言訊息，注意其說了什麼，又洩漏了哪些言外之音？
2. 避免受到周圍環境的干擾與影響。
3. 注意力放在說話者的身上，而非盤算你要說的話。
4. 保持傾聽者的角色，避免打斷說話者的談話。
5. 面對與認知衝突的訊息宜提出質疑。

理解

傾聽的第二個階段是：理解，也就是試著去瞭解對方所欲傳遞的意思。在此階段中，團體成員除了要注意講者所傳遞的訊息之外，更要瞭解其伴隨的聲調語氣情感等，諸如語氣是喜、是怒、是悲或是怨等等，兩者缺一不可。以前述例子來說，成員挺身而出支持年度計畫，我們透過其語氣的急迫、喜悅或不安等等，可以理解弦外之音。在此一階段中，傾聽成員表達，宜注意：

1. 避免預設對方接著要說的話。
2. 將講者所傳遞的訊息與你已知的訊息或知識做連結。
3. 從講者的立場來瞭解其透露的訊息，在徹底瞭解講者訊息的意義之前，切勿過早下評語或妄下斷言。
4. 若有必要，可以提出問題向講者做進一步的澄清，也可以請求對方澄清或提供資料佐證。

5.用自己的話語將講者所傳達的意思複誦一遍。

記憶

傾聽的第三個階段是：記憶訊息，亦即接收的訊息在經過瞭解的過程之後，將停留在腦海中一段時間。在團體溝通或公眾演說之中，可以藉由做筆記或錄音的方式來保存記憶，不過在這些場合中拿筆做記錄通常不太恰當。再者，人都有認知的框架（frame），因此接收的訊息不是講者的完全複製品（reproduction），而是已經將講者的資訊重新建構（reconstruct）。換言之，人並非對著語言學習機複誦，而是將接收到的訊息，以自己熟悉的方式加以重新編排與組合，並賦予新意。因此，我們所記憶的訊息，僅是我們聽到的訊息，並未忠實的呈現講者的原意。在此一階段中，傾聽成員表達，宜注意：

1.確認訊息的主旨為何，並注意最新的支持證據。
2.以較為簡單且摘要的方式來記憶訊息，但不可漏掉關鍵細節或條件。
3.在心中複誦重要的名字與關鍵概念，若是條件允許，大聲讀出來。
4.去瞭解不同講者的溝通形態或模式的差異，以組織他們所傳達出來的訊息。

評估

傾聽的第四個階段是：評估，即判斷講者內心隱藏的意圖為何？這個過程我們通常不會清楚的意識到。舉例來說，當學生告訴你，他研究所甄試入學上了台大，你除了瞭解他上台大的表面意義之外，可能還會進一步評估他說這些話的意圖何在？是想分享上榜的喜悅？還是炫耀？還是想獲得老師的肯定與讚美？等等。一般來說，若是你對他（研究生）有基本的認識與瞭解，通常能很快解讀出其話語背後的意圖，並且因之做出適當的反應與回饋。在此一階段中，傾聽成員表達，宜注意：

1.在完全瞭解講者的觀點與立場之前，不要進行評估。

2.預設講者的意見都是出於善意，因此傾聽者應該讓講者有機會來澄清你的質疑。

3.講者可能夾敘夾議，因此要能夠區辨哪些是事實，哪些是講者個人的推論、觀點或解釋。

4.找出講者偏頗的來源，諸如偏見、自我保護等等。

反應

傾聽的最後一個階段是：反應，通常也十分重要。反應的過程通常有兩種形態：第一，當講者正在發表意見時做出反應，聆聽成員於此期間可以做出諸如點頭、發出「嗯嗯」、「嗯哼」等等聲音；此舉一方面讓講者知道你有認真聽講，避免對方有受冷落之感，另一方面也鼓勵他繼續往下講，使講者更願意陳述內心的意見與想法。

第二，當講者話停了之後做出反應。一般來說，講者停止說話後，其期待的反應之中包含了可能的同理心（你聽出我話中的意思）、需要我再澄清嗎？（你不理解我所說的話，要不要我再解釋一下）、挑戰（你對我所說的內容不以為然嗎？）以及同意（所說的言之有理，你投我一票）。在此一階段中，傾聽成員表達，宜注意：

1.在談話過程中，利用多種方式來支持講者的發言，不要從頭到尾都只是點頭或是發出嗯嗯的聲音，會讓人覺得你心不在焉，或是敷衍了事。

2.在講者講完話之後，你對講者的立場有哪些改變？

3.對講者傳達你的真實感受，即便反對講者亦無妨。

4.拒絕以解決問題的態度來回應，反而應是鼓勵對方表達，或是請對方釐清自己的感受。

ⅢⅢ➡ 傾聽的偏好與類型

　　團體的傾聽類型有很多種，以下先從傾聽的偏好說起，再說明傾聽的類型。

傾聽的偏好

　　在團體生活中，能夠接觸到形形色色、各式各樣的人，而透過團體溝通的過程，不僅能瞭解他人溝通的方式，也有助於形成自我的溝通風格與偏好。從對話（conversations）的角度看，則我們會發展出自我的傾聽偏好（listening preferences），亦即偏好傾聽某些對象、事物、時間或地點等等。偏好對於團體中的溝通品質具有很大的影響。Watson（1996）指出有四種偏好的傾聽者，分別為人物導向傾聽者（people-oriented listeners）、行動導向傾聽者（action-oriented listeners）、內容導向傾聽者（content-oriented listeners）與時間導向傾聽者（time-oriented listeners），整理如**表6-2**所示。

人物導向傾聽者

　　人物導向傾聽者關注於他們的傾聽行為如何影響彼此的關係。當團體成員應某個人的邀請前往參與聆聽，通常專心傾聽且無價值判斷，討論過程採用合作的、情感的訴求。例如宗教團體聚會，討論某位會員的嘉言懿行等，缺點是過多的情緒相互感染與影響，容易讓團體工作失焦。

行動導向傾聽者

　　行動導向傾聽者關注於眼前的工作。傾聽者在於協助團體注意哪些工作的細節，並給予如何順利達成目標等等之類的回饋。這類傾聽之中，訊息的呈現愈具有條理愈好。不過有些傾聽者成員太具批判性，反而讓團體討論變得漫無目標。

表6-2　傾聽的偏好

傾聽偏好	優點	缺點	範例
人物導向傾聽者	• 注重關係 • 關心他人 • 具一體感且不批判	• 易受他者情緒的感染	如果如此決議，你覺得如何呢？
行動導向傾聽者	• 專注於工作 • 協助團體持續關注於工作 • 協助團體具組織力	• 為工作犧牲關係	我知道婚姻讓你備感困擾，不過還是應以工作為先
內容導向傾聽者	• 協助團體分析資訊 • 從多方角度思考問題	• 過於批判 • 拋棄軼事與非專業資訊	此事未經充分討論，因此尚未形成共識
時間導向傾聽者	• 協助團體按表操課 • 不鼓勵漫無目的的討論	• 扼殺創意性討論	把討論事項逐一列出，並製作議程

資料來源：Watson（1996）；作者。

內容導向傾聽者

　　內容導向傾聽者專注於訊息來源的可信度，以及仔細分析其所聽到訊息，其可為團體討論提供不同角度的觀點。不過，由於花太多時間在分析訊息內容，並且習慣於貶抑非科技性的資訊如團體軼事等，顯得過於批判且令人害怕。

時間導向傾聽者

　　時間導向傾聽者慣於訂立會議期程，來提醒成員時間的限制，並鼓勵利用文字敘述，由於機械式的按表操課，其討論不免缺乏創意，通常也對成員自發性的行動缺乏耐心。

　　整體來說，沒有一種傾聽的偏好是最好的，各有利弊得失。傾聽的偏好其實受到種種不同因素的影響，例如團體的成員彼此的關係、時間的限制，因此瞭解自身與成員的傾聽偏好，方能提升團體溝通的品質。

傾聽的類型

　　Engleberg and Wynn（2010: 191-194）認為傾聽的類型可以分成五種，各適用於不同的環境，其分別為區辨型傾聽（discriminative listening）、理解型傾聽（comprehensive listening）、同理型傾聽（empathic listening）、分析型傾聽（analytical listening）、讚賞型傾聽（appreciative listening）。

區辨型傾聽

所謂的區辨乃指清楚的區分，因此區辨型傾聽係指辨別影音或視覺刺激的能力，即辨別文字與聲音的能力，且其所以作為第一種類型，係因區辨能力是後面數個傾聽類型的基礎。進行區辨型傾聽經常關心「我聽得夠精確嗎？」等等問題。再者，區辨型傾聽者也關注非語言訊息，諸如微笑、聳肩、咆哮等等。

理解型傾聽

理解型傾聽通常在於回答「成員所言為何意？」其關注於能否精確的理解團體成員語言與非語言訊息的意涵。如果無法清楚理解成員的所指為何，又如何回應呢？基本上，透過自問以下問題，能有效率的進行理解型傾聽：

1.你瞭解團體成員發言內容的含義嗎？
2.你能精確的釐清主要的觀念與支持成員宣稱的證據嗎？
3.這些資訊能夠與你已知的知識或信念相呼應嗎？

同理型傾聽

同理型傾聽通常在於回答「團體成員的感覺如何？」等問題。此類型不僅關心成員所指為何，更在意成員所處的處境、感受與動機。此舉類似於世界展望會舉辦的「饑餓三十」活動，透過體會非洲饑童的苦痛，來喚醒大家對饑餓、貧窮等問題的重視。

透過文字的傾聽與閱讀，可以精確掌握文字上的意義，可是卻遺漏了團體成員表情或語氣中所透露的憤怒、熱情與挫折等等，因此作為一位同理型的傾聽者，首要之務不在於是否與其他成員秉持同樣的

態度或立場，而是試著瞭解講者所傳遞出的情感類型（type）與強度（intensity）。例如講者提到家庭背景，說著說著竟然哭了出來，這時你需要試著瞭解：(1)他經歷過何種天災或人禍或情感上的問題；(2)這些事件對他的影響有多深遠？基本上，透過使用以下策略，我們可以改善同理心：

 【團體溝通觀察站】

聽的藝術

美國有位知名主持人有次訪問一位小朋友：「你長大後想要當什麼呀？」小朋友天真的回答：「嗯……我要當飛機的駕駛員。」

主持人接著問：「如果有天飛機飛到太平洋上空時，你卻發現所有引擎都熄火了，你會怎麼辦？」

小朋友想了想說：「我會先告訴坐在飛機上的人綁好安全帶，然後我穿著降落傘跳出去。」當現場觀眾笑得東倒西歪時，主持人注視著這孩子，想看他是不是在亂搞蛋。沒想到，孩子的兩行熱淚竟奪眶而出，讓主持人驚覺這孩子具有悲憫之心，於是繼續問道：「你為什麼要這麼做？」

小孩的答案中透露了孩子固有的、真摯的想法：「我去拿燃料，我還要回來啊！」

當我們聽到別人說話時，真的聽懂他話中的意思嗎？有時站在對方的立場，能讓我們聽到或看到不同的聲音。

我們拆開中國字「聽」不難發現，其中包括「耳」＋「目」＋「一」＋「心」，就是眼耳並用，全心全意，才能聽見對方要說的話，「聽」字的構成邏輯，就已經說明聽的內涵與意義了。

參考資料：網路。

1. 關照自己的回饋方式。你是否展現興趣與關心？你的身體語言如肢體、聲音、姿態等等，是否傳達出友善與信任？
2. 避免評價式的反應。
3. 專注在講者身上而非你自己；避免談論你的經驗與感受。

分析型傾聽

團體溝通中的分析型傾聽通常在回答「我的意見為何？」等問題，成員須具備批判性思考與分析的能力，關注於評估與對訊息產生適當的回饋意見。你通常會問自己所想所言是否正確？合乎邏輯嗎？也須清楚的知道支持或反對成員的意見或建議的理由。舉例來說，謝師宴規劃系所教授與畢業班學生騎自行車環島一周，作為謝師禮。分析型傾聽者可能會思考：這個禮物是否送錯？可能只是少數人的決議，並未經過全體畢業生同意？可能只是突發奇想？基本上，透過使用以下策略，可以讓你產生更具有批判力的傾聽技巧：

1. 學習說服的策略，如情感訴求等。
2. 評估論辯的品質與證據。思考結論是否有效或是奠基於何種邏輯推論？
3. 認識到你的信念或是態度的改變。你是否曾經改變過初衷，為什麼？

讚賞型傾聽

團體溝通中的讚賞型傾聽通常在問「我喜歡或重視其他成員的談話嗎？」等問題，關注於成員的思考與說話的方式，諸如用字遣詞、幽默感、說服力與理解力等等。例如某競選團隊角逐公職失利，發表的敗選感言能打動人心，鼓舞支持者再接再厲，便容易贏得支持選民的激賞，且可以化作下次努力的動力。因此，讚賞型的傾聽技巧讓成員在傾聽過程中如沐春風。

不過讚賞型傾聽者經常花費太多時間在聆聽而缺乏計畫，例如聽一

整天的CD、廣播電台、電視談話節目、音樂等等，甚至一聽再聽。但是對比較有挑戰性、具價值的傾聽如演講等，經常是百般不願。基本上，透過使用以下策略，可改進此技巧：

1. 不要看電視，撥出些時間傾聽朋友的故事等等。
2. 樂於接受任何具有挑戰性的傾聽，例如專業演講、（跨）不同領域的講題等等。
3. 注意成員清晰且滔滔不絕的言詞，並觀察其肢體語言。

傾聽的技巧與策略

本文一開始就提到，人們在聽說讀寫四大溝通方法中，聽的部分幾乎超過二分之一。雖然我們花了這麼多時間在聽，可是聽的效能卻很差，透過改變傾聽的技巧可以提升聽的效果，不過我們也應知道哪些不好的習慣會影響我們聽到什麼。Adams and Galanes（2009）提出七種不稱職傾聽者的習慣（habits of poor listeners）作為借鏡，如下所示。另外，由於傾聽是複雜的心理過程，因此如何傾聽也是一種必須學習的技巧，有助於我們在不同時空做出不同的、適當的反應。

▉▶ 傾聽的技巧

不稱職傾聽者的七個習慣

假傾聽（pseudolistening）

透過點頭、微笑、嗯嗯聲等假意表示自己認真聽講，然而腦袋中想的卻是其他事或胡思亂想。此時與其浪費大家時間，不如更改會議時間。

以沉默抗爭（silent arguing）

指傾聽者很快就對講者的想法做出判斷，並透過保持沉默的方式來表達反對之意，甚至開始尋找講者話語中的錯誤準備反擊，於此之際，並無法傾聽。

偏見（assuming meaning）

偏見的發生肇因於訊息接收者詮釋講者資訊，或是接收者以其文化背景篩選訊息，然後對講者進行評判。例如團體中可能對某成員來自於東南亞等地的外籍配偶存有髒、黑、教育水準不高的偏見，事實上，不少外配不髒不黑，學歷佳，英文好，又體貼溫柔。

敵意（mind assault）

強烈的偏見形式，堅持己見，也不管講者的反駁與解釋。例如：我知道你是什麼意思啦！難道你不認為這個方式違反我們的專業（語氣上揚）、你老是不務正業等等，此即傾聽者試圖反掌握或反對講者的說法。稱職的傾聽者會試著先瞭解講者的真正意思，再評估其動機與意見。

捨本逐末（focusing on irrelevancies）

傾聽者不注意講者言行內容，反而關注講者穿什麼衣服、鞋子，提何種款式的包包，用字遣詞、文法，或身上叮叮咚咚的人工配件，或是周圍環境的風吹草動等等。例如許多大學生操持一口流利的「台灣國語」，因此學期報告時縱使其用心準備，台下仍為其稍怪的發音竊笑不已，弄到最後大家只記得他的台灣國語，忘記其努力。此舉損人不利己，宜將心比心，並聚焦到講者報告的內容上。

轉變話題（sidetracking）

有多種呈現方式，傾聽者的陳述未接續講者的內容，另起新的話頭，通常會造成討論離題。在團體溝通中，大家七嘴八舌，你一句我一句

的，忽視主題或是他人的意見，終究是一事無成。

防禦性回應（defensive responding）

通常肇因於傾聽者感受到他人的威脅時，為之。換言之，就是碰觸到某人的情緒「地雷」（hot button）。例如成員渴望被尊重，結果講者倚老賣老、喋喋不休地說教，或是以小弟小妹的態度對待成員，以致成員容易對之視而不見、聽而不聞、聞而不答等。此外，一些敏感的議題，例如性、墮胎、宗教信仰、金錢、私生活、社會福利政策如老年津貼、政黨立場、公共政策如核四存廢等等，因為立場鮮明，容易激起反感與防衛。講者面臨此類問題，可以換句話說，或是以超然中立的方式來描述事實，而非評價事實，例如作者以政治事件作為授課教材時便慣於陳述事實，避免評價政黨，否則課堂易變成師生之間互嗆大會，反而失去當初提此案例的美意。

簡言之，不稱職的傾聽者不在意講者的內容，多關注在生理特徵、講話習慣、口音、信仰、與講者的私交、講者的價值觀或是表達風格，以及許多枝微末節的事項上，諸如衣飾品牌、配件、包包、眼神等。

改善傾聽習慣

試圖改善前述不佳的傾聽習慣，或是達成前述所提的五種傾聽類型，可以透過「黃金傾聽原則」（Wolvin and Coakley, 1996）與「善用多餘的思考空檔」（Nichols, 1987）等方法來改善團體溝通的效果。

黃金傾聽法則（golden listening rule）

核心精神為傾聽他人，正如期待他人傾聽你的聲音。黃金傾聽法不單單是個規則，更是個正向的傾聽態度。如果你不想聽，你就聽不到；如果你不願停止碎言碎語、嘮嘮叨叨，你也聽不見。Wolvin and Coakley（1996）整理出正向與負向的各六種傾聽態度，如**表6-3**所示。

表6-3　黃金傾聽法則

正向傾聽態度	負向傾聽態度
感興趣的	不感興趣的
能回應的	不願回應的
以團體為中心的	以自我為中心的
耐心	缺乏耐心
平等	優越的
開放的心胸	封閉的心胸

資料來源：Wolvin and Coakley（1996）。

善用多餘的思考空檔（use your extra thought speed）

　　Nichols（1987）認為，人講話的速度每分鐘約為120-150個字，可是思考卻是講話速度的三至四倍，因此除了傾聽外，每分鐘還可以思考400個字左右。這些寶貴的思考空檔時間，不是拿來做白日夢、與左鄰右舍攀談，或是在紙上亂塗鴉，或是想想如何向講者要簽名等等，而是可用來從事更具生產力的作為，即：

　　1.強化理解與分析型傾聽。
　　2.定義與摘要關鍵觀點。
　　3.詮釋非語言行為的意義。
　　4.分析爭論議題。
　　5.評估成員的評論點。

ⅠⅠⅠⅠ➡ 傾聽的策略

　　雖然透過前述改善傾聽習慣的兩個法則「黃金傾聽法則」與「善用多餘的思考空檔」非常重要，不過如何達到目的卻說得不夠清楚。以下五種傾聽策略（listening strategies）不僅可以改善傾聽能力，也可協助有效地應用前述兩個傾聽原則：

傾聽大觀念（listen for big ideas）

稱職的傾聽者思考講者的目的，相對的，不稱職的傾聽者聽到單獨個別的事實而非整理的大觀念。有時候講者的組織架構不佳，或者不知所云，縱使言者諄諄，聽者卻藐藐，此時可以發問說：你可以用一句話摘要你說話的關鍵點嗎？以尋找整個談話的主要架構。

戰勝分心（overcome distractions）

分心有許多呈現形式，例如噪音、溫度與座椅令人不舒服、頻頻有人打岔，或者外在環境的活動等，也可能來自於成員講話速度過於快、慢，或是有氣無力、口齒不清等等。此時此刻欲傾聽著實不易，不妨起身關窗，調整溫度與座椅，發言制止打岔者，要求成員講話速度再快些、慢些或是大聲一點，咬字清晰些等等，皆可改善分心的問題。

傾聽非語言行為（listen to nonverbal behavior）

講者並無法單單透過語言文字就說清道盡其所欲表達的內容，透過肢體語言、臉部表情、聲調高低等，可以聽出更多的言外之意。舉例來說，眼神交會代表著我正在聽你講話，臉部表情則洩漏講者傳達的想法是痛苦、或是歡愉、或是興奮、或是無奈等等；簡言之，無法讀出講者的肢體語言訊息，將會錯過諸多重要的資訊，若在團體溝通過程中仔細解讀成員肢體語言，也可以讀出階級、地位、權力等等有趣的訊息。

「傾聽」而後行（listen before you leap）

「生氣的時候，先數到十再說話；如果非常生氣，就先數到一百。」在盛怒之下，極易做出後悔莫及的憾事。例如開會時有人睡著了，身為主管的你認為「是可忍孰不可忍也」，當場就想把水杯砸過去。可是數完十後，同事向你報告說，昨天加班到天亮，才不小心打瞌睡，此時忍一時可以風平浪靜。其他如具有冒犯性的笑話，或是拿你開

玩笑，或是善意的謊言等等，皆宜探尋緣由之後再行動，以避免追悔莫及。

幫助團體傾聽（help your group listen）

有效率的團體，成員之間會相互扶持來傾聽。最有效率的傾聽者會變成團體的翻譯人員，解釋其他成員所指之意圖，並詮釋他們的各種反應。協助成員傾聽的方法就是每隔一段期間就詢問：「我這樣說，就是大家都同意你的意見……」「我們的理解是……」同理，可藉此表達反對的意見與進行爭辯。

具有良好的傾聽習慣能引起團體成員的注意，而且團體也應讓成員知道良好傾聽行為的重要性。

有效溝通的七個習慣

前述說明了不稱職傾聽的七個習慣，在此則以陳皎眉（2004）所提有效溝通的七個要點來說明，我們應該要怎麼說才能促進雙方的溝通，達到預期的目標與效果。在團體溝通中，說話的態度或方式，可能比言詞本身更能決定溝通的品質，也會影響到傾聽者的心情與回應方式。因此，培養良好的溝通態度與方式，對團體溝通的效能與品質而言，相當重要。

描述而非評價

在團體溝通過程中，成員與成員，以及成員面對團體時，一味的批評團體或他人的好壞、對錯、善惡等等，容易引起成員的反感與抗拒，例如老是挑毛病，出事情老是往外推責任，認為錯均不在己，凡事都歸咎於他人，自己彷彿是個完人。事實上，在公開場合公開評價或是攻擊其他人，不僅非常不明智，也無法達到所欲追求的目的，反而引起更大的糾紛與反彈。

在團體溝通中，為達成較好的溝通結果，應該將所有人都變成團體生命的共同體，營造大家在同一艘船上、生死榮辱與共的情懷，亦即船翻了，大家一起落水，船靠了岸，大家一起上岸。建議在語言的表達方式上，可以多用「我們」一詞建立「我群感」，少用我、你、你們、她/他們等具有非我族類、其心可議的排他性詞語。例如「『我們』現在面臨一個棘手的兩難問題，『我們應該』……」，少用如「『我』個人覺得啊，都是他們的錯……」，或是「『你們』有理事長撐腰，講話都比較大聲……」等等。

具體而非模糊

團體溝通的過程中，經常因為用字遣詞過於抽象或籠統模糊而產生誤會，也帶來紛爭與衝突。舉例來說，我們團體今年要再吸收一百位會員，結果事隔半年大家都沒有動靜，逼得執行長暴跳如雷。原來一年有三百六十五天，年頭年尾都是今年，大家以為是年尾，可是執行長心想的是年中之際。因此，要避免措辭模糊而導致各種可能的衝突，最好的做法是擬訂年度工作表，將整年度的工作事項條列清楚。再者，可利用甘特圖與人員分工表等等，來管理工作進度與瞭解成員的責任分派，如此一來，進度落後或超前、成員失責或努力都可以一目瞭然。換言之，利用圖表管理，即為一具體的溝通策略。

試探而非確定

前述提及傾聽上有七大障礙，諸如敵意、沉默、偏見、假傾聽、捨本逐末、轉變話題與防禦性回應等等，與傾聽之外的溝通方式：批評、貼標籤、命令、威脅、說教、忠告等等，都具有一個共通的特色，就是以確定的方式，評價他人的對錯、好壞、解析成員行為的原因、指使他人或倚老賣老等等。這類的溝通口吻，不僅讓成員感到沒有協商轉圜的餘地，也認為沒有繼續溝通的必要。舉例來說，「我們組長開會老愛遲到，沒有時間觀念的人怎麼有資格領導我們，可惡！」從局外人的觀點看，這句話邏

輯論理具足，但就當事人而言或許覺得冤枉，因其偶爾遲到只是因為正職工作走不開，卻被如此渲染與批評，情何以堪？

因此，在團體溝通的過程中，建議盡量採用試探性語氣，或是持保留的態度看待許多看來理所當然的事情，例如可以多用「可能性」（probability）一詞來試探。此外，也應該讓講者有機會表達意見與想法來捍衛自己的立場，團體成員開放的心胸，有助於溝通的順利進行。

真誠而不操弄

俗諺「誠實為上策」（honesty is the best policy），係指良好的團體溝通奠基於誠實、互信的基礎上。在溝通過程中，真誠熱切地表達自己的想法、意見與感受讓對方知曉，可以拉近彼此的距離，進而取得互信的可能；相反的，如果不敢真實的表達自己的意見，說起話來吞吞吐吐或是拐彎抹角，不僅別人丈二金剛摸不著頭緒，也不免討厭自己過於小心謹慎或膽怯，凡此皆無益於團體的運作。

再者，俗語說「林子大了，什麼鳥都有」，團體一大，最怕有人別有心機或者是另有所圖，不僅語言缺乏真實，更利用語言挑撥離間，操弄團體成員的情感，成為團體追求目標的絆腳石。基於此，對於新進團體成員宜聽其言、察其意、觀其行；至於老是別有用心、不真誠者，也宜加以輔導勸說，情節重大者甚至可以令其另謀出路。

同理而非同情或無情

不僅在團體溝通中，其他舉凡人際關係、諮商輔導、協商等等領域都強調同理心的重要。所謂同理心就是跳脫自己的本位主義，以他人的立場、觀點與角度來觀察、體驗、分析事物或感受。此語與我們經常所說的將心比心、感同身受、心有同感同義。在團體決策或溝通過程中，人多意見多，但是要有效的達成團體目標，還是在於瞭解每位團體成員的心思與加入團體所欲追求的目標。

再者，同理非同情，後者在於憐憫他人的遭遇，內心具有以上對下

的優越感，因此當以同情心理與他者溝通時，容易引起他人的反感，人生的際遇高高低低，此一時也彼一時也，實無須如此。至於無情則是漠視他人的際遇與處境，其多以邏輯論證、安慰轉向與保證這三種方式呈現，以此法與團體成員溝通時，容易讓人覺得無情，也會是團體溝通的障礙。

平等而非優越

團體中不免有些人自認為自己的聰明才智、社會地位、財富身分、知識經驗等等都優於他人，也不免會炫耀自己的優勢，這種自以為優越，甚至目中無人的溝通方式，通常是團體溝通過程中的障礙，不僅容易引起團體成員的反感、不滿、憤怒或抗拒，對於團體的凝聚力、解決問題能力與決策，也多是有害而無益。

在團體溝通過程中，每個成員雖然因為出身、生活環境、經驗、地位、能力、性別、年齡、教育程度等等都有所差異，但是人生而平等，每個人都各自扮演自己應有的角色，每一成員也都是獨立、平等的個體，也有作為人的基本尊嚴，因此宜相互尊重，不能因為在團體中職務或位階的差異，便對其他成員大呼小叫、斥喝、差別待遇等等。在團體溝通過程中，如果引起溝通對象的不滿，也會連帶引起警戒與反感，則講者天大的美意也會化成敵意，因此宜以同理心與試探的方式提出忠告，方能獲致較佳的溝通效果。

正向而非負向

團體溝通是人際溝通複雜化的過程，也是以人為對象，並以一對一或一對二、一對多的方式進行溝通。在溝通過程中，宜保持正向的態度，因為具正向的人能夠以開放、欣賞、喜悅的心情和角度來看待外在世界，在團體中與他人互動時，經常能散播積極、希望、樂觀的能量；相反的，抱持負向的成員，總是看到事情的黑暗面、悲慘面，容易懷疑、猜忌他者，對未來不抱希望，也不期待，團體溝通時總是在抱怨、責難與挑剔他人，釋放不好的能量，讓人又累又乏，更令人心生反感。因此，團體溝

通過程中宜抱持正向態度，不要老往壞處想，才能創造融洽正向的團體氣氛。

　　在溝通過程中不是只有「傾聽」，說話也非常重要。綜上描述、具體、試探、真誠、同理、平等與正向七個方式，是團體成員互動過程中有效的溝通方式，也是重要的互動態度。說話者具有真誠，傾聽者具有智慧，方能創造良性且有效的團體溝通過程。

觀念應用　相信我？

　　史基普望著一群心懷疑懼的股東，思考著該怎麼說服他們不用擔心他的領導能力。史基普已經三十五歲，外表看起來卻像個十三歲的小毛頭，而且還是有錢人家的第三代，即所謂的富三代。史基普看得出來，股東們認為他的領導將是一場災難，為了化解危機，他決定先對他們說一個小故事。

　　史基普說：「我的第一份工作是替一家造船公司繪製電子工程平面圖。製圖必須完美精確，因為如果沒有在玻璃纖維定型之前正確裝設線路，一個錯誤就會輕易造成100萬美元以上的損失。我二十五歲時就已經拿到兩個碩士學位，而且這輩子幾乎都待在船上，老實說，我對繪圖駕輕就熟，甚至覺得繪製些平面圖讓我感到有點無聊。

　　「一天早上，我在家裡休息，一位時薪只拿6美元的低階工人打電話來問我：『你確定你的設計圖沒錯嗎？』當時我一聽就被惹火了，說道：『當然確定！把玻璃倒下去就對了。』一小時之後，工人的上司來電，再度把我吵醒，他問：『你真的確定這樣沒錯嗎？』因我的耐性早已蕩然無存，便大聲說：『一小時前我就已說確定，到現在還是一樣！』」

　　「最後，公司總裁的電話把我趕下床迅速前往工廠。如果我必須親自下海指導這些人該怎麼做，那我也只好認了。我找到第一位打電話給我的工人，他正歪著頭看著我的平面圖。帶著過分誇大的耐心，我開始解釋那張圖。但幾句話之後，我的聲音愈來愈小，我的頭也開始歪向一邊。看來似乎是我（這個左撇子）把右舷和左舷弄顛倒了，所以這張圖所畫的位置完全和正確的相反。感謝老天！那位時薪區區6美元的工人即時發現我的錯誤。

　　「隔天我的桌上多了一個鞋盒，同事買了一雙特製的網球鞋警惕

我，為了怕我再次左右混淆，乃特別標示紅色的左腳代表左舷，綠色的右腳代表右舷。這雙鞋不只幫助我記住左右舷之分，也讓我記住，即使當我自認為已經瞭解一切，也要仔細聆聽。」

當史基普舉起紅綠特製鞋的鞋盒時，會場出現了微笑和笑聲。股東們也感到些許放心，如果這個小伙子已經嚐過自負的教訓，那麼他或許多少瞭解應該如何經營一家公司。

看完這個故事給你哪些啟發呢？你是否也和史基普一樣，有類似自以為是的經驗呢？你是如何讓自己避免重蹈覆轍呢？

參考資料：陳智文譯（2008），安奈特‧西蒙斯（Annette Simmons）著。
　　　　　《說故事的力量》。台北：臉譜。

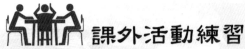

課外活動練習

6-1 一心兩用

一、活動目的：感受一心兩用的聊天過程。

二、活動說明：

　　1.面對緊湊的人際關係，如果我一心兩用，一面聽著對方講話，一面又進行別的事情，這樣的談話過程，對我以及對方各有何種感受？

　　2.本練習設計以頭頂著書本的同時，還與他人聊天的情境，來模擬一心兩用是否能達成傾聽的目的？

三、活動人數：不拘。

四、活動時間：30分鐘。

　　1.分組活動：2人一組，每人6分鐘。

　　2.團體討論：18分鐘。

五、所需器材：書本。

六、活動程序：

　　1.2人一組，分為甲、乙。

　　2.甲事先想出一聊天主題，與乙聊起來。

　　3.乙在聊天過程中，必須頭頂著一本書，並且不能讓書本掉下來，如果掉了下來，必須立刻再次頂書，直到聊天結束為止。

　　4.如完成聊天，再請甲、乙互換進行，即甲頭頂著書，乙想一聊天主題，直到甲、乙都體驗過上述情境。

　　5.完成體驗後，可進入團體討論，並討論以下議題：

　　5.1頭頂著書聊天，有何感覺？

　　5.2我期望的愉快聊天，是在什麼樣的情境？

　　5.3可以怎麼做來達成愉快的聊天？

七、活動變化：

　　1.可將乙頭頂書本的方式更改為其他方式，例如乙拿著筆輕輕敲擊著桌子，或是乙不斷取水瓶喝水等等。

　　2.可由外在的物品、身體進行改變，諸如肢體的變動，例如乙與甲聊天時，不與甲眼神接觸，或者聊天過程中不斷東張西望，或者不斷地變換姿勢。

八、注意事項：建議在同一節課堂上練習6-1及6-2，以為清楚的比較。

6-2 一心一用

一、活動目的：專注在聊天過程，並給予回應。

二、活動說明：

　　1.傾聽包含消極傾聽與積極傾聽。所謂消極傾聽，係看著對方、留意對方所講者；積極傾聽則會回應對方。

　　2.本練習的目的在於練習積極傾聽，不僅看著對方，專心聽對方講話，還要適時的回應對方的關鍵情緒字眼。

　　3.練習重點不僅在於專注看著對方，還要專注聽對方所講，才能聽出對方交談的內容，並予以適時回應。

三、活動人數：不限。

四、活動時間：40分鐘。

　　1.小組演練：每人（甲、乙）各6分鐘，共12分鐘。

　　2.團體討論：28分鐘。

五、所需器材：無

六、活動程序：

　　1.2人一組，分為甲、乙，可與6-1同組。

　　2.甲另行思考一個聊天主題，與乙聊天。

　　3.乙請盡量注視著對方，並適時重複甲描述的情緒性字眼。

情緒關鍵字回應範例：

甲：「……真是太棒了！」乙：「喔，真的很棒！」

甲：「……感覺很糟！」乙：「哇，真的很糟！」

甲：「……我好幸運！」乙：「是，你真的很幸運！」

4.如完成聊天，請甲、乙互換進行，直到雙方皆體驗過甲、乙兩種情境。

5.回到大團體中，進行以下討論：

請學生分享哪些過程覺得對方正在傾聽自己所說？哪些過程會覺得對方並沒有在聽話？

請分享在兩個練習中誰講得比較多？誰講得少？誰的傾聽比率比較高或較低？

七、活動變化：

1.除了回應情緒字眼外，還可以開放式的問題、摘要的方式進行：

開放式問題範例：

甲：「真是太好了！」乙：「是什麼讓你覺得太好了？」

甲：「一言難盡！」乙：「遇到什麼事讓你有難言之隱？」

甲：「都是別人的關係！」乙：「喔！是誰造成的？」

2.邀請兩位學員實地做示範如何注視對方，並說明你覺得注視方應有什麼樣的神情最適當？

3.分組由兩人增加為三人，第三人為丙，負責記錄角色乙在傾聽過程中想打斷甲的談話次數；乙只要在傾聽過程中發現自己想要給甲答案，或者是想中斷談話時，以甲看不到但丙看得到的手勢示意。

4.同樣分組由兩人增加為三人，第三人為丙，負責觀察甲與乙的聊天過程，留意乙在什麼時候進入積極傾聽？當乙進入積極傾聽時，甲與乙在肢體、口語上有何相似之處？

關鍵詞彙

忽略	假裝在聽	選擇性傾聽	專心傾聽
以同理心傾聽	傾聽	接收	理解
記憶	評估	反應	傾聽偏好
人物導向傾聽者	行動導向傾聽者	內容導向傾聽者	時間導向傾聽者
區辨型傾聽	理解型傾聽	同理型傾聽	分析型傾聽
讚賞型傾聽	假傾聽	以沉默抗爭	偏見
敵意	捨本逐末	轉變話題	防禦性回應
黃金傾聽法則	善用多餘的思考空檔		傾聽大觀念
戰勝分心	傾聽非語言行為	「傾聽」而後行	幫助團體傾聽 描
述而非評價	具體而非模糊	試探而非確定	真誠而不操弄
同理而非同情或無情		平等而非優越	正向而非負向

課後動動腦

1. 說明團體溝通過程中，如何平衡聽者與講者之間聽與說的互動？
2. 傾聽的過程為何？以親身的例子說明之。
3. 不同的傾聽類型如何影響團體的溝通？
4. 你具有哪些不稱職傾聽者的特點？如何改進？
5. 在團體生活中，有效的溝通祕訣有哪些？

Chapter 7

團體衝突與凝聚力

學 習 目 標

瞭解團體衝突的定義與各類型的衝突

瞭解團體衝突的管理策略

瞭解文化與性別差異對團體衝突的影響

認識團體凝聚力

不只是對手

很久以前，有個被惡魔肆虐的小村莊，惡魔還堵住了村口唯一對外的聯繫道路，村裡許多勇士挺身對抗，但不論使用何種武器，惡魔的魔法都能使出雙倍的力量打敗勇士。就像第一位勇士，揮動著木棍，卻被惡魔的一把兩倍大的木棍擺平；第二位勇士試圖用火燒死惡魔，卻被惡魔吹回兩倍灼熱的火焰燒乾；第三位勇士揮舞著一把鋼鐵鑄造的利劍，惡魔則用魔法變出雙倍銳利且長兩倍的劍將他劈成兩半。勇士們悲慘的命運讓其他人望之卻步，不敢再與惡魔對抗。

突然，有一天村裡的傻子傑克說他想到了消滅惡魔的方法，徵求同行的夥伴。村民都嘲笑他，只有好奇和勇氣十足的人願意加入，他們帶著食物和飲水前往惡魔擋路的地方。惡魔大聲嘶吼、伸長巨大的身軀，瞪著傑克。傻子傑克抓起一顆蘋果走向惡魔，問道：「你餓嗎？」惡魔眼睛瞇成一條縫，聞了聞蘋果，然後小心地從傑克稍微顫抖的手中接過蘋果。

惡魔舉起他的拳頭，然後放在瞠目結舌的人群前。突然，砰的一聲，惡魔張開拳頭，手中出現兩顆蘋果，而且還比他剛剛吃下的那一顆更紅、更多汁。同樣的方法，如法炮製，結果惡魔讓裝水的土甕變成純金的水壺，裡面的水更清澈、更甘甜。人們爭相跑回小村莊告知村民剛剛發生的奇蹟，眾人奔向村口的同時，發現傻子傑克和惡魔正相對而笑，流露的溫情讓最悲觀的村民都相信，這個惡魔現在是個恩賜而非詛咒。

團體生活中難免遇到衝突，若常透過慣性來處理，不免適得其反。解決衝突的方法不會只有一種，傻子傑克的啟示在於解決衝突的過程中宜保持彈性。

參考資料：艾德·史蒂文德（Ed Stivender）重述艾朗·派柏（Aaron Piper）之《不只是對手的巨人》（*The Giant Who Was More than a Match*），參見http://blog.sina.com.tw/tien/article.php?pbgid=94959&entryid=608300。

摘要

　　古人云：「不打不相識。」延伸來說，衝突有時具有促進溝通的作用，為僵化的團體關係解凍。當然，團體不是為了解決衝突而存在，更大的目的在於達成團體的目標，若能形成團體的凝聚力，則團體運作事半功倍，更有助於目標的及早實現。但是就怕團體凝聚力過強，甚至形成團體迷思，容不下異見或異己，變成一言堂團體。俗話說「錯誤的決策，比貪污更可怕」，許多錯誤的決策，通常是團體迷思的結果，宜引以為鑑。

　　本章共分成五個部分來探討團體衝突與凝聚力。第一部分說明團體衝突的定義。第二部分為團體衝突的類型，包括實質性、程序性與情感性衝突，以及建設性與破壞性衝突。第三部分為團體衝突的處理方式與策略，為本章的重點。首先，說明團體衝突的處理方式可分為「迴避型」、「容納型」、「競爭型」、「折衷型」與「合作型」五種，其中合作型既可解決衝突，又可滿足所有人的利益與需求，只是如何合作以達成「通贏」，卻需要高深的智慧；其次，則說明團體衝突的管理策略，本文從4Rs方法、A-E-I-O-U模式、團體談判，以及第三方介入等方法分別說明之。就其中的團體談判言，較為知名的衝突解決過程是「原則式談判」，或稱為「哈佛談判術」，建議團體談判宜充分掌握以下四個要素：人、利益、選擇與標準。再就第三方介入言，可運用幹旋與仲裁兩種方法解決衝突。

　　第四部分為衝突與多元化團體，說明多元化團體使得衝突變得更加複雜，而文化差異、性別觀點等等，都可能導致團體成員的誤解、偏見與攻擊性舉動，宜慎之。第五部分為團體凝聚力，說明增進團體凝聚力的四個方法：建立團體認同與傳統、強調團隊合作、肯定與獎勵貢獻，以及尊重團體成員。至於團體迷思，是團體效能退化的主因之一，得透過外在監督等力量預防其發生。

不打不相識

宋江因犯案被發配到江州，遇到戴宗、李逵後，三人在酒館喝酒，席間宋江嫌魚湯不甚好，李逵聞訊跳起來道：「我自去討兩尾活魚來與哥哥喫。」戴宗道：「你休去，只央酒保去回幾尾來便了。」李逵道：「船上打魚的，不敢不與我，值得什麼！」戴宗攔當不住，李逵一直去了。

李逵走到船邊，喝一聲道：「你們船上活魚，把兩尾來與我。」那漁人應道：「我們等不見漁牙主人來，不敢開艙。」李逵見他眾人不肯拿魚，便跳上一隻船去。漁人哪裡攔當得住。李逵不省得船上的事，只顧便把竹笆簍一拔，漁人在岸上只叫得：「罷了！」一艙活魚全都跑了。

漁主人張順，綽號「浪裡白條」回來了，見李逵無理取鬧，兩人便交起手來。當時宋江、戴宗看見李逵被那人在水裡揪扯，浸得眼白，又提起來，又納下去，何止凈了數十遭。宋江見李逵吃虧，便叫戴宗去救。戴宗聽了，便向岸邊高聲叫道：「張二哥不要動手，有你令兄張橫家書在此。這黑大漢是俺們兄弟，你且饒了他，上岸來說話。」張順在江心裡見是戴宗叫他，便放了李逵。

張順道：「原來是李大哥，只是不曾相識！」李逵生氣地說：「你凈得我好苦呀！」張順笑說：「你也打得我好苦呀！」說完，兩個哈哈大笑。戴宗說：「你們兩個今天可做好兄弟了，常言說：『不打一聲場不會相識。』」幾個人聽了，都笑了起來。

～〈及時雨會神行太保 黑旋風鬥浪裡白條〉，《水滸傳》第38回

團體衝突的定義

　　在華文傳統上講求以和為貴，偏向逃避衝突（conflict），而前段《水滸傳》中的情節卻說明了衝突正是溝通的開始。在近年的衝突研究中也發現，衝突是團體中難以避免的現象，宜以正面視之。事實上，衝突字面上雖似乎隱喻著暴力、憤怒與敵意，實則與負面的情感無關。若將衝突視為一種適當表達異議的方法，則衝突可以改善團體問題、提升團體凝聚力、強化創造力，以及改進團體之目標（Engleberg and Wynn, 1997, 2010; Keynote, 2006）。例如媒體常謂民主進步黨具大鳴大放、傷筋斷骨與論辯傳統，隱含的就是一種正向的衝突觀。

　　當成員互動日漸頻繁，關係日形密切，則團體成員便容易因為經驗、觀點、知識、技術、價值觀與期待等因素的落差而發生衝突。團體衝突又與團體任務或活動的複雜程度成正比，例如競選、商業交易等。衝突的方式繁多，例如隔空放話、口頭爭吵、罵街等等，但也可能引發肢體上的相互攻擊，甚至造成身體上的重大傷害。衝突的方式雖多，最後歸結為兩種結果，一是惡性衝突，損害成員彼此之間的關係，造成雙方甚至形同陌路，無法修復；一是良性衝突，增進彼此的瞭解，拉近彼此距離，有「不打不相識」的味道。

　　確切來說，衝突的定義為何？Deutsch（1969）指出，衝突源自不相容的活動（incompatible activities），亦即至少有兩個以上獨立的個人或團體不僅能相互箝制，且彼此的價值系統或對事物的看法不同。Thomas（1992）指出衝突是一種過程，隨著時間推移或是事件的發展序列而發生。Pondy（1967）更指出衝突後仍餘波蕩漾，即所謂「衝突餘波」（conflict aftermath），係指每次衝突過後必留下痕跡。當衝突的結果是正面的，可以鼓舞士氣；相反的，團體成員會有挫敗感，甚至對團體產生敵意。Engleberg and Wynn（2010）定義衝突為：當團體成員對於團體

目標、成員觀點、行為與角色，或是團體運作程序與規範表達不同意見時，所引發的團體內部之不一致性與失諧（disharmony）。

團體衝突的類型

一般來說，團體衝突主要源自個人、團體，或是個人與團體之間。整體來說，團體的衝突主要有以下數種類型：

實質性、程序性與情感性衝突

Putnam（1986: 175-196）指出，團體衝突的來源有三：實質性衝突（substantive conflict）、程序性衝突（procedural conflict）與情感性衝突（affective conflict），如**圖7-1**所示。

就實質性衝突言，肇因於團體成員的理念（ideas）與團體議題（issues）之間產生不一致。舉例來說，慈善團體將募款所得用於添購成員置裝費或支付交通費，可能與某些成員對慈善事業的理念產生衝突。

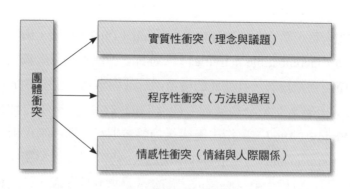

圖7-1　團體衝突的來源

資料來源：Putnam（1986: 175-196）；作者。

就程序性衝突言，肇因於團體成員對於達成團體目標的方法（methods）或程序（process）上產生不一致。例如，慈善團體討論街友問題時，有的認為提供午餐可解燃眉之急，有的提議協助其就業方為一勞永逸之策，又有的建議設立平安站等。

就情感性衝突言，其與團體成員的人格、溝通風格與感情等息息相關，產生的原因有千萬種。例如，當有成員覺得不受尊重、理念遭扭曲、受到威脅，或成員之間爭權奪利時，便容易產生情感性的衝突。由於情感性衝突觸動成員既有的認知與態度，因此並不容易處理。

一般來說，實質性與情感性衝突在團體之中較常發生。例如前述提到，慈善團體將募得的善款一部分用來為成員添購制服與支付車馬費，部分成員可能會認為，一方面可讓團隊顯得更有活力與紀律，一方面也體恤成員的犧牲奉獻，著實一舉兩得；不過，部分成員可能會認為籌募自社會大眾的善款，自應全部用於社會，況且慈善事業本來就是犧牲奉獻，何須自我體恤。前述問題便涉及團體成員在實質性理念與情感性認知上的衝突。

⁞⁞⁞➡ 建設性與破壞性衝突

Katzenbach and Smith（1993: 110）認為，衝突本身並無好壞，而是團體處理衝突之後產生的建設性（constructive）或破壞性（destructive）的結果。

就破壞性衝突而言（destructive conflict），其產生肇因於團體處理行為導致成員之間產生敵意、對立，甚至阻礙團體的目標。抱怨、羞辱、迴避型衝突，以及大聲爭吵，或是威脅均是其特徵。破壞性衝突可能讓團體一蹶不振。

就建設性衝突而言（constructive conflict），其產生肇因於團體成員在尊重彼此貢獻下，各自表達不同的意願，齊力達成團體目標。Cloke and Goldsmith（2000: 23）建議我們可透過以下方式達到建設性衝突，例如視衝突為一次局限我們對話的經驗，或是引領我們前進的旅程，或是視為一次令我們嚐盡苦頭的戰鬥，或是一次學習的經驗。團體應該視建設性衝突為一次改善團體工作品質的機會，以達成團體目標。

表7-1為兩者差異的對照，其中建設性衝突較能獲致諸多正面的好處，破壞性衝突則否（Katzenbach and Smith, 1993）。

Littlejohn and Domenici（2001: 94-103）提出四個原則作為追求建設性衝突的依據：

1.異議未必導致懲罰。請堅信：如果我不同意當權者的觀點，我不怕被開除。

2.成員同心齊力達成彼此均可接受的衝突解決決策。請堅信：由於我們追求共同的目標，因此定然可以想出辦法。

3.低階成員對高階成員有異議的自由。請堅信：雖然他是老闆，但是他的建議有缺點就是有缺點。

4.團體對衝突解決與決策有一套形成共識的方法。請堅信：團體宜大鳴大放，且每個人的意見同等重要且等值。

表7-1　建設性與破壞性衝突的差異

建設性衝突	破壞性衝突
・專注於問題	・人身攻擊
・尊重他者	・羞辱
・支持	・防衛
・有彈性	・缺乏彈性
・合作	・競爭
・信守衝突管理	・避免衝突

資料來源：Katzenbach and Smith（1993）。

團體衝突的處理方式與策略

衝突發生之後，團體便應想方設法處理之。團體衝突的處理方法或策略有許多，以下說明較為大家熟知的策略。

團體衝突的處理方式

團體衝突的處理有許多方法，較為眾所熟知的是Thomas and Kilmann（1977）所提出的團體成員因應衝突的方式（conflict style），如**圖7-2**所示。在圖的縱軸上，以關心自我目標（concern for own goals）高低作為

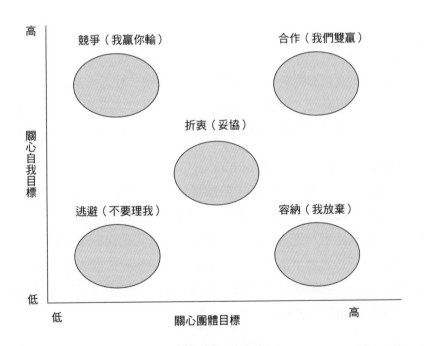

圖7-2 團體衝突的處理方式

資料來源：Thomas and Kilmann（1977）。

區隔，橫軸則以關心團體目標（concern for group goals）高低作為區隔，交叉對應下得出「迴避型」、「容納型」、「競爭型」、「折衷型」與「合作型」五種衝突處理方式。不論哪種處理方式，均各有利弊。茲將五種團體衝突因應方式，說明如下：

迴避衝突型（avoidance conflict style）

當團體成員缺乏能力或意願完成團體目標時，可能採取被動與非對抗的逃避衝突型。團體成員採用此法通常會改變議題、避免衝突性議題，甚至否認衝突的存在。一般來說，迴避衝突由於成員無法清楚表述問題癥結，衝突亦無法解決，將導致團體關係的緊張。不過，當問題對你不重要、易怒或思緒緩慢者、其他成員更具表述問題能力，以及衝突的結果具高風險等等之際，採取此法反而為宜。

容納衝突型（accommodation conflict style）

當團體成員以放棄自我目標為代價，期與其他成員和睦相處時，謂之。此類型成員在團體中容易被視為是力量微薄、缺乏決策影響力的人。不過，當議題不關己、和諧重於問題解決、意識到自己想法錯誤或已改變觀點，以及自覺無法成功說服他者等等之際，採取此法相對上較為適切。

競爭衝突型（competition conflict style）

當團體成員在乎自身目標大於團體目標時，他們追求自身的成功，並且主張其理念優於他者時，謂之。不正確的使用競爭型衝突，可能導致成員之間充滿敵意、進行人身攻擊與嘲諷等等，進而破壞團體關係。不過，某些時刻透過競爭型衝突反而為美，例如你確信何者為是何者為非時、在緊急情況中團體必須立即採取因應行動、團體決策產生了嚴重的後果，以及確信團體悖法亂紀等等。

折衷衝突型（compromise conflict style）

為處理衝突時的妥協之道（middle ground）。團體成員為了達成目

【團體溝通觀察站】

機智化干戈

《三國演義》故事中，周瑜嫉妒諸葛亮的才智，總想找藉口殺他。有次宴會上，周瑜說：「孔明先生，我吟首詩你來對，對得出有賞，對不出殺頭，你意下如何？」諸葛亮笑道：「軍中無戲言，請都督便說。」周瑜大喜，開口便道：「有水便是溪，無水也是奚，去掉溪邊水，加鳥便是雞。得志貓兒勝過虎，落坡鳳凰不如雞。」

諸葛亮聽罷，隨口便道：「有木便是棋，無木也是其，去掉棋邊木，加欠便是欺。龍游淺水遭蝦戲，虎落平陽被犬欺。」諸葛亮號臥龍，因此詩中便諷周瑜為蝦，此外，更諷得志貓兒被犬欺。周瑜聽了雖大怒卻不便發作，乃又出一句：

「有手便是扭，無手便是丑，去掉扭邊手，加女便是妞。隆中有女長得醜，百里難挑一個醜。」諸葛亮一聽便知道這話乃在嘲笑自己的夫人長得醜，旋即應道：

「有木也是橋，無木也是喬，去掉橋邊木，加女便是嬌。江中吳女大小喬，曹操銅雀鎖二嬌。」周瑜一聽也知是在奚落自己的夫人小喬，怒髮衝冠，幾要發作。

劍拔弩張之際，魯肅和道：「有木也是槽，無木也是曹，去掉槽邊木，加米便是糟，當今之計在破曹，龍虎相鬥豈不糟？」說罷，眾人一齊喝采。周瑜只得收場。

千年彈指過，故人化黃土，而魯肅化干戈為玉帛的智慧，卻彰顯出團體衝突解決方法的正道，亦即「化干戈為玉帛」。事實上，孫劉兩家若未能聯手合作，就不會有以少勝多、決定三國鼎立之勢的赤壁大戰流傳後世，因此魯肅的智慧確是吾人可借鏡者。

參考資料：http://tw.knowledge.yahoo.com/question/question?qid=1009
070506489。

標，願意各退一步，且多認為此法中各有損失，也各有所得，是解決問題的公平方法。缺點則是顯得過於鄉愿，為求人和，可能錯失更具有創意與效率的衝突解決之道。不過，當團體未覓得更好或更具建設性的解決之法、其他方法效果不佳、陷入僵局，以及未有足夠時間探索新的方法之際，採取此法相對上較為合宜。

合作衝突型（collaboration conflict style）

當團體成員共尋新的、具創意的衝突解決之道，以創造個人與團體目標的雙贏之局，謂之。合作型關注在透過群策群力的方式解決問題，而非爭論彼此的理念孰優孰劣。然而，合作的達成通常耗時費力，且全部團體成員均須參與，事實上，前述逃避型與容納型成員就會成為合作上的阻礙。不過，當團體成員有意尋找新方法以滿足需求、亟需新穎與創意點子、最後決策需全體同意，以及時間充裕等等之際，便宜採用此法。

整體來說，合作型既可解決衝突，又可滿足所有人的利益與需求。不過，Bennis、Parikh and Lessen（1994: 139）指出，如何合作以達成「通贏」（all can win），卻需要智慧與聰明的方法。

Engleberg and Wynn（2010: 218-220）認為，人們偏好特定的衝突處理類型，而特定的團體在不同時空環境背景下，宜判斷選擇出最佳的衝突處理方式。換言之，對於衝突類型的運用，宜因時因地制宜，並非直覺上認為合作型兼容並蓄，就是最佳或最終的選擇。因此，在選擇衝突處理類型時，宜先思考：問題對團體的重要性、問題對他者的重要性、問題在維持團體正面關係的重要性、問題需花費多少時間方能解釋清楚，以及團體成員之間的互信程度為何？

▌▌▌➡ 團體衝突的管理策略

適切的衝突處理類型有助於處理團體中的異議與紛爭。不過，除了透過衝突處理類型因應，團體更需要衝突管理策略來襄助。以下乃以4Rs

方法（the 4Rs Method）、A-E-I-O-U模式（the A-E-I-O-U Model）、團體
談判（negotiation in groups），以及第三方介入（third-party intervention）
等方法，說明團體衝突的管理策略，上開四個方法整理如**圖7-3**所示。

4Rs方法

在管理衝突之前，Engleberg and Wynn（2010: 220-221）提出4Rs的方
法，作為進行衝突管理的序曲。4Rs是團體在採取衝突解決策略前的分析
方法，計有四個步驟：

理由（reasons）

衝突發生的理由或原因為何？是實質性、情感性或是程序性原因？
團體其他成員是否同意你的評估？

反應（reactions）

團體成員間的互動為何？互動是建設性的或是破壞性的？

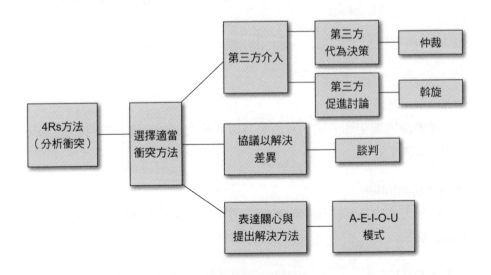

圖7-3 團體衝突的管理策略

資料來源：Engleberg and Wynn（2010: 220）。

【團體溝通觀察站】

六尺巷

　　清朝宰相張廷玉與一位葉姓侍郎俱為安徽桐城人。兩家毗鄰而居，恰好都要起房造屋，為爭地皮，便發生了爭執。張老夫人修書北京，要張相出面干預。宰相見識不凡，看罷來信，立即作詩勸導老夫人：「千里家書只為牆，再讓三尺又何妨？萬里長城今猶在，不見當年秦始皇。」張母見書明理，立即把牆主動退後三尺；葉家見此情景，深感慚愧，也把牆讓後三尺。如此一來，張葉兩家的院牆之間，就形成了六尺寬的巷道，遂成了有名的「六尺巷」。張廷玉失去的是祖傳的幾分宅基地，換來的卻是鄰里的和睦及流芳百世的美名。

　　衝突管理實是一門高深的藝術，面對衝突之際，審時度勢，避免意氣之爭，明確決策，方為長久之計。

資料來源：http://tw.knowledge.yahoo.com/question/question?qid=1009
　　　　　121202088。

結果（results）

　　團體處理衝突的方法，其後果為何？衝突將威脅團體的目標或是成員的士氣嗎？

決議（resolution）

　　何種方式方為解決衝突的可行之道？此方法吻合團體的類型與衝突的特性嗎？

A-E-I-O-U模式

　　Jerry Wisinski（1993: 27-30）提出 A-E-I-O-U模式，關注於合作與其

所謂的「正向目的」（positive intentionality），並預設人們不會無故招惹衝突。其提出的五步驟，係具建設性的衝突管理之道。

A—預設其他成員的意圖良善（assume that the other members mean well）

你要相信其他團體成員有解決衝突的誠意，即以信任為出發點。如果有人不願意配合，則應該找出來，相互溝通，直到所有人都同意處理衝突為止。

E—表達你的感受（express your feelings）

清楚表達你的感受至關重要，並請聆聽其他人處理衝突的想法，此舉有助於建立同理心，理解彼此感受上的異同。

I—確認你所追求的方向（identifying what would you like to have happen）

須確認的是你的團體方向與其他成員一致。透過前一階段聆聽其他成員的想法，有助於決定成員的想法與你距離有多遠，並據此作為調整與溝通之用。

O—釐清你期待的結果（outcomes you expect are made clearly）

與團體成員討論可能產生的結果。例如，如果今晚不坐下來溝通，就會錯失問題處理的第一時間，日後將付出更大的代價來處理衝突，甚至無法處理。

U—在共同基礎上理解（understanding on a mutual basis is achieved）

不容否認，團體成員要建立共同的理解基礎耗費時日，因此溝通的過程也曠日費時。不過，透過反覆溝通討論，所得的結果較易為多數成員所接受。

團體談判

談判（negotiation）乃為解決歧見、達成決議的交易過程。一般來說，協商以妥協形式進行，通常也是一種交換的過程，即透過放棄A獲得B的方式，取得協議。Fisher、Ury and Patton（1991: 15）在「哈佛談判研究計畫」（Harvard Negotiation Project）中，提出知名的衝突解決過程，即「原則式談判」（principled negotiation）或稱為「哈佛談判術」，談判過程包含四個要素：人（people）、利益（interests）、選擇（options）與標準（criteria），整理如**表7-2**所示。

Isenhart and Spangle（2000: 58）指出，團體成員僅關注立場而非利益，將造成非輸即贏的零和遊戲（zero sum games），若改為關注團體利益、選擇與公正的標準，則將創造團體通贏的局面。不過，若有成員未能體認到他者的需求與不予讓步，則團體將走入死胡同，此時得援引以下策略，嘗試解圍：

1.將問題切成數個，以限縮問題的範圍。

2.透過解釋他者的立場來減少防禦性行為。

3.摘要出彼此同意的觀點進行合作。

表7-2　原則式談判的要素與原則

要素	原則
人	透過問題區隔成員，毋庸責備或控訴成員。相反的，找出合作解決問題與修復關係的方法。無須透過忽視或驅逐成員的方式來排除衝突。
利益	關注利益，而非立場。尋找共同的需求與利益，而非立場或是特定的爭議點，此因人們一旦提出立場，便會誓死捍衛，不易與他人產生交集。
選擇	推論創造雙贏的所有可能。在決策前先思考各種可能性，務必保持創意、彈性與開放性，也宜確認團體的共同目標是具體的、實際的、可實踐的、清晰的，以及能激勵士氣。
標準	建立公正且客觀的評估標準，宜做出決議或行動步驟。團體在追求公正解決衝突或選擇方法時，亦宜在共識的基礎上做決策。

資料來源：Fisher, Ury, and Patton（1991: 15）。

4.休息一下，以緩和團體緊張氣氛。

5.蒐集更多資訊，以避免產生不正確的臆測。

第三方介入

團體衝突有時氣氛緊張，極具破壞力，因此成員會尋求外援。對於第三方的介入，可以從斡旋（mediation）與仲裁（arbitration）兩者的角度分析之（McCorkle and Reese, 2005: 20-32; McKinney, Kimsey, and Fuller, 1995: 67-98）。

斡旋

有效的斡旋，宜遵守下列步驟：

1.介紹（introduction）：說明斡旋的程序並創造支持性的氛圍，也應開放發問。

2.暢所欲言（storytelling）：讓所有成員知無不言，言無不盡，充分表達。利用成員的故事來界定問題，摘錄成員的觀點，建立彼此的共同點。

3.議題建構（agenda building）：列出談判的問題與框架出會議的目標。

4.談判與問題解決（negotiation and problem solving）：以解決問題為努力方向。

5.測試協議（testing agreement）：做成決議之後，也要討論執行決議的方法。寫下清楚、明確、可理解的協議後，所有人皆須簽名以示負責。

6.結束討論（closure）：讚美成員，協議宜人手一份。

簡單來說，有效的斡旋所以創造和諧，端賴於爭議兩造願意從事移情性的傾聽（empathic listening），亦即彼此之間願意傾聽對方，且都認可對方的核心關懷。在確認雙方成員皆有誠意協議之後，做出滿足彼此需

求的決議（Goldberg, 2005: 369）。

仲裁

　　當所有解決衝突的方法都失效後，團體常改以斡旋為之；不過當斡旋失效後，尚可再透過仲裁解決問題。仲裁與斡旋的相同之處在於：兩者均透過第三方來處理，不同於斡旋人的是，仲裁人在考量各方的立場之後，會逕自決定如何化解衝突。仲裁人可以提出個人的決議，或是提出衝突雙方均未曾考量過的方法。不過，不論決議為何，團體成員對決議內容在事後縱使有其他想法，仍不應反悔或推翻決議。

衝突與多元化團體

　　多元化團體使得衝突變得更加複雜，處理上相對棘手。文化的差異、性別觀點等等，都可能導致誤解、偏見與攻擊性舉動。以下從文化與性別角度說明。

文化差異的衝突

　　就文化差異的衝突言，個別成員的文化價值觀高度影響其對衝突以及問題解決方法的感受度。舉例來說，日本、中國、德國、墨西哥、巴西等國家重視團體順從（group conformity）的價值，通常較不願意表達反對意見。但相對的，來自瑞典、法國文化的成員重視個人價值，不僅勇於傳達不同觀點，表述的過程也感到較自在。

性別差異的衝突

　　就性別差異的衝突言，性別差異對團體衝突的發生，具有一定的影

響，宜有所警覺。一般來說，女性偏向避免衝突或者逃離不斷衝突的團體（Wilmot and Hocker, 2001: 31），對於衝突喜以私下而非在團體面前的方式表達出來（Tannen, 1998: 196）。有研究發現，來自相同文化的男女，其採用的衝突策略與類型並無明顯差異，不過對於衝突類型的關注點卻有所不同。例如男性傾向於關注實質性問題，女性則偏向團體成員之間的關係，因此，在理想的情況下，女性較男性偏好合作方式處理衝突；不過當女性發覺遭到其他成員背叛或抹黑時，其面對衝突與反抗的力道亦不容小覷（Folger, Poole, and Stutman, 2005: 235）。

團體凝聚力

團體衝突並無法每次都成功解決，而衝突解決之後，其實也無法保證從今以後所有成員都會乖乖朝著共同目標奮勇向前。坦言之，團體工作以解決衝突為務其實是捨本逐末，團體運作更亟需的是團體凝聚力（group cohesion）的形成，亦即透過共同的吸引力（mutual attraction），將團體成員的心緊緊凝聚成一體，彼此的理念想法緊緊的維繫在一起，榮辱與共，共同朝目標奮進，方可得事半功倍之效。團體凝聚力通常具有以下特徵（Shaw, 1992: 214-220）：(1)高度互動；(2)友善且相互扶持的溝通氛圍；(3)渴望能符合團體的期待；(4)以具創造力與生產力的方法達成目標；(5)成員會自我感覺良好。

增進團體凝聚力

發展團體凝聚力有助於建立團體認同與傳統、強調團隊合作、肯定與獎勵團體參與，以及尊重團體成員，其可透過以下四種方法達成（Bormann and Bormann, 1996: 137-139）：

建立團體認同與傳統（establish a group identity and traditions）

建立團體認同從語言就可著手，例如使用我們，而不用我、你們或他／她們，並可建立團體的識別標誌（logo）或座右銘（motto），較有制度化的團體更可建立一套儀軌規範等等，以強固其傳統。

強調團隊合作（emphasize teamwork）

具有凝聚力的團體相信團結是成功的基礎，對團體具責任感，並以自身與成員的成果為榮，對於團體成果不掠人之美，不誇己之功。

肯定與獎勵貢獻（recognize and reward contributions）

當成員高度涉入（involvement）團體工作時，以致忽視其他成員的貢獻，有的甚至批判之。具凝聚力的團體則為建立相互扶持的氛圍，會透過信件、卡片、禮物與慶祝等方式來獎勵成員。

尊重團體成員（respect group members）

當團體成員關係愈緊密，對彼此的需求更敏銳，則尊重成員、顯示關心，以及尊重多元差異，可以提升彼此接受度。

ⅠⅠⅠⅠ▶ 團體迷思

團體迷思（groupthink）一詞乃在描述團體效能的退化與道德判斷來自內團體的壓力（Janis, 1982: 9）。團體壓力且會產生高度順從，成員也傾向讓自己的觀點盡可能與團體一致，由於團體缺乏不同思考角度，演變成專斷獨行，其最差的結果是讓團體走向滅亡。Surowiecki（2004: 36-37）也說：「團體愈孤立於外界輿論，就愈相信團體在重要問題上的判斷是正確的。」

ⅢⅢ➡ 團體迷思的特徵

　　耶魯大學學者Janis（1982）在發現全盤皆輸決策模式（policymaking fiascoes）之後，繼而發展出團體迷思理論（theory of groupthink）。他主張團體迷思是團體決策重要的影響因素之一，並以歷史上著名的事件來支持其論點，包括入侵古巴豬玀灣事件[1]、越戰[2]、水門案[3]，美國挑戰者號太空梭爆炸案[4]，以及美國進攻伊拉克[5]。透過對前述政策決策的分析，Janis界定出八種團體迷思的特徵（symptoms of groupthink），如**表7-3**所示。

---

[1]　美國總統甘迺迪1961年4月17日策動了約一千五百名反卡斯楚（Fidel Castro）的古巴流亡分子入侵古巴的豬玀灣，到了4月19日，最後據點反被古巴攻占，一千一百人被俘。卡斯楚同意將俘虜全部釋放，條件是美國須提供糧食、藥品等作為交換。

[2]　越戰（1959-1975）為南越（越南共和國）與美國對抗實行共產主義的北越（越南民主共和國）與「越南南方民族解放陣線」（又稱越共）的一場戰爭。越戰是第二次世界大戰以後美國參戰人數最多、影響最重大的戰爭。最先開始援助南越的美國總統是艾森豪（D. D. Eisenhower），甘迺迪總統接續，詹森（L. B. Johnson）總統將戰爭擴大。在尼克森執政時期，美國因國內反戰浪潮，逐步自越南撤軍。北越軍和南越共軍最終打敗南越政府軍隊，攻占全越南。參見維基百科，http://zh.wikipedia.org/zh-tw/%E8%B6%8A%E5%8D%97%E6%88%98%E4%BA%89。

[3]　水門案（Watergate scandal）是尼克森總統競選連任時，違法祕密監聽，經由「深喉嚨」向《華盛頓郵報》揭露所掀起的美國政壇最大醜聞，導致尼克森遭到國會彈劾而自行下台。深喉嚨其實為美國前聯邦調查局（FBI）副局長，他在2005年現身，也解開美國史上最有名的密告者身分之大猜謎。

[4]　美國挑戰者號太空梭（STS Challenger STA-099/OV-099）隸屬美國國家航空暨太空總署（NASA）甘迺迪太空中心，1983年起用於軌道載具（orbiter vehicle）用途，1986年1月28日上午11時39分，挑戰者號太空梭於佛羅里達州發射升空後的第七十三秒解體，機上七名太空人全部罹難，機體殘骸散落在大洋之中。

[5]　伊拉克戰爭（Iraq War）係2003年3月20日，以美國和英國為主的聯合部隊在未經聯合國授權下，正式宣布對伊拉克開戰，主要理由是伊拉克政府擁有大規模的殺傷性武器，以及伊拉克政府踐踏人權。

表7-3　團體迷思的八種特徵

	團體迷思的特徵 （groupthink symptoms）	團體迷思的表現 （expressions of groupthink）
1	自以為是（invulnerability）： 過度自信，甘冒大風險	我們是對的，這件事已經做過N次，縱使閉著眼睛做，也不可能會出錯
2	合理化（rationalization）： 找藉口，缺乏警覺心	菜鳥懂什麼？他才報到兩星期
3	道德規範（morality）： 忽視道德與倫理的結果	有時候只要目的正當，可以不擇手段，例如先選上再說
4	將局外人刻板印象化（stereotyping outsiders）： 認為反方脆弱愚蠢，不成氣候	不必理會管理小組！那群空降部隊應該還不懂得一起行動的道理
5	自我檢查（self-censorship）： 忽視倫理與道德的結果	我猜想對團體不會有任何傷害
6	異議具壓力（pressure on dissent）： 壓迫成員同意	你為何緊抓這一點猛打？死腦筋！你會毀了我們整個計畫
7	一致同意的錯覺（illusion of unanimity）： 相信大家都會同意	我看沒有人反對，本案就一致通過
8	心防（mindguarding）： 保護成員免於受到反方資訊或立場的影響	張三有說要來參加，不過我跟他說根本沒那個必要

資料來源：Janis（1982）；作者。

IIII➡ 預防團體迷思（preventing groupthink）

「預防勝於治療」，預防乃是避免團體迷思的最佳辦法。以下提供的方法可以降低團體迷思的可能（Janis, 1982; Cline, 1994a: 199-223; Cline, 1994b: 58），想想看哪個最適合你所屬的團體：

1. 要求每位成員扮演重要的評估者。
2. 可以的話，對同一問題的處理，有一組以上的成員參與，且各自獨立。
3. 與團體外成員討論團隊工作進程，並將其回饋告訴所有人。
4. 定期邀請專家參與你們的會議，並且鼓勵具建設性的批評。

5.討論決策或行動可能的負面結果。

6.遵守形式化的決策過程，並鼓勵表達意義與計畫評估。

7.要求成員問問題、說明立場背後的理由，以及要求其他成員為其辯護。

8.在做決策之前，讓成員有再次質疑的機會。

簡言之，一旦團體具有迷思便容易早早做出決策，也不會產生衝突。不過，正因如此，此類決策很容易受到誤導，執行後果不堪設想。例如有些宗教團體，以教義或上師言行舉止為唯一依歸，若該團體中又有有心人士諂媚奉承，則可能形成一言堂，任憑幾個人專斷獨行，成員無知，也只能盲從，後果不免堪慮。基此思之，就可理解何以本文一開始就強調衝突、異議其實是好事。此外，團體中有多元且獨立的成員，也是協助團體做出良好決策的憑藉。

聖界與凡界：慈濟功德會的幻想與迷思

　　語藝學（rhetorics）是台灣傳播學術界中的新興學門，屬於口語傳播學中的一支，也是人文學的一支，是一門追求人類溝通過程中如何達成「說服」（persuasion）的學問。

　　語藝學有許多理論與批評方法，其中有一項與團體迷思密切相關——符號輻合理論（symbolic convergence theory）與幻想主題分析（fantasy theme criticism），在於探討團體如何透過語言建構的真實，形成成員共享與不斷複誦的幻想，而此幻想也對團體成員產生莫大的影響力，等同於團體迷思的強大說服力。

　　此一觀點源自於1970年哈佛大學社會學教授Robert F. Bales的研究。他發現在小團體互動過程中，會出現團體幻想或戲劇化的現象，而且在互動過程中，有些傳播符碼會如同戲劇化般在團體內不斷地被「複誦」（chain out），促使會議的節奏加快，使成員的情緒激憤，相互插嘴討論、面紅耳赤、大笑、忘記自我意識，讓會議的氣氛由戲劇化前的安靜轉為活潑、喧鬧，使得參與者忘我地進入一種興奮與生動的對話狀態，這個包括語言與非語言傳播的連鎖過程，為團體創造出一些共享的幻想或戲劇。這些幻想或戲劇在成員不斷的複誦下，逐漸成為迫使該團體成員行動或修正觀念，並強化成員觀念的社會真實（林靜伶，2000）。

　　1972年，傳播學者Ernest G. Bormann延伸哈佛大學社會學教授Robert F. Bales前述的研究結果並引用戲劇理論概念，提出幻想主題分析，發展出符號輻合理論。符號輻合理論預設符號之間的互動創造了社會現實，而戲劇性的符號互動使個體共享幻想，進而建立團體意識，共創社會真實。透過幻想的動態過程，團體成員彼此分享經驗與情感，久而久之，形成了團體的共同文化，也發展出團體生活中的角色結構、儀式，以及行為規範（蔡鴻濱，1999）。

再者，符號輻合理論有兩個預設：第一個預設為符號創造真實。換句話說，人與人之間會產生互動，並賦予互動意義，人對真實的概念由此產生。第二個預設是：符號不僅為個人創造真實，個人賦予符號的意義能進一步融合，產生一種成員共享的真實（consubstantiality）。Bormann指出，團體成員由於符號的重疊與融合，逐漸發展出彼此溝通的基礎，且能透過這些符號分享共同的經驗，進而形成群體意識。基此，符號輻合的結果是：「團體成員將有共同的經驗與相似的感覺；他們將對特定戲劇情節中的角色有共同的態度與情感上的回應。他們對某些經驗將有同樣的詮釋，並逐漸形成團體意識。」（蔡鴻濱，1999）

此外，在符號輻合理論的基礎下，透過幻想主題分析工具：幻想主題、幻想類型、語藝社群、複誦等，我們可以尋找出一個團體的語藝視野（rhetorical vision），也就是團體成員共享的世界觀與價值觀，或許可以說，就是團體迷思。

全台灣第一本研究幻想主題的論文，是劉玉惠（1994）的〈聖界與凡界：慈濟論述之幻想主題分析〉，有助於我們瞭解佛教慈濟功德會的語藝視野，或者說團體迷思。

慈濟功德會自1966年創立迄今，已發展成台灣最大的民間／佛教團體，它所凝聚的社會力量與社會資源，在台灣已形成一股罕見的特殊現象。劉玉惠透過符號輻合理論，從語藝觀點（rhetorical perspective）探討慈濟宗教論述的說服力，以及團體成員之間論述交流所形成的語藝視野或世界觀。她利用幻想主題批評方法，分析1990年1月至1993年6月間，證嚴與慈濟委員論述的一百五十五篇語藝文本，結果發現慈濟人的兩種幻想類型，並歸納出慈濟人共享的語藝視野。

劉玉惠（1994）發現，慈濟人的世界觀是由「聖界」與「凡界」所構成。「聖界」是一屬於慈濟人的神聖領域，它流傳著有關神明

「恩寵」的事蹟，以現世的宗教救贖題材，諸如健康、財富、子嗣等，以作為潛在信仰者信服的理由，此使慈濟人滿足於「菩薩團體」的幻境中，並為其賑濟災民、貧民的行為提供一合理化的基礎。

「凡界」則充分考量慈濟團體以外，個人現實生活中的確實事件，小自個人的生老病死，大至國會暴力事件、飆車、大家樂、六合彩、示威遊行等等的社會風氣都包括在內，所以慈濟人的語藝視野是相當全面性的，所有生活中的現實面與超現實面都涵蓋在其中。

此外，作者評估慈濟論述的實質層面與形式層面，整體上發現慈濟論述傳達的概念、價值觀，是華人傳統的儒家道德內涵、「以物易物」的價值觀、強調女性柔和忍辱的兩性觀，並企圖在既有制度與現實情勢下，達到淑世的目的。

透過幻想主題方法，發現慈濟功德會的凝聚力可能來自「聖界」與「凡界」這兩個團體共享的「語藝視野」，從團體凝聚的角度來看，也就是其共享的團體迷思。雖然「團體迷思」在某種程度上具有負面的意涵，但不容否認的，慈濟人奉行不渝的淑世精神，對於台灣以及台灣以外的國家，卻都是個福音。

參考資料：林靜伶（2000）。《語藝批評：理論與實踐》。台北：五南。

　　　　　劉玉惠（1994）。〈聖界與凡界：慈濟論述之幻想主題分析〉。台北：輔仁大學大傳所碩士論文。

　　　　　蔡鴻濱（1999）。〈薪傳：雲門舞集論述建構之語藝視野〉。1999中華傳播學年會，6月28-29日。新竹：關西。

 課外活動練習

7-1 你講了什麼？

一、活動目的：練習記錄重點。

二、活動說明：

　　1.成語有云：「以子之矛，攻子之盾。」這句話應用在辯論上，在於說明對方的言論觀點其實是自相矛盾的。在辯論過程中，口語訊息的表達非常大量與快速，因此如何一邊聆聽一邊理解，並且用很短的時間摘要出重點，是項重要又不容易的技巧。

　　2.本活動目的在於練習如何記錄重點。方法是透過甲方的述說，由乙方邊聽邊記錄。甲說完之後，由乙根據筆記內容重複說給甲聽，請甲確認自己所講的重點與內容是否有所遺漏。

三、活動人數：不拘。

四、活動時間：60分鐘。

　　1.分組活動：每人20分鐘（甲說10分鐘、乙複誦10分鐘）。

　　2.團體分享與討論：20分鐘。

五、所需器材：紙、筆。

六、活動程序：

　　1.2人一組，各為甲與乙。

　　2.請甲講一個切身的經驗，由乙記錄甲所說的內容。

　　3.於甲說完切身經驗之後，由乙再依據記錄內容複誦給甲聽，並陳述結論。

　　4.甲就乙複誦的內容、重點及結論，給予乙評價（0至10分）。

　　5.甲、乙互換角色，重複進行。

　　6.待所有人都完成之後，進入團體分享與討論，看誰得到的評價最高？是怎麼做到的？

7-2 質疑

一、活動目的：提出疑問與確認邏輯性。

二、活動說明：

1. 口語的表達有幾個有趣的特色：一是「邏輯性」，包括所述的合理性與整段論述的一致性；二是「省略一般化」，就是將主詞省略，歸類到更大的團體名詞中，例如：他們、別人等。

2. 透過聽話的活動，練習發現說話者所述內容的邏輯性與省略、一般化等。

3. 聆聽學生發現說話同學的邏輯性有疑問時，立即回問有疑問之處。

4. 聆聽學生發現說話同學有省略一般化的詞句出現，可以追問、澄清省略與一般化的細節，範例如下：

   4.1 甲：「好棒！」乙：「什麼好棒？」

   4.2 甲：「讚！」乙：「什麼很讚？」

   4.3 甲：「他們都這樣做！」乙：「他們是誰？」

   4.4 甲：「哎呀，你不懂啦！」乙：「有什麼我該知道的嗎？」

   4.5 甲：「這樣就好了！」乙：「這樣是指什麼？好又是指什麼？」

5. 也可採用 5W1H 方式逐一澄清人、事、時、地與物，針對疑問處當面質問，範例如下：

   5.1 甲：「這是個很久以前的旅行經驗。」

   乙：「距離現在有多久？」「去哪裡旅行？」「有誰一起？」「怎麼去的？」「想去的理由是什麼？」

   5.2 甲：「真是難忘的經驗！」

   乙：「是誰的難忘經驗？」「什麼時候發生的？」「還有誰一起？」「怎麼發生的？」「促成難忘的原因是什麼？」

三、活動人數：不拘。

四、活動時間：40分鐘。

　　1.分組質疑練習：每組30分鐘。

　　2.團體討論：10分鐘。

五、所需器材：無。

六、活動程序：

　　1.3人一組，分為甲、乙、丙三人。

　　2.甲講述一段自己的過去經歷。

　　3.乙除了聽甲講外，對甲所述不明瞭處當面質問，直到明瞭為止。

　　4.丙擔任觀察員，觀察甲與乙的對談。

　　5.小組成員可輪換甲、乙、丙三種情境。

　　6.體驗完畢，回到大團體分享自己的心得。

關鍵詞彙

衝突	衝突餘波	實質性衝突	程序性衝突
情感性衝突	建設性衝突	破壞性衝突	迴避衝突型
容納衝突型	競爭衝突型	折衷衝突型	合作衝突型
4Rs方法	A-E-I-O-U模式	團體談判	第三方介入
人	利益	選擇	標準
斡旋	仲裁	文化差異	性別差異
團體凝聚力	團體迷思		

課後動動腦

1. 請說明團體衝突的來源有哪些？
2. 何種溝通策略可讓團體的衝突變得具有建設性，或者能減少破壞性衝突？
3. 由不同的團體衝突管理策略來看，其適用的時空環境有何異同？
4. 試想，在你所屬的團體中，發生衝突的來源為何？可以透過哪些團體衝突管理策略來處理或化解？
5. 團體成員的不同文化背景與性別角色，對衝突有何影響？
6. 哪些溝通策略可以增強團體凝聚力，並且避免團體迷思？

Chapter 8

團體中的幽默使用

學習目標

認識幽默的定義、障礙與角色

瞭解幽默好笑的四個理論

瞭解團體中實踐幽默的技巧

幽默演講的智慧

那斯魯丁是個聰明博學但有時卻顯得愚蠢的人。有一天，他接受村中長老的邀請，到村內清真寺演講三週。那斯魯丁自認聰明，發想出許多聰明有趣的構想，卻單單忘了布道詞。第一個早上，他站在清真寺的門前，挺起胸膛向群眾問道：「我親愛的教友，你們有誰知道我今天要說什麼嗎？」群眾看著他說：「我們是卑微單純的人，不知道你要說什麼。」那斯魯丁一聽，乃將長袍甩過肩頭並宣布：「那麼，我就沒有必要留在這裡。」然後走出門外。第一週的演講就讓他逃過了。

許多村民對此舉感到新鮮好奇，因此隔一週後，來聽那斯魯丁演講的人更多了。其實，那斯魯丁與上一次一樣，並未準備好講稿，只是如法炮製地向群眾問了相同的問題：「我親愛的教友，你們有誰知道我今天要說什麼嗎？」這一次有人站起來說：「我們知道！我們知道你要說什麼！」那斯魯丁聽罷後，從容自若地把長袍甩過肩頭，再次宣布：「那麼，我就沒有必要留在這裡。」然後又走出門外。第二週的演講也讓他避過了。

到了第三週的早上，那斯魯丁同樣沒有任何準備。他一如往常以充滿自信的神情與口吻問群眾：「我親愛的教友，你們有誰知道我今天要說什麼嗎？」這一次村民事先計畫好了，於是有一半的人說：「我們是卑微單純的人，不知道你要說什麼。」另一半則站起來說：「我們知道！我們知道你要說什麼！」那斯魯丁站了一會兒，然後說：「那麼，請那些知道的人告訴那些不知道的人，而我一樣沒有必要留在這裡。」接著，他又把長袍甩過肩頭，離開了清真寺。

這是一則幽演講一默的故事，雖然現實生活的演講場合，我們無法如此瀟脫，卻說明了演講的特性，也說明面對團體如何有效溝通，的確需要智慧。

參考資料：陳智文譯（2008），安奈特・西蒙斯（Annette Simmons）著。《說故事的力量》。台北：臉譜。

摘要

　　幽默是團體中群際關係的潤滑劑，不僅有種「會心一笑」的開心，在團體生活與工作中更會讓人充滿活力與動能，有時還讓人不知不覺地對幽默上癮。雖然很多人認為幽默與創意一樣，是天分，是才情，後天難以習得，但是作者卻認為幽默與創意一樣，不是天才的事情，可以透過後天的模仿與學習，讓自己成為具有幽默感的人，為團體帶來歡笑，也柔化團體的氣氛。基此，本章花了一些篇幅說明幽默的實踐類型，容或可作為有志成為幽默大師者的學習材料。

　　本章分成兩個部分來介紹。第一部分為幽默概說，除了說明幽默定義的複雜性，並說明阻礙人們幽默的三個主要迷思：視幽默行為為傻瓜行徑且浪費時間，幽默被視為不成熟，以及幽默具有攻擊性，對於後者，建議宜幽自己或團體一默，以減少幽默的攻擊性。此外，也說明團體幽默的三個角色：偽裝與避免衝突、提振團體士氣，以及娛樂。

　　第二部分為團體幽默理論與實踐類型。團體幽默主要有四個理論及其各自數個之對應實踐類型。首先，就「反常理論」言，團體中運用的方法有五種，分別為「巧合幽默」、「逆轉幽默」、「天真幽默」、「怪胎幽默」，以及「刻板幽默」；就「優越理論」言，實踐方式有「出糗幽默」、「急智幽默」、「嘲弄幽默」與「自嘲幽默」；就「記號理論」言，則有「一語雙關」、「誤會曲解」、「話中有話」與「語言遊戲」；就「黃黑理論」言，有「黃色幽默」與「黑色幽默」。

　　整體來說，幽默的實踐應依據團體客觀的社會環境條件與成員主觀的生活經驗而定，因此並無本質不變的幽默內容。換句話說，在台灣聽來幽默的笑話，到了美國、大陸可能令人感到大惑不解，因此幽默的使用宜考量團體時空環境與成員背景等等差異。

療妒湯

　　這老王道士專意在江湖上賣藥，弄些海上方治人舍利，這廟外現掛著招牌，丸、散、膏、丹，色色俱備，亦常在寧、榮兩宅走動熟慣，都與他起了個諢號，喚他作「王一貼」，言他的膏藥靈驗，只一貼百病皆除之意。……寶玉道：「我不信一張膏藥就治這些病。我且問你，倒有一種病可也貼得好麼？」王一貼道：「百病千災，無不立效。若不見效，哥兒只管揪著鬍子打我這老臉，拆我這廟何如？只說出病源來。」……寶玉道：「我問你，可有貼女人的妒病方子沒有？」……王一貼道：「這叫作『療妒湯』：用極好的秋梨一個，二錢冰糖，一錢陳皮，水三碗，梨熟為度，每日清早吃這麼一個梨，吃來吃去就好了。」寶玉道：「這也不值什麼，只怕未必見效。」王一貼道：「一劑不效，吃十劑；今日不效，明日再吃；今年不效，吃到明年。橫豎這三味藥都是潤肺開胃不傷人的，甜絲絲的，又止咳嗽，又好吃。吃過一百歲，人橫豎是要死的，死了還妒什麼！那時就見效了。」說著，寶玉、茗煙都大笑不止，罵「油嘴的牛頭」。王一貼笑道：「不過是閒著解午盹罷了，有什麼關係。說笑了你們就值錢。實告你們說，連膏藥也是假的。我有真藥，我還吃了作神仙呢！有真的，跑到這裡來混？」

～〈懦弱迎春腸回九曲　姣怯香菱病入膏肓〉，《紅樓夢》第80回

▶▶▶ 幽默概說

　　「天上星多月難明，地上人多心難平。」[1]《史記・貨殖列傳》

---

[1]　霹靂布袋戲《龍城聖影》中的角色邪影的出場詩，原文為：「天上星多月難

云：「天下熙熙，皆為利來；天下攘攘，皆為利往。」《莊子‧則陽》有一則寓言：在蝸牛的左角上有個叫「觸氏」的國家，在蝸牛的右角上有個叫「蠻氏」的國家，這兩個國家時常為了爭奪地盤而打仗，死傷動輒數萬人，追逐敗兵連追十五天才會返回[2]。莊子寓言中指出，連兩個極微小的「國家」也都為了爭奪小小的利益，打得你死我活，也隱喻出世人汲汲營營追名逐利，不過是「蝸角虛名，蠅頭微利」而已。《紅樓夢‧好了歌》便慨然說道：「世人都曉神仙好，只有金銀忘不了；終朝只恨聚無多，及到多時眼閉了。」

團體的功能很多，例如個人目標的達成、心靈的歸屬、技藝的學習，或是能力的培養等等，不過團體的氛圍對於團體功能的達成扮演了重要的角色。團體運作過程中多一些愉快和諧的氛圍，不僅凝聚團體向心力，更協助團體目標的完成，其中就屬幽默（humor）最能有效增進團體的氣氛，是團體運作的潤滑劑，具有畫龍點睛之妙，不可或缺。例如教師在上課過程中，穿插兩個笑話，幽默一下，通常可以提振學生上課精神；再者，電視中幽默逗趣的廣告，諸如「你累了嗎？」「不讓你睡！」「張君雅小妹妹」等等，讓商品變得友善，也有助於創下銷售佳績。而前述療妒湯，至少也讓我們在憶起《紅樓夢》這沉重的故事時，心中還能蕩漾起一陣歡愉。

▐▐▐➡ 何謂幽默

幽默雖具有前述種種的效用，但是幽默是什麼呢？在回答之前，宜先從笑話（joke）說起。笑話是幽默的工具，利用各種笑話產生的幽默

明，地上人多心難平，是非曲折終有論，善惡到頭須現形。」意謂以非法手段執行其定義的正義。

[2] 出自《莊子‧雜篇‧則陽第二十五》戴晉人曰：「有所謂蝸者，君知之乎？」曰：「然。」「有國於蝸之左角者，曰觸氏；有國於蝸之右角者，曰蠻氏，時相與爭地而戰，伏屍數萬，逐北旬有五日而後反。」

效果，可以調節團體的氣氛，拉近成員的距離。至於笑話的定義，周平（2005）指出，笑話沒有固定不變的本質，其隨著各種社會條件和情境脈絡而有不同的相對意義，因此笑話有多種面貌，人類的笑話也因此千奇百怪，無論是尷尬、愉快、緊張、悲傷或單純被他人感染，都可能產生笑話，換言之，幽默的使用方式也變化多端。周平試著整理出十三種笑話可能的定義，有助於我們認識笑話的特性。

1.笑話是一種令人發笑的幽默趣事或語言。

2.笑話是一種來自機智的戲謔或嘲諷活動。

3.笑話是一種為了好玩或娛樂而做的可笑或怪異行動。

4.笑話是一種無須被嚴肅看待的言語。

5.笑話是一種對錯誤、誤解的尷尬之轉化。

6.笑話是一種攻擊弱勢者的武器。

7.笑話是一種對抗強者權威的手段。

8.笑話是一種對矛盾的迷戀和對邏輯不耐的表現。

9.笑話是一種對社會規則、禁忌的逾越和戲弄。

10.笑話是一種被壓抑的慾望之替代性出口。

11.笑話是一種親密關係維繫的黏合劑。

12.笑話是一種化解緊張氣氛的潤滑劑。

13.笑話是一種交情深淺遠近的試劑。

幽默的使用其實是結合社會文化脈絡與當下情境所產生的對應表現，因此幽默鑲嵌於日常語言與經驗的結構之中，輕易不易發覺。Napier and Gershenfeld（1993）也認為，幽默乍看之下瞭然於胸，可是真正的概念卻無法確定，其引用Goodman（1991）的整理，定義幽默如下：

1.能逗同伴發笑，就有資格上天堂（出自可蘭經）。

2.笑話非等閒之事（出自邱吉爾）。

3.地球上受苦的動物發明了笑（出自尼采）。

【團體溝通觀察站】

幽默一下之一：你採到什麼呢？

為了體驗大自然，老師有一天帶著一群小朋友上山採水果，宣布：「採完水果後，所有水果要一起洗，洗完後我們再一起吃。」話音剛落，所有的小朋友馬上跑進園子採起水果來。一個小時後，小朋友又都回來集合了，並圍著大水池努力洗起自己採回的水果。

老師：「小華啊，你採到什麼呢？」

小華：「我在洗蘋果，因為我採到蘋果。」

老師：「小美，你呢？」

小美：「我在洗番茄，因為我採到番茄。」

老師：「小朋友都很棒喔！那小明你採到什麼呢？」

小明：「我在洗布鞋，因為我踩到大便。」

幽默一下之二：捉到蚊子該怎麼辦呢？

1.當然要撫養它。

2.送它上學。

3.給它買房子。

4.幫它娶媳婦。

5.幫忙帶孫子。

～～不然你還能怎麼辦呢？畢竟它身上流的是你的血。

參考資料：網路。

4.笑是最便宜有效的靈丹妙藥。

5.笑是最普通不過的醫術（出自羅斯福）。

不管對幽默的觀點有多不同，不容否認的是幽默可以化解消除尷尬、壓抑、痛苦，也像臉上吹拂而過的清風，讓人頓時神清氣爽，精神為之一振。

在團體中，幽默通常是水到渠成的結果，也是團體發展過程中的自然現象，通常不容易刻意安排。幽默經常像是珍貴稀少的自然資源，其出現有時能轉變團體的生命，讓原本看來難以忍受的事情，變得有趣與令人感到興奮，例如一場妙語如珠的簡報，讓會議或講座變得生動活潑，令人雀躍。

團體生活中不免要經常面對一開再開的無聊會議，以及誤入恍如一攤死水、毫無生氣的工作團隊，但更可怕的是，人們也常因為害怕改變而遵循團體中既定的規則與模式，而變得百無聊賴。況且，團體為了方便管理，更不斷創造出各種規矩規範成員，只是一切井井有條的團體生活實則缺乏新意，如同髮禁、鞋禁、襪禁等等戕喪青春的枷鎖一般。其實，團體生活可以更有趣，團體中充滿了各種可信手拈來的幽默元素，例如全能與無能，憤怒、開心與難過，喜歡與不喜歡，安全與不安全，有趣與無趣，成功與失敗等等，若能妥善利用與發揮，可為團體生活增添許多樂趣。

ⅢⅢ➡ 幽默的障礙

人都愛聽笑話，也喜愛幽默的人，可是我們卻經常拒絕講笑話，許多團體也因此無趣得緊。Napier and Gershenfeld（1993）認為人們缺乏幽默感的原因，首先是因為視幽默行為為傻瓜行徑且浪費時間。試想如果一天到晚忙著幽默，不僅無暇工作，你又成了何種模樣的員工呢？話雖如此，詭異的是，老闆一出差或外出，辦公室的員工卻通常喜歡偷閒聚在一起聊八卦、開玩笑，公司氣氛因此突然從死氣沉沉變得活潑有趣。Krohe（1987）研究顯示，幽默與健康、創意及效率息息相關，笑更可以降低壓力，提升向心力與讓老闆更具有人性，幽默其實是件好事。

再者，幽默也會被視為不成熟（immaturity）。因為我們習慣將工作場域視為嚴肅的地方，在組織或團體中應認真工作，追求業績，戮力提升自己的位階，有時間說說笑笑不僅匪夷所思，也容易讓人貼上愛亂開玩笑（joke-ster）的標籤，這類人在歷史上就是所謂的弄臣、小丑，通常也像個傻子。在團體或公司中，一旦被貼上此標籤，會被視為不夠正經嚴肅，未來的職涯將大受影響。

第三，幽默具有攻擊性。幽默常是具能力者在消費其他人或是相對無能的人，經常都是以調侃他人為樂，例如傻子、老闆、笨蛋等等。不過，以批評、挖苦、嘲弄，好使別人難堪，卻讓自己出鋒頭的開玩笑方式，往往帶有很強的攻擊性。這類幽默遭指正時，我們常用「我只是在開玩笑」之類的話來為自己辯護，以避免傷害他人的責任，其實這種辯護的效果很差。為了避免產生糾紛，幽默或玩笑話最好以自己為對象，幽自己一默。

在團體中，拿自己開玩笑的方式，如開自己外表、身材的玩笑以取悅他人。使用這種方式的人通常很快就讓大夥都喜歡他，偶爾開一下自己的玩笑使別人開心也無傷大雅。不過，經常以這種方式與人相處，容易使自己的自尊心受損，也可能觸及到有同樣缺失的人，使他人不舒服而產生反效果。簡言之，幽自己一默雖然最保險，但引發的後遺症卻不妙。此外，團體可視為是一群自我的集合體，因此，幽自己團體一默，也比以其他團體為幽默對象安全許多。

團體幽默的角色

團體中幽默的使用具有多項功能，幽默在團體的角色通常有偽裝與避免衝突、提振團體士氣、娛樂等效用。

偽裝（camouflage）與避免衝突

幽默具有因時因地制宜的特性，不同的情境中宜有不同的運用方

法。因此雖然我們知道幽默在團體中扮演重要的角色，卻也難以透過實驗的方法來證明前言為真。目前，僅有一些少數的實證研究說明，幽默會影響團體的發展與運作。

就佛洛依德心理分析的幽默理論（psychoanalytic theory of humor）而言，幽默可以協助我們藉由偽裝自身的敵意來展現「假裝性攻擊，並讓自我從意識的控制中逃逸」，亦即透過幽默展現內心的敵意，毋庸故作矜持，此舉對團體而言有極為正面與負面的效用（Berger, 1987）。換言之，處在有敵意、攻擊性、關係緊張的環境或負面的事件之中，透過幽默可以有效的轉換情境、重新引導他人，以避免團體衝突或緊張關係的發生。相對的，幽默也可用來傷害、否定與貶低團體成員。Russel（1981）發現，團體幽默若非出自於領導者或成員之間的默契與規範，較容易引發敵意。

團體中使用幽默能減少緊張，提供正面與建設性的團體氣氛，因此領導者宜適時採用幽默，而這些幽默故事也會成為成員不斷傳誦與發笑的對象，甚至成為團體歷史與傳統的一部分。每當新人加入之際，幽默故事又會被複誦一次，也成為歡迎新人的最佳禮物，有助於強化團體的凝聚力。

提振團體士氣

Allen（1986）指出，職場中領導者可以安排會議共享成功經驗，此時可藉由笑話與歡笑來激勵員工。Isen、Daubman and Nowicki（1987）建議，職場中藉由幽默的使用產生快樂感（happy feeling state），來提升團體成員的創意與創新的問題解決方式。

Napier and Gershenfeld（1993）發現近數十年來，幽默的使用愈來愈頻繁，對於幽默的研究也早已經包括商業、健康照護、教育、生活方式等領域。Norman Cousins的著作*The Anatomy of an Illness as Perceived by the Patient*（1979）中提到其親身經驗，就是捧腹大笑十分鐘，可以遠離

痛苦一小時，並發展出所謂的「哈哈全健康」（ho-ho-holistic health）觀念。自此，大笑與痛苦之間的關係也引起科學、生化學門的興趣，其他諸如病人支持團體利用幽默度過難關、教育現場利用幽默控制教室氣氛的研究，也都獲得支持。Check（1986）研究發現，大學生認為教師在課堂上使用幽默，方足以成為證明其具有好老師的特質。許多研究也測試職場上幽默扮演的角色，Duncan（1984）研究工作型團體（task-oriented groups）中，打破經理人無暇使用幽默的刻板印象，申言之，「幽默的」是經理人在社會互動過程中常受人評價的標準之一，《富比士》雜誌（*Forbes*）調查發現，98%的執行長會雇用具有幽默感的人。Duncan and Feisal（1989）主張笑話得以增進團體的凝聚力，間接影響團體的產能，他認為玩笑行為（joking behavior）是工作的一部分，玩笑能夠讓人們有一種歸屬感（belong）。

娛樂

在團體中娛樂（entertain）成員並不是件簡單的事，團體成員希望自己能成為娛樂大家的幽默高手，但大多停留在希望的階段而已。基本上，在團體中使用幽默，具有娛樂的作用，讓成員在聆聽訊息之後感到開心愉悅，不過幽默角色在團體中帶來的愉悅反應，基本上還可以細分成三種不同的類型（游梓翔，2000）。

1. 歡愉反應：包括讓成員感到有趣（interesting）、好笑（funny）。有趣係指成員對於幽默感到興趣與好奇；好笑是指內容。成員對於笑的反應有許多種，包括笑破肚皮式的「爆笑」，笑出聲音的「大笑」，以及會心一笑式的「微笑」。「有趣」與「好笑」是團體中進行幽默溝通的主要目的之一。
2. 互動原則：透過幽默的表達，激起情緒的反應，可以增加與成員之間的情感性互動，有助於創造溝通上的新鮮感與臨場感。
3. 中介反應：乃指幽默具有增進告知與促進說服的作用。幽默如果運

用得當，可收事半功倍之效。具體的、親切的、有趣的表達，可以提升告知的效果，甚至增加說服成員的效力。例如幽默大師林語堂說：「演講要像女人的裙子一樣，愈短愈好。」短短幽默語便已兼具告知與說服的功能。

詳細來說，就告知言，自羅馬學者西塞羅（Cicero）、昆蒂連恩（Quintilian）對幽默的研究以來，人們便多相信幽默具有喚醒人們注意的功能。Gruner（1967）研究發現，幽默可以提高人們學習資訊的興趣。就說服言，研究證實幽默在說服上有兩項間接效果：一是有助於降低人們的防衛心理（特別是具有爭議的議題）；二是有助於提升講者的信度與魅力。換句話說，如果可以在具有爭議的問題上幽默一下，則相對於正經八百的面對問題，能降低爭議帶來的傷害（Harte, Keefe, and Derryberry, 1992）。此外，幽默雖然無法提升專業程度，但卻可以使講者被認為更可靠，且會受到聽眾的歡迎與喜愛（Gruner, 1967, 1970）。

團體幽默理論與實踐類型

由於每個人的感受力不同，因此或多或少都具有一定程度的幽默感。不過，欣賞幽默、笑話是一回事，自己創作又是另外一回事。有史以來，人們就嘗試著回答人為什會發笑？為什麼幽默會使人發笑？等等問題。不過，直至今日都沒有一定的答案。游梓翔指出，有人認為幽默感是一種直覺（intuition），覺得好笑就好笑，不好笑便不好笑，做分析徒勞無功。然而他並不同意幽默不可研究的論點，他以美國教授Arthur Berger的著作《解析幽默》（*An Anatomy of Humor*, 1993）的觀點為基礎，將人們為何而笑、為何感到幽默的原因整理出四個主要理論觀點，分別為：「反常理論」、「優越理論」、「記號理論」與「黃黑理論」。

周平（2005）也認為放諸四海，世界各國各種社會結構與國情文

化雖然不同，但是幽默的產生在大方向上仍具有一致性，許多幽默可從「不協調理論」、「優越性理論」、「釋放理論」的共同綜合中得到解釋。下文整理出幽默的四個理論（游梓翔，2000；周平，2005；Berger, 1993）說明團體幽默產生的理論與實踐。

游梓翔認為，這四個幽默觀點是深層的、意義面向幽默的產生原因，一般而言，成功的幽默還需要有表面上的注意要點：笑點（punch line）與意外（surprise）。

首先，就笑點而言，講者應該知道自己幽默的笑點，亦即使人發笑的要素何在？要如何陳述出來？瞭解笑點之後，就可以設計鋪陳（development），以帶出笑點的訊息。如果笑點有許多個，應該將最精采，能引發最大笑聲者放在最後，而且在揭露笑點之前可以稍微停頓一下，以製造緊張懸疑的氣氛。例如：

> 妻子和丈夫吵架以後，氣憤地說：「我就是找了一個魔鬼也比嫁給你強！」（停頓）丈夫馬上回答：「妳嫁不了魔鬼！法律規定，近親不准結婚。」

其次，好的幽默訊息要能夠使成員感到意外（surprise），即使聽者既不知笑點為何，也不知笑點何時出來。因此，傑出的幽默者不會在笑點揭露之前先洩底，而會以冷面笑將之姿出現。

⏩ 反常理論

Kant（1790/1951: 172）指出，任何能夠引發我們猛烈爆笑的東西必然是某種荒謬的事物。發笑是一種情緒，來自一種緊張的期待瞬間轉化為空無一物時。

反常理論（incongruity theory）又可稱為「不協調理論」。根據此一觀點，人們對於人、事、物常態有一定的預期，當結果違反預期，並以反

常方式出現時，我們會因為自己判斷錯誤而感到好笑（游梓翔，2000）。周平指出，反常的情況包括事物發展的規則產生不一致性、矛盾性、不合宜性，或是不和諧狀態，於此之際透過幽默或發笑就能化解之。一般來說，不協調性、反常產生的幽默感，通常建立在事物的雙重特性、曖昧性與矛盾性上，當事情的發展超乎預期，或是打破既有的規則、規範、邏輯、常識，或是直覺之際。換言之，兩個或是兩個以上的事物組合搭配在一起卻顯得非常不和諧時，透過幽默、發笑可以解決之。例如：

- 美女優優妳自殺多次對吧？請問妳成功過幾次呢？
- 話說有隻聰明的鸚鵡，你一拉牠左腳就會說：「呷飽沒！」如果拉牠的右腳就會說：「有閒某！」有一天小丁很好奇，就分別拉鸚鵡的左腳與右腳，果然如預期的出現「呷飽沒！」、「有閒某！」這時小丁突發奇想，於是握著鸚鵡的兩隻腳猛拉……鸚鵡一驚，遲了一下，然後轉頭對小丁說：「你是呷飽太閒是某？」

團體中得以運用的反常幽默手法通常有五種，前兩者是與反常發展有關的「巧合幽默」與「逆轉幽默」；後兩者則為與人的反常有關之「天真幽默」與「怪胎幽默」；最後一種則為「刻板幽默」（stereotype humor），是以消費他人悲劇為樂的幽默，如嘲笑殘障人士、弱勢族群等，因為損人不利己，宜特別小心為之，在此略之不述。

巧合幽默

第一類常見的幽默手法為巧合幽默（coincidences）。由於陰錯陽差而形成巧合場面，超乎成員的意料。不過巧合仍有其邏輯上的可能性，有種命運作弄人之感。例如：

老師點名的時候，要求學生舉手答：「有！」
可是有一天，老師點名道：「蔡小草！」

學生：「Yeah!」

老師覺得很奇怪，怎麼這學生跟其他人不一樣呢？

於是又再叫一次他的名字：「蔡小草！」

小草：「Yeah!」

老師火大了，便把學生叫到台前說，為何跟大家不一樣？

小草回答：「因為我姓葉（Yeah）啊！」

老師：……

逆轉幽默

第二類反常幽默為逆轉幽默（reversal），係透過情節發展達成反常幽默。認知心理學與自我溝通的學者強調，人們透過長期的學習，在心中已經儲存許多腳本或程序記憶，根據這些記憶，人們會由事件前段產生合理預期，如果情節突然逆轉，將可製造笑果。例如：

話說東方不敗得到《葵花寶典》後，迫不及待的翻開第一頁，面對「欲練神功，必先自宮」八個大字倒吸了一口涼氣。苦苦思索了七天七夜之後終於痛下決心，喀嚓一聲，引刀自宮。強忍著身體的劇痛，懷著凝重的心情，東方不敗翻開了第二頁，映入眼中的又是八個大字：「若不自宮，亦能成功。」東方不敗當場暈死過去。

好不容易，東方不敗終於醒來了，他想反正都自宮了，還是趕緊練功吧！於是他又緩緩的翻開第三頁，又是八個大字：「即使自宮，未必成功。」當場東方不敗又再暈死了過去。

過了幾天，東方不敗又醒了過來，他憤憤不平的往下翻，已經接近崩潰邊緣的東方不敗在翻到第四頁時，他看到結論：「若要成功，不要自宮。」東方不敗這時又暈了過去。

不久東方不敗又醒了過來，但心裡想：不行！我要把最後一頁也看完，那是我最後的希望。於是他翻到最後一頁，定

晴一看，竟也有八個大字，上面寫著：「如已自宮，就快進宮。」東方不敗這時噴了一堆血，又見旁邊還有幾行小字。

*作者：皇宮淨身房編審

*發行：宮廷編譯館發行

*出版時：歲次甲午年，正月十八

唉！這時東方不敗已經撐不住了，當下吐血身亡，一代梟雄就此拜拜。

天真幽默

此種反常幽默是Berger（1993）所說的天真（naive）幽默，透過天真兒童反常卻言之成理的思想與言行來產生笑點。天真幽默常以孩童為主題，因孩童對特定文化的語言、人情與社會規範不夠熟悉，因此常在無心與善意的情況下語出驚人。例如：

鄉音濃重的國文老師為小學生朗讀一首題為〈臥春〉的陸游古詩，要大家聽寫在筆記本上：

〈臥春〉

暗梅幽聞花，臥枝傷恨底，遙聞臥似水，易透達春綠。岸似綠，岸似透綠，岸似透黛綠。

有一位小學生聽罷，筆記本裡這麼寫著：

〈我蠢〉

俺沒有文化，我智商很低，要問我是誰，一頭大蠢驢。俺是驢，俺是頭驢，俺是頭呆驢。

怪胎幽默

所謂怪胎（eccentricity），係指與我們出自相同文化，但思想言行卻與常人迥異，也就是異類。怪胎違反規定，不按牌理出牌，但其反常行為

又有某種道理可循。此外，除了思想言行反常，外表長得天賦異稟也可以製造怪胎幽默，例如世界最醜的狗，而自誇過度（braggadocio）也算一種怪胎，也就是自戀、自吹自捧到無以附加者，例如作家李敖自誇「李敖是全中國讀書最多的人」，也說中國近代史最偉大的文學家，「第一是李敖，第二是李敖，第三還是李敖」。

▐▐▐➡ 優越理論

　　最早由亞里斯多德（Aristotle）提出，並為喜劇下定義，指出喜劇是對「遜於常人者」（worse than the average）或是可笑者（ridiculous）的模仿與描寫。黑格爾（Hegel）指笑是一種「自覺聰明的自鳴得意心理」。一般來說，在團體溝通中以優越心理為基礎的常用幽默手法有四種：出糗幽默、急智幽默、嘲弄幽默與自嘲幽默。

　　優越理論（superiority theory）認為，幽默使人發笑是因為人對自己相對優勢權力的瞬間榮耀感（sudden glory），或是人們對他人及相關事物之非常態性的扭曲狀態之嘲笑或疑惑。歷史上的宮廷弄臣（court jesters）等等，就因為長相或是行為舉止怪異、笨拙或是動作滑稽，恰好明顯對比出王公貴族的權力與地位的優越性，使得弄臣和優伶言行舉止成為取笑的對象。此外，間接的或是想像的關係，也可產生優越性，例如我們透過媒體認識其他種族、性別、文化、語言、階級、性取向、外貌、智力、能力、年齡與品味等等，也會產生輕蔑、嘲笑。這類幽默中，經常在消費心智狀態異於常人者，或是年齡、性別、種族等刻板印象（周平，2005）。

出糗幽默

　　出糗幽默（embarrassment）是講述關於某人尷尬困窘經歷的幽默。出糗之後要設法脫困（escape），脫困的嘗試與障礙也可製造笑料。如

果希望從尷尬困窘中脫困，因此胡扯瞎掰、亂講一通，看起來也相當可笑。出糗最常見的類型之一就是洩底（exposure），不外乎自曝其短，或是原形畢露（unmasking）。例如：

有個滿身酒氣的醉漢上了公共汽車，一屁股就坐在一位神父旁邊。

醉漢的襯衫很髒，臉上還有女人的亮紅唇印，口袋裡放了個空酒瓶，他拿出報紙閱讀。過了一會兒，他問神父：「神父，得關節炎的原因是什麼？」

「這位先生，它是因為浪費生命、和妓女鬼混、酗酒，以及不自重所引起的。」神父如是說。

「噢，原來如此！」醉漢喃喃自語後繼續讀他的報紙。神父想了一下後，難為情的又向醉漢道歉說：

「對不起！我剛剛講話是不應該這麼直接的，你患關節炎有多久了？」

「不是我，神父，我只是在報紙上看到教皇得了關節炎。」

另一種常見的出糗類型為Berger（1993）所言之倒錯（mistake），意指某人自作聰明，但卻因為失算或是失誤造成得不償失的後果，是種弄巧成拙的幽默。例如：

蜘蛛和蜜蜂的父母幫他們倆決定了終身大事。

蜘蛛很不滿意地問媽媽：「為什麼要讓我娶蜜蜂？」

蜘蛛媽媽說：「蜜蜂是吵了一點，但人家好歹也是個空姐。」

蜘蛛說：「可是我比較喜歡蚊子耶！」

蜘蛛媽媽說：「不要再想那個護士了，打針都打不好，上次搞到媽水腫。」

蜜蜂也很不滿意地問媽媽：「為什麼要讓我嫁給蜘蛛呢？」

蜜蜂媽媽說：「蜘蛛是醜了一點，但人家好歹也是搞網路的。」

蜜蜂說：「可是人家比較愛螞蟻啊！」

蜜蜂媽媽說：「別再提那瘦巴巴的工頭，整天扛著貨東奔西跑，連台貨車都沒有。」

蜜蜂說：「那隔壁村的蒼蠅哥也不錯。」

蜜蜂媽媽說：「他是長得滿帥的，但也不能揀個挑糞的。」

急智幽默

急智幽默（wit）乃以團體成員的優越感為基礎，其與出糗幽默以尷尬困窘為笑點的出發點不同，差異在於急智幽默的笑點來自於某人面對尷尬困窘時的巧妙逃脫方法，是一種絕處逢生的幽默。此時團體成員感到好笑是因為對輸家——即尷尬本身與製造尷尬的人，以及認同急中生智者的智慧。例如：

愛因斯坦常常到處演講，於是請了位司機。他演講時，這司機很好學，都特地去聆聽。過了半年，有一天司機跟愛因斯坦說：「你講的那一套我都學會了。」

愛因斯坦大笑說：「我講的都是很專業的，你怎麼學得會？不然你說給我聽看看。」司機就從頭到尾講了一遍，而且講得很好。

愛因斯坦心想：「我這麼久才想出來的理論，你開了半年車就都學會了。」心下很不平衡，於是對司機說：「那好，改天請你穿我的衣服上台演講，我穿你的衣服在下面當司機，你敢不敢？」司機說：「好呀，試試看！」

　　有一天演講機會來了，司機就穿著愛因斯坦的衣服演講去，由於講得很好，台下聽眾一直鼓掌，然後有位觀眾舉手問了個非常深入且專業的問題。

　　愛因斯坦心想：「呵呵，這下子你要出糗了！」

　　沒想到司機說：「這個問題太簡單了，為了證明它有多簡單，我叫我的司機給你回答就好了。」

　　急智幽默還有兩種常見的類型：反唇相稽（repartee）是一種以牙還牙的幽默，基本元素是有一方先展開奚落譏諷，使另外一方陷入尷尬困窘的危機，而困窘一方則以機智巧妙應答回應。至於高手過招，則是在某主題下，笑話中的主角相互較勁，並由最後一位急智問答（笑點）而結束（Berger, 1993）。例如：

　　　　「媽咪，我已經十三歲了！」「我知道啊！」
　　　　「那我可以穿胸罩了嗎？」「不可以！」
　　　　「可是姊姊十三歲就開始穿胸罩了耶！」
　　　　「我說不可以就是不可以。」
　　　　「那麼我可以用衛生棉了嗎？」「不可以！」
　　　　「可是姊姊十三歲就開始用衛生棉了。」
　　　　「我說過，不可以……」「那我……」
　　　　媽媽無奈地說：「給我閉嘴！你這個笨兒子。」

嘲弄幽默

　　嘲弄幽默（ridicule）是優越理論中最常見的手法，在團體中通常以可笑的對象作為戲弄挪揄的對象。廣義來看，被嘲弄的對象不一定是他人，有時可以將矛頭對準自己。例如（台語笑話）：

　　　　阿伯腳扭到了，媳婦聽到後，馬上叫公公趕緊去看醫生。
　　　　阿伯看了醫生，護士給了一包藥說：「藥效十二小時。」

　　阿伯領了藥就坐在門口……

　　過了四個小時媳婦察覺不對勁，就趕緊跑到醫院，見了公公在那，哈……哈……哈……哈……一直哈哈笑……

　　就問公公在做啥？

　　阿伯生氣回答：「嘜吵，醫生說要笑十二小時，我才笑四個小時。」

自嘲幽默

　　如前所述，自嘲幽默（self-deprecating humor）乃是將嘲弄揶揄的對象轉為自己。作為拉近講者與聽者或是成員之間的距離，以促進團體之間的親和力。不過，自嘲幽默雖然有用，但運用時機必須適當，一來避免損害講者的專業形象，二來也要避免弄巧成拙。一般來說，嘲弄他人時，經常希望他人的可笑行為是全面性、長期性的；可是自嘲時，希望自己的可笑行為是片面的、短暫的，且與專業無關（游梓翔，2000）。

　　還有一種特殊的自嘲幽默：「故意洩底」，將自己不太嚴重或是無傷大雅的缺點或是壞心眼展露出來，也可搏君一笑。此觀念類似於心理學中「仰巴腳效應」（pratfall effect），亦可稱為「出醜效應」，係指精明的人在不經心中犯點小錯，不僅瑕不掩瑜，反而更使人覺得他具有和別人一樣會犯錯的缺點，這種缺點在精明的人身上，反而成為優點，讓人更加喜愛他（張春興，1991：591）。例如：

　　一天，林肯和他的兒子乘車上街，街口被路過的軍隊堵塞了。

　　林肯問一位街民：「這是什麼？」他的意思是問哪個部隊。

　　街民以為他不認識軍隊，答道：「這是聯邦軍隊，你真是他媽的大笨蛋！」

　　林肯說：「謝謝。」

　　他轉過身嚴肅地對兒子說：「有人在你面前說老實話，這是一種幸福。我的確是一個他媽的大笨蛋，怎麼能那樣問呢？」

▌▌▌➡ 記號理論

　　古希臘語藝學者（rhetoricians）西塞羅與昆蒂連恩曾提出笑點的主要來源之一，是拿人類語言符號的模糊（ambiguity）特性開玩笑，此觀點稱為幽默的記號理論（semiotic theory）。團體溝通中常見的手法包括：一語雙關、誤會曲解、言外幽默與戲語幽默。

一語雙關

　　西塞羅與昆蒂連恩都指幽默一部分來自於情緒的創發（invention），而好的情緒創發來自於文字遊戲。文字遊戲就是在講者與聽眾之間玩的一場文字遊戲，例如團體成員在溝通過程中使用方言、流行語，以扭曲文字轉變意義。

　　再者，利用文字誤用（malapropisms），刻意誤用發音相似而意義不同的詞語與比喻，也可形成雙關語（puns）、俏皮語、歇後語等幽默形式。換言之，因為語言的模糊特色，使得一個語言符號同時代表多種意義，幽默的講者便經常利用語言符號意義的模糊特性來幽語言符號一默，便是一語雙關。

　　其次，類似的觀念尚有「斯本內現象」（spoonerism），係指字音的無意義互換現象，即一音多義，可稱為「諧音相關」。在英文中如gold card音近cold guard、cool音近酷、spoiled brats音近boiled sprats，中文如「毀」（誨）人不倦、以身作「賊」（則）、少年得「痣」（痔）、我是「叫獸」（教授）（關紹基，1993）、「讀」（毒）上癮等等。若是一詞多義而造成雙關，則稱為「詞義雙關」，例如小孩吵鬧，媽媽警告

晚上要請他吃「竹筍炒肉絲」，小心點；最後，如果是一句多義而造成雙關，稱為「句義雙關」。「句義雙關」與「詞義雙關」合稱「諧義雙關」。例如唐朝詩人杜牧〈贈別〉詩：「多情卻似總無情，唯覺樽前笑不成。蠟燭有心還惜別，替人垂淚到天明。」前半段講人，平實平淡；後半段講物，託物言情。「託物言情」係說蠟燭「有心」，也兼指人的「有心」；蠟燭「垂淚」兼指人的「垂淚」。如此，一詞一句，或是一段文字，兼含兩種意義，便是「諧義雙關」。

誤會曲解

溝通中玩笑式幽默的第二種手法為誤會曲解（misunderstanding），係透過語言的模糊性，來造成意義理解上的誤會，說東其實道西。團體溝通中誤會曲解之所以幽默好笑，也與誤會造成窘迫與尷尬有關。例如：

> 有一馬戲團經常巡迴各地演出，有位團員是個「大力士」，拿手絕活就是「單手榨乾柳丁」。大力士把柳丁榨乾後，對觀眾宣布，誰能用一手之力，再擠出一滴柳丁汁來，就可獲5萬元獎金。
>
> 有位中年婦人自告奮勇要試它一試。她接過已擠榨得差不多的柳丁，用力一擠，哇！竟然擠出五、六滴柳丁汁。
>
> 大力士一看，嚇一大跳，謙卑地請教婦人：「請問您在哪兒高就？」
>
> 婦人掩著嘴笑說：「呵！我在國稅局上班啦！」

言外幽默

遊戲語言也可採用言外幽默（double talk）的形式，即話中有話、意在言外。在表面意思之外，也傳送出弦外之音。言外幽默最常見的方式為反話正說（irony），也作反語，或是反諷，指說話或撰文時用一種帶有諷刺意味的語氣或寫作技巧，從字面上不能瞭解其真正要表達的事物，而

事實上其原本的意義正好是字面上所能理解的意涵的相反，因此需要透過上下文或是當時情境脈絡來瞭解其真正的意義。在團體溝通中，透過反諷方式諷刺競爭團體，或是嘲諷政治、社會現象，可以舒緩壓力或凝聚團體共識。例如2012年中國某機構召開記者會公布「活熊取膽汁」過程，並宣稱過程中熊很舒服，保育團體乃建議當事人也取一下膽汁，一起舒服，便是反語。

再者，與反諷相近的還有幽默定義（humorous definition），以字典的「名詞加解釋」形式來搭配含有諷刺意味的定義內容，例如：「哲學：以你看不懂的語言解釋一些你不需要瞭解的事。」「可憐：可憐之人，必有可惡之處。」

戲語幽默

另一組常見的幽默手法為戲語幽默，或稱為語言遊戲（wordplay），具體的做法包括語言模仿、舊語新解、幽默創作、幽默比喻與語言誇張。

首先，就語言模仿（parody）言，就是漢語中的仿擬，透過仿冒他人的名言或是流行語言來開語言的玩笑。一般來說，模仿對象通常彼此不相干，除誇大、扭曲原作之外，並保留部分原作的本質。亞里斯多德認為，語言模仿使人愉快不是因為模仿對象本身給人快感，而是欣賞者經過推論辨認出「這就是那件事物」後所產生的快感（羅念生譯，1991）。另外，把知名人士漫畫化，也是模仿的一種。例如政治模仿反串節目《全民大悶鍋》，就是扮演台灣政治社會事件中的主要人物，並模擬當天「最悶」的人、事、物前來說說心聲、消憂解悶；再者如企業團體等尾牙餘興表演節目，員工喜反串公司管理階層，也帶來許多「笑」果。

其次，就舊語新解（bizarre interpretations）言，係將原本屬於另一個語境的語言，用在迥異的語境之下。典型的做法是利用語言「諧義相關」的特性，將語言胡亂使用。例如：

有位和尚私藏一甕好酒，前些天出遠門，多日來都擔心徒弟偷喝酒。因此，一回來，馬上就去抱抱酒甕，卻發現好像輕了許多，於是找來徒弟。

師父說：「好久不見！」徒弟說：「阿彌陀佛！」

師父說：「善哉善哉！」徒弟說：「我佛慈悲。」

師父說：「接引極樂。」徒弟說：「罪過罪過！」

正解～～

師父說：「好酒不見？」徒弟說：「我沒偷喝。」

師父說：「誰知、誰知？」（台語）徒弟說：「我喝四杯。」

師父說：「戒癮即樂。」徒弟說：「醉過醉過！」

第三為幽默創作（humorous production），包括幽默詩作（如打油詩）、幽默組字、幽默拆字等。以打油詩為例，例如「錢多事少離家近，位高權重責任輕，睡覺睡到自然醒，領錢領到手抽筋」。另外，為趣味兒歌（infantilism）的打油詩，這類幽默創作在意的是押韻，因此文字意義與對仗工整不甚重要，純粹是一種聲音的遊戲。例如台語歌謠〈點仔膠〉：「點仔膠，黏著腳，叫阿爸，買豬腳，豬腳塊仔，滾爛爛，飫鬼囝仔流嘴涎。」

第四為幽默比喻（humorous metaphors），將不能相互類比的事物拿來做比較。這是一種反常的比喻使用，但在某種程度上卻能夠言之成理。例如：

甲女：我上次暗示男朋友說，女人喜歡能長久保存東西。結果第二天我就得到一枚鑽戒，妳也可以對男朋友如法炮製一般呀！

乙女：這法子我早用過了，結果第二天收到一包防腐劑。

最後為語言誇張（hyperbole），即修辭學中的誇張法，又稱為「吹

破牛皮」（tall tales），其方法是將事物的大小、數量、程度或特徵予以擴大或縮小，以增進語言的生動效果。如果以玩笑語言、誇張的態度來強調事物的形象通常可以製造笑料。例如那個人的臉好扁，好像被車輪壓過一樣；一年換二十四個頭家（台語）；我餓得可以吃下一頭牛；宋代蘇軾云：「蝸角虛名，蠅頭微利，算來著甚乾忙。」

➡ 黃黑理論

黃黑理論，也稱作釋放理論（relief theory），指黃色與黑色幽默。這個理論主要根據心理學家佛洛依德的本能論（instinct theory）。他在《玩笑及其與潛意識的關係》（*Joke and Their Relation to the Unconscious*, 1905）中指出，人無法直接表達攻擊（aggression）和性（sexuality）衝動，因為暴力與性都是社會所禁止的，如此一來，幽默便是用來解放與宣洩人類被壓抑的性與暴力慾望。另外，社會中的禁忌（taboo），不能公開呈現的行為等，透過幽默也可使人們從社會規範的枷鎖中解脫出來，使身心靈從緊張壓力的狀態下，回復到平衡且穩定的舒服狀態。

如果我們仔細檢視幽默或笑話，一定可以發現其不是在傷害或嘲笑他人，就是充滿了性意涵、性暗示。佛洛依德指出，一個人對於所聽到的猥褻笑話發笑，就如同觀看一次性攻擊行動，因此以性為題材的幽默，提供了性慾的釋放管道。

黃色幽默

性幽默（sexual humor），就是俗稱的黃色笑話，以男女性行為或性器官作為幽默的對象，雖然頗受爭議，但卻占有重要地位。不過在團體中講黃色笑話，宜注意是否得體？是否引起反感？是否有失身分？是否不合場合？等等。例如：

先生幫太太買內衣，因從沒幫過太太買過，不知要買哪種

size的。店員也弄不明白，只好拿水果來形容。

　　店員：木瓜？先生：No！No！

　　店員：蘋果？先生：不！不！不！

　　店員：蓮霧？先生：再小一點！

　　店員：雞蛋？先生很高興地說：對！對！對！

　　店員瞭解後轉身去拿內衣時，先生突然大叫：小姐等一下！是煎過的。

黑色幽默

　　帶有攻擊性質的幽默通常稱為諷刺幽默（sarcasm），有人稱之為「黑色幽默」。諷刺常與反諷混淆，反諷是正話反說，諷刺是用於暴露對象的缺點和可笑之處，常採用誇張等方法，並產生幽默的效果。黑色幽默敢於拿禁忌來開玩笑，而且是辛辣的、挖苦的，禁忌愈大，黑色幽默的笑話威力就愈大。

　　諷刺幽默不僅使得團體成員將諷刺者的諷刺訊息完整解讀出來，也帶出講者的社會價值觀。例如：「某個被判絞刑的犯人，在臨上絞架前，指著絞刑架故作輕鬆地詢問劊子手：『你肯定這玩意兒結實？』」通常「黑色幽默」又被稱為「絞刑架下的幽默」。再者如關於愛情的黑色幽默：「男人的習慣是，說『我要你』時生猛有勁；講『我愛你』時有氣無力。」「所謂外遇，就是有了愛情和麵包之後，還想吃蛋糕的心情。」

　　當諷刺幽默成為一種文學或是藝術類型時，通常稱為挖苦幽默（satire）。從事挖苦幽默創作的人，嘗試以幽默手法對公眾人物與政治議題提出批判。如2008年美國總統大選，民主黨總統候選人歐巴馬（B. H. Obama），說共和黨副總統候選人培林（S. Palin）是掩飾總統候選人馬侃（J. McCain）「豬」政策的口紅，將其形容成「幫豬搽口紅」（lipstick on a pig）（豬搽口紅還是豬，意指做表面工夫，以達到吸引人的目的）。

　　黃黑理論，尤其是黃色幽默部分，其實不可化約為發洩被壓抑的性慾。從社會學角度來看，團體成員的許多慾望並非來自於本能的反應，而是社會文化與語言逐漸構成的結構，並植入到我們的身心狀態之中，因此許多慾望是來自於社會的建構。當成員以直接方式表達性議題會產生尷尬時，透過幽默的方式表達，既可傳達心中所想，亦能避免困窘，更會引發一定的笑果（周平，2005）。

觀念應用　笑亦有道──話說相聲

　　相聲，是說唱藝術的一種，是一種語言的藝術，也是一種中國曲藝表演藝術。相聲一詞，古作像生，原指模擬別人的言行，後發展為象聲。象聲又稱隔壁象聲，起源於華北地區的民間說唱曲藝，在明朝即已盛行。經清朝時期的發展直至民國初年，象聲逐漸從一個人摹擬口技發展成為單口笑話，名稱也就隨之轉變為相聲。相聲後來逐步發展出許多類型，有單口相聲、對口相聲、群口相聲，詳如**表8-1**所示。其中，對口相聲的體例，傳統上分為五大類：一頭沉、子母哏、貫口活、倒口活、柳活，其中前兩者是以演員的比重作為分類依據，後三者則是強調相聲演員以某一項表演功力作為分類的依據。

表8-1　傳統相聲的種類

單口相聲	又稱單春，一個人的表演。一人演出，類似說書，最大差別在於說書不一定要有哏（即包袱，又稱「哏」，即「笑點」）。
對口相聲	又稱雙春，由逗、捧兩人合作的相聲表演，是相聲的最主要形式，因此一表演模式最為簡練，效果最佳。主述者稱為「逗哏」，幫腔者稱為「捧哏」。依捧、逗分量不同，又可分為「一頭沉」和「子母哏」。一頭沉以逗哏為主，捧哏為輔。子母哏則二人等量，多半為爭辯的形式。
群口相聲	由三人或三人以上演出，三人之間必須要有好默契。

　　再者，傳統相聲結構分為四個部分：「墊話」（開場白）、「瓢把」（轉折過渡之用）、「正活」（表演主要部分，由數個段落組成），以及「攢底」（結尾）。表演中，幫腔的捧哏主要有嗯、哎、哦、啊、嘿、嗻六字的運用，詳如**表8-2**所示。

表8-2　捧哏的「六字箴言」

字	語音	表達意思	同義詞語
嗯	平聲 短音	聽到了 同意	是、好
哎	去聲 長音	深表贊成	對、有、沒錯 是吧
哦	揚聲 短音	小小的懷疑	是嗎、行嗎 什麼、不成
啊	喉音揚聲 長音	大懷疑 不同意	不會吧、不好吧 別別別
嘿	假音平聲 長音	新奇	多新鮮哪 您聽聽、好嘛
嘻	假音去聲 特長音	大反對 太怪了	沒聽說過 別挨罵了、去你的

　　以「相聲瓦舍」對口相聲作品〈歪批《三國》〉為例，逗哏說《三國演義》所以稱為「三」國，係因其中有關「三」的喬段或文字忒多。

甲：拿過來《三國》您看，頭本第一回那個目錄裡頭就有個三字。

乙：有什麼？

甲：「宴桃園豪傑三結義」，有三沒有？

乙：有啊！還有什麼？

甲：最後一回：「降孫皓三分統一歸」，有三沒有？

乙：就兩上三呀？

甲：還有那：「虎牢關三戰呂布」、「屯土山關公約三事」、「劉玄德三顧茅廬」、「逃公祖三讓徐州」、「荊州城公子三求計」、「袁曹各起馬步三軍」、「三江口曹操折兵」、「定三分隆中決策」、「三江口周瑜縱火」、「諸葛亮智取三城」、「三氣周瑜」、「三擒孟獲」……

乙：七擒孟獲。

甲：三擒！

乙：怎麼是三擒啦？

甲：先有三擒，然後才有七擒，你得經過三擒，才能到達七擒，不能由二擒就蹦到四上去！

乙：噢，這麼個三擒哪！還有什麼？

甲：三出祁山！

乙：六出祁山！

甲：二三如六。

乙：小九九哇！

甲：三伐中原。

乙：唉，九伐中原！

甲：三三見九【與乙同時說】。

乙：三三見九，我就知道嘛！

甲：這是明三，《三國》裡還有暗三。

乙：什麼叫暗三？

甲：《三國》裡有三妻、三不明、三不知去向、三頭驢、三張斷三橋，文官三醜、武將三傻、三個不知道，還有三個做小買賣的。

再以「相聲瓦舍」2001年首演的劇作《東廠僅一位・段子一・十八層公寓》中的一段為例，略說「攢底」的使用：

馮翊綱：從前，我看見年輕的媽媽推著嬰兒車下樓梯，我不幫她。菜市場看見老太太提著兩大籃子菜，我不幫她。外國人站在馬路邊，滿頭大汗，看地圖，我不幫他。

宋少卿：你當時在忙什麼？你不幫她？

馮翊綱：在電梯裡聞到有人抽菸，我隱忍不說話。我要坐電梯，不等別人先出來，就擠進去。我要坐捷運，不等別人先出來，就擠進去。我要下飛機，不等飛機停好，就先擠出去。

宋少卿：【自語】你這塊頭還不好擠哩！

馮翊綱：開車，等紅燈，變綠燈了，別人起步太慢，我按他喇叭。養鱷魚，長太大，不可愛了，把牠甩到公園水池裡面去。到動物園看小企鵝，牠不過來，我拍牠玻璃。買東西，店員多找了錢，我悶聲不吭的收進口袋去。到夜市買盜版CD，掏出一張一千塊錢的偽鈔，買它兩張，還能換回幾百塊的真鈔！

宋少卿：悲哀！

馮翊綱：感覺悲哀。

宋少卿：感覺悲哀的悲哀。

馮翊綱：感覺不到悲哀的悲哀。

宋少卿：非常悲哀。

　　這個段子在於說明人與人之間的疏離與冷漠。透過對日常生活許多小細節的描述，成功將聽眾帶入所欲傳達的主題之中，也促使聽眾思考正常的人際關係應該為何？因此，相聲中「攢底」的功能，通常在於將觀眾帶入思考之中，思考相聲說說笑笑中所欲傳達的核心主題。

　　最後，優秀的相聲表演者表演時必須融合「說、學、逗、唱」四種要訣。說，是指運用語言、表情、動作姿態來傳達相聲的內容；學，是指模仿，除了口音和聲音的模仿，還有人物、動作、形體、情感等的模仿；逗，是在逗趣中傳達幽默的特質，也是相聲受到歡迎的原因之一；唱，則是唱歌、唱戲曲，更重要的是在表演時，表現出肢體和語言的旋律和節奏性。

　　再者，戲劇中具有相聲元素者可為之「相聲劇」，表演工作坊推出《那一夜，我們說相聲》（1985年首演）為台灣開啟「相聲劇」的流行，間接也促進傳統民俗技藝相聲的復甦與存續。其所以讓相聲獲得大眾青睞的主因則有：(1)內容上的喜劇性；(2)傳統與現代兼具；

(3)內容扣連當時的社會情境與社會人心等等。綜言之，相聲好笑，在某些方面也與幽默的特性具有異曲同工之妙，例如喜感、貼近社會情境等等。

在團體生活中，許多成員通常具有相聲表演者擁有的說、學、逗、唱本領，常常成為團體中的開心果。想一想，你所屬的團體中，誰具有相聲演員的特質或本領呢？他們又為團體生活帶來哪些好處或壞處呢？

參考資料：資料庫《中國大百科智慧藏》；You Tube；「相聲瓦舍」作品。

課外活動練習

8-1 小丑的幽默

一、活動目的：將生活中的覺察轉換為幽默感。

二、活動說明：

　　1.請你回想一下，馬戲團中的小丑有些什麼特點？在馬戲團中的小丑主要是扮演何種角色？

　　2.在生活之中，如果遇到的尷尬或者是僵持的情境，小丑會怎麼做來逗大家開心？

　　3.練習小丑「上身」情況，並以幽默來化解尷尬情境。

三、活動人數：30人。

四、活動時間：60分鐘。

　　1.分享尷尬經驗：20分鐘。

　　2.演練：20分鐘。

　　3.團體討論：20分鐘。

五、所需器材：活動空間。

六、活動程序：

　　1.所有人均分享自己曾經遇到的尷尬情境，至少三件。

　　2.5人一組，一人扮演小丑，其他人配合情境演出。

　　3.各小組選定一件尷尬情境，扮演小丑者，自行揣摩幽默的方式並實際演出，其他小組成員配合扮演情境中的其他人。

　　4.小組成員輪流扮演小丑，試著用小丑的逗趣、幽默化解尷尬情境僵局。

　　5.演練完回到大團體分享練習中的發現與感受，可分享自己在角色扮演之前，對設定的尷尬情境有些什麼看法？在自己扮演、觀看別人的扮演之後，對設定的尷尬情境又有哪些不同的看法？

8-2 公投幽默巨星

一、活動目的：找出幽默大師。

二、活動說明：

　　1.他山之石可以攻錯，想想看你身邊是否有這麼一位幽默又風趣的人，你知道他幽默又風趣的原因嗎？

　　2.找出所有成員認可的幽默感是什麼？

三、活動人數：不拘。

四、活動時間：20分鐘。

　　1.分發紙張：3分鐘。

　　2.思考填寫：5分鐘。

　　3.開票統計：12分鐘。

五、所需器材：便條紙。

六、活動程序：

　　1.發五張便條紙給每位學生。

　　2.於3分鐘內，請所有學生寫下五位最有幽默感的人。每張便條紙寫下一位，並簡要註記判斷其有幽默感的原因。

　　3.3分鐘之後，收集便條紙並開票。

　　4.開票除了記錄大家公投最有幽默感的人之外，同時統計記錄具有幽默感的原因。

七、活動變化：進行本活動練習前，可以先請學生由YouTube或土豆網等網路媒體找尋自己認為風趣幽默的人物以及相關短片，寄給班上學生賞析，以利後續投票。

關鍵詞彙

幽默	笑話	偽裝	幽默理論
工作型團體	娛樂	告知說服	反常理論
優越理論	記號理論	黃黑理論	不協調理論
釋放理論	笑點	意外	巧合幽默
逆轉幽默	天真幽默	怪胎幽默	刻板幽默
自誇過度	出糗幽默	洩底	倒錯
急智幽默	反唇相稽	高手過招	嘲弄幽默
自嘲幽默	出醜效應／仰巴腳效應	一語雙關	斯本內現象
詞義雙關	句義雙關	諧義雙關	誤會曲解
言外幽默	反諷	幽默定義	戲語幽默
語言遊戲	語言模仿	舊語新解	幽默創作
趣味兒歌	打油詩	幽默比喻	語言誇張
黃色幽默	黑色幽默	諷刺幽默	挖苦幽默

課後動動腦

1. 幽默的定義眾多紛雜，請問你偏好哪一個定義？為什麼？

2. 解釋幽默所以好笑的理論眾多，請問你認為哪一個最具解釋力？為什麼？

3. 上完本章後，請你先準備十分鐘，然後上台嘗試向台下的成員講一個笑話。

4. 請你思考一下腦海中印象最深刻且為大家所熟知的人物，然後模仿他／她的言行舉止，看看有何笑果？

5. （續上題）再請模仿一位音色特別且為大家熟知的人物，看看有何笑果？

Chapter *9*

團體決策與問題解決

學 習 目 標

- 認識團體決策的方法、問題與類型
- 瞭解結構的問題解決方法
- 瞭解創意的問題解決方法
- 認識解決問題面臨的現實問題

「蛙池」寓言

很久很久以前，有個小池塘名叫「蛙池」，小青蛙蛙吉和牠的朋友住在這裡。當地球環境發生變化的時候，蛙池也無法倖免於難，小池塘裡的水溫也一點一點地變熱了起來。然而，蛙吉和牠的朋友還是無憂無慮的浸泡在讓牠們感覺舒適的溫暖池水中。

池塘裡的水溫日漸升高，可是，牠們卻一點也沒有發現。某日，當牠們的臉都變得紅通通，腦袋也感到昏沉沉時，大家才發現小池塘不對勁，而蛙吉率先注意到池水的溫度升高了。「再這麼下去，大家會變成煮熟的青蛙。」於是蛙吉開始和大家討論如何處理這棘手的局面。

為了活下去，應該「離開池塘」呢？還是繼續「留在池塘」？如果是前者，離開池塘，就會變成脫水青蛙；如果是後者，留在池塘裡，就會變成煮熟的青蛙。大家討論了半天，結果分成兩派，激烈爭吵著是要「離開池塘」呢？還是「留在池塘裡」？

由於大夥火氣都很大，討論的現場也愈來愈火爆，加上池塘不斷冒出煙來，使得四周霧氣瀰漫。就在此時，在瀰漫霧氣的小池塘中，有一群問題解決團隊──青蛙戰隊出現了！

戰隊裡的藍蛙戰士張口說話：「大家對立的問題其實很清楚，一派是『不想變成脫水的青蛙』，一派是『不想變成煮熟的青蛙』，這兩種主張的共同目標都是『活下去』。」因此，他建議與其讓雙方浪費時間在衝突與對立，還不如集思廣益，提出各種可行的解決方案。經過熱烈的討論後，大夥決定採取「將冰冷的河水引入池塘」的解決方案。

可是，有一部分的青蛙還是反對：「我們還不是撐到現在了，就維持現況不是很好嗎？要改變的話很辛苦耶！」牠們口口聲聲這麼說。蛙吉對牠們的毫無危機感，感到愕然。

「輪到我出場了！」橘蛙戰士大聲呼喊：「讓我來說明問題的真實情況。」牠說池水溫度不斷攀升的原因，是因為池底不斷冒出的氣體加速溫度上升。如果置之不理，水溫上升的速度將遠比我們想像的來得快速，甚至達到沸騰的程度。大家一聽，豁然開朗，道：「唉呀！看來不改變不行了。」話雖如

此，未來的情況真的能好轉嗎？蛙吉內心並不確定。

　　粉紅戰士緊接著現身道：「我可以預見池塘引入河水後，『池水溫度升高』、『變成脫水青蛙』、『變成煮熟青蛙』的負面效應，將轉換為『溫度不再上升』、『不會脫水』、『不被煮熟』的正面結果。」大家聽後，知道可預見到光明的未來，心中的勇氣隨之湧現。

　　緊接著，蛙吉與同伴合力設計引水河道並奮力開鑿，不久之後，蛙池有了新注入的河水，水溫立降，成為適合蛙居的天堂。現在蛙吉和牠的朋友每天都過著幸福快樂的生活。

　　這個青蛙寓言在說明團體中從問題發生、察覺問題、討論問題、團體衝突與抵制、衝突化解、團體決策，到實際執行以解決問題的過程，與人類社會團體問題的發生與解決歷程相仿。不妨想想，你所處團體的問題解決過程，與蛙吉有何不同呢？

參考資料：張凌虛、鄭筱蘭譯（2009），岸良裕司著。《問題不能拆開來看》。
　　　　　台北：時報文化。

摘要

　　凡團體的成立均有其宗旨、目標等等，但通往目標的道路經常布滿荊棘，團體成員得披荊斬棘才能達成目標。在努力過程中，團體的決策與問題解決的能力便非常重要。本章分為三個部分，說明討論團體的決策與問題解決。

　　第一部分為團體決策的方法與問題。首先說明團體決策與問題解決的定義以及差異，接著說明團體進行決策的方法有投票表決、尋求共識、專業原則等等，並闡述團體決策過程中可能面臨的問題，以及決策風格對團體可能產生的影響。

　　第二部分為團體決策的模式。本文介紹多種實用的團體決策模式，包括：問題解決程序模式的五個階段；結構型問題解決，此模式尚且包括三種架構完整且較為實用的問題解決程序，即標準程序、功能性觀點與單一問題形式。

　　至於第三部為創意型問題解決，說明創意是團體面對當前不斷推陳出新的各種團體問題的重要方法。本文除了定義與介紹創意為何之外，更介紹廣告大師James Webb Young、奧美廣告公司等等的創意發想方法。作者最後介紹了三種團體決策與問題解決程序，可以賦予團體更高的創意與智慧，分別為腦力激盪法、名目團體技術與縮減選項技術。

To be or not to be...... That is the question

宋江大醉，叫取紙筆來，一時乘著酒興，作〈滿江紅〉一詞。寫畢，令樂和單唱這首詞，道是：「喜遇重陽，更佳釀今朝新熟。見碧水丹山，黃蘆苦竹。頭上盡教添白髮，鬢邊不可無黃菊。願樽前長敘弟兄情，如金玉。統豺虎，禦邊幅；號令明，軍威肅。中心願，平虜保民安國。日月常懸忠烈膽，風塵障卻奸邪目。望天王降詔早招安，心方足。」

樂和唱這個詞，正唱到「望天王降詔早招安」，只見武松叫道：「今日也要招安，明日也要招安去，冷了弟兄們的心！」黑旋風便睜圓怪眼，大叫道：「招安，招安，招甚鳥安！」只一腳，把桌子踢起，顛做粉碎。宋江大喝道：「這黑廝怎敢如此無禮？左右與我推去，斬訖報來。」眾人都跪下告道：「這人酒後發狂，哥哥寬恕。」宋江答道：「眾賢弟請起，且把這廝監下。」眾人皆喜。

……便叫武松：「兄弟，你也是個曉事的人，我主張招安，要改邪歸正，為國家臣子，如何便冷了眾人的心？」魯智深便道：「只今滿朝文武，多是奸邪，蒙蔽聖聰，就比俺的直裰染做皂了，洗殺怎得乾淨？招安不濟事，便拜辭了，明日一個個各去尋趁罷。」宋江道：「眾弟兄聽說：今皇上至聖至明，只被奸臣閉塞，暫時昏昧，有日雲開見日，知我等替天行道，不擾良民，赦罪招安，同心報國，青史留名，有何不美？因此只願早早招安，別無他意。」眾皆稱謝不已。當日飲酒，終不暢懷。席散，各回本寨。有詩為證：「虎噬狼吞興已闌，偶攄心願欲招安。武松不解公明意，直要縱橫振羽翰。」

～〈忠義堂石碣受天文　梁山泊英雄排座次〉，《水滸傳》第71回

團體決策的方法與問題

這一回《水滸傳》中,梁山首領宋江又藉酒重提接受朝廷招安一事,招安一旦成功,梁山上一百零八英雄好漢就成了政府軍、正規軍,否則將繼續淪為賊寇,朝廷也將日夜通緝追剿,命運可是有天堂地獄之別。在這重大決策過程中,梁山上好漢支持反對者皆有,最後經過多方討論終於決定招安,梁山好漢於是一夕之間從賊寇變成官軍。只是,卻也被逼得要南征北討,最後傷亡慘重,客死他鄉,實非當日決策時所能逆料呀!

▮▮▶ 團體決策

在探討團體決策(group decision making)之前,有許多問題宜先自問,例如:你如何判斷決策的最佳時間點、地點?如何知道哪種氛圍下最適合做決策?團體決策要採取專斷獨行或是集體討論方式?只提一個方案或是多個方案供成員討論?需要尋求團體外的意見嗎?多數決定,還是透過凝聚共識來形成決議?由這些問題,不難理解團體決策有時並不容易,尤其面臨重大決策時,不免舉棋不定,就如同你我面臨個人的重大決策一般。

決策(decision making)與問題解決(problem solving)不同,如**表9-1**所示。Engleberg and Wynn(2010: 237)定義決策,係指在深思熟慮下通過或判斷爭議,以及達成結論的行動。團體決策會產生立場、意見、判斷與行動。不過,很多時候做了決策可能無法解決問題,例如陪審團(juries)判決有罪無罪未必還給當事人清白、閨家決定大學甄試備審資料未必就能保證上理想大學、面試新進員工未必就能改善公司用人的困境等等。管理學大師Peter Drucker(1967: 143)對於如何做有效決策,乃強調「決策是一種判斷;是多項方案中的選擇」。有效的決策者,並非先從「蒐集事實」著手,而是先從本人的「意見」(opinions)著手。

表9-1　決策與問題解決的差異

決策	一種判斷：團體選擇二擇一 • 有罪或無罪 • 錄用或不錄用 • 倒閉或繼續營業 • 告他或放他一馬	詢問何人、何事、何處與何時 • 應該邀請誰？ • 應該討論什麼？ • 何處開會？ • 何時開會？
問題解決	一種過程：團體發展出計畫 • 分析問題 • 發展出選項 • 辯論正反意見 • 選擇與執行解決辦法	詢問為何與如何 • 董事會詢問為何今年度的招生情況比預期的差？ • 董事會關心如何解決今年度招生不足的問題？

資料來源：Engleberg and Wynn（2010: 236）；作者。

　　至於問題解決則是更為複雜的概念，係指團體分析問題後發展出行動方案來解決問題或是降低傷害。例如近年來因少子化衝擊，許多大學皆面臨招生不足的困境，紛紛推出各種公關活動或宣傳廣告，或是祭出學雜費減免或是獎學金、小筆電，甚至iPad2等大禮，便是一種解決問題的行動方案。

　　陳國明、陳雪華（2005：153-154）指出，團體決策就是團體為達成特定目標，就兩個或兩個以上之方案選擇一個最適合的過程；問題解決則是指克服團體在達成目標的過程中出現的障礙。這兩個功能，影響團體運作的成敗興衰。團體進行決策，具有三種實質功能：

1.決策前可獲得最大的資訊量：資訊更充分，管道來源多，方能協助做出正確決策。再者，異質性團體（heterogeneous group）因為成員觀念多元，獲取資訊的管道亦較豐富；相對的，同質性團體（homogeneous group）因為觀念背景相似，則較容易獲取類似或重複的訊息。前者如教師協會、律師公會、會計師公會等專業團體，後者如臨時任務編組、特殊任務團體等等。

2.決策中可以校正個人偏誤：在團隊決策運作中，不同立場者盡力維

護個人觀點，形成觀念校正的機會，避免流於獨斷。

3. 團體決策讓成員分擔責任，凝聚共識：例如反核四團體，邀集支持者參與會議，決定抗議策略，此舉讓參與者有較高的參與感，較能形成共識，也讓活動較容易獲致實踐。

⮕ 決策的方法

團體決策的方法（decision-making methods）眾多，諸如舉手表決、多數決、達成共識，或者授權領導人或決策小組議決等等。

投票表決（voting）

投票表決是最簡單有效與最有效率的決策方法。可是投票是一種非輸即贏，或者說贏者全拿的方式。不過最容易決策的方式，未必會做出最好的決策，因其以數人頭方式做決策、票票等值，各種意見不論大小最後都化約成數字，容易忽略許多寶貴的意見。

投票定輸贏的方式通常採用多數決（majority vote），即過半數、超過51%者贏；有些決策茲事體大，為慎重其事，所設立的表決門檻相對高出許多。例如《中華民國憲法》規定總統、副總統彈劾案須經全體立法委員二分之一以上之提議，全體立法委員三分之二以上之決議；領土變更、修憲程序，須經立法委員四分之一提議，四分之三出席，出席委員四分之三決議。至於投票表決的運作時機有：(1)團體有時間壓力；(2)問題的爭議性不高；(3)團體規模太大，無法使用其他決策方法；(4)打破僵局的唯一辦法；(5)團體規定某些特定議題須經由表決決定。

尋求共識（consensus seeking）

在投票過程中，難免有「多數暴力」出現[1]，尤其是在同質性極高的

---

[1] 在我們的教育過程中，「少數服從多數，多數尊重少數」是一般人對民主基本的與直覺式的認識。不過，盲目相信多數、犧牲少數以完成任務，未必公允，此舉類似於以多欺少，辜負民主中票票等值同價的精神，更不免淹沒不同的聲音、多元的意見，故有「多數暴力」之語。

團體中，容易出現團體迷思（groupthink），容不下異類聲音。團體共識的達成需要所有成員同意支持某決定或行動。Wood（1992: 159）指出，所謂共識決定（consensus decision）係所有成員均加入決定的形式，或至少都願意接受這是達成一些共同目標的方法。共識達成之後，有助於團體的運作，並且避免破壞性的非輸即贏（win/lose vote）投票。不過對外部人而言，與之仍是有所隔閡。整體來說，共識形成的原則與策略，如**表9-2**所示。

專業原則（authority rule）

有時候團體透過內部或外部的個人或執行團體來進行最後的決策。換言之，團體會透過其他人或較大的團體來蒐集資訊以協助做決策。例如重大公共工程實施前，會邀集有關領域的專家、學者、官員等進行環境影響評估。不過，利用專業原則對團體也有諸多不利的影響。因為當外來的專業否定或翻轉團體的建議，易使團體士氣低落、憤恨不平，或對未來的工作意興闌珊，甚至認為自己不過是橡皮圖章。因此對於外來團體與個人運作宜掌握得當，否則有礙團體的發展。

表9-2　共識形成的原則與策略

原則	策略
仔細聆聽其他成員講話，思考他們提供的訊息與觀點	運作理性邏輯而非情緒 莫冥頑不靈或為個人立場爭吵不休
不要因為怕衝突或欲快速決策而妥協	當握有重要資訊時，莫放棄爭取 對你無法認同的決議，莫同意
避免容易達成結論的方法	避免使用丟銅板、多數決或條件交換
團體若陷入僵局，宜努力尋求大家均能接受的替代方案	確認成員不僅同意，而且願意認可最後的決策
邀集所有人參與討論	經常沉默寡言者，也可能握有影響決策的重要訊息或觀點
歡迎不同的聲音	牢記團體有異議不僅天生自然，更讓團體取得豐富的訊息與意見

資料來源：Engleberg and Wynn（2010: 239）；作者。

⫸ 決策的問題

在瞭解團體決策的方法後，決策的問題（decision-making question）是團體關心的下一個重點。進行決策時，發問的第一個問題（question）就是：什麼是「問題」（problem）？Adams and Galanes（2009: 220-221）指出，「問題」就是既存的事實與所期待或需求的有所差異。例如教師要求學生做期末報告須搭配簡報，無奈學生不會操作簡報軟體，那麼如何進行期末簡報就變成了問題。

問題通常由以下三個要素組成：(1)一個不要卻存在的局面（an undesirable existing situation）；(2)一個渴望的局面或目標（a desirable situation or goal）；(3)改變有阻礙（obstacles to change）。如此一來，問題解決就是盡其所能、用盡各種方法來改變既存情況（existing situation）以達成目標。解決問題過程包括：定義問題、定義或創造可能的解決方法，然後選擇之。至於決策，係從一個或更多選項中選擇的行為（act）。

Engleberg and Wynn（2010）指出以下列四個面向釐清問題，有助於決策或解決問題：

事實問題（questions of fact）

即對或錯、有無發生、有無外因引起等問題。例如進行媒體廣告時段購買的決策時，詢問幾個實際情況，如網路平台是否已成為消費者購物新天堂？網路媒體效果是否已經超越傳統媒體如報紙等？報紙媒體影響力是否逐漸式微？民眾訂報、閱報比率是否逐年下滑？等等。

推測問題（questions of conjecture）

詢問會不會發生問題等。例如每年開春，台股是否會開出慶祝行情？美股是否每年都會開出耶誕節慶祝行情？今年房地產「三二九檔

期」與「九二八檔期」交易是否會較平時熱絡？[2]等等。

價值問題（questions of value）

詢問是否有價值等問題。例如好或壞、對或錯、道德或不道德、是最好或普通或最差的。這類問題在詢問團體成員的態度、信念與價值，因此不易回答，經常是隨機應變、見招拆招。例如缺乏報紙發行量稽核組織 ABC（Audit Bureau of Circulations）[3]的發行量數據下，平面媒體購買決策可能依憑過去經驗或口碑來判斷《旺旺中時》、《聯合辦》哪一家廣告的效益為佳？

政策方針問題（questions of policy）

詢問如何說清楚等問題。例如如何改善客戶服務？我們要支持哪一組候選人？如何確認我們購買的媒體可以發揮最好的廣告效益？等等。

ⅢⅢ➡ 決策風格

團體為個體所構成，因此成員不同的決策風格（decision-making styles）也會影響團體的決策。事實上，每一種人都有其人格特質，而不同的人格特質就解釋了人與人之間互動行為不同的原因。

---

[2] 耶誕節因為預期交易會變得熱絡，美股表現通常較平時為佳，故稱耶誕節慶祝行情；「三二九檔期」、「九二八檔期」係配合民眾休假日而來。在實施週休二日前，民眾看房子只能選擇連續假期，一年之中有連續假期者，除了過年就是春假，以往春假有一星期，因此建商都利用三二九推出新建案，到了九二八推出建案則是配合十月以後較多的年假而來。

[3] 台灣報紙發行量長期以來不公開，發行份數多用「號稱」或「宣稱」，由於發行量影響報紙廣告版面的定價，因此不對外公布發行量（2003年《蘋果日報》率先公布發行量，《自由時報》於2007年加入，《聯合報》與《中國時報》尚未加入），將使得廣告主及代理商的權益受損。中華民國發行公信會追求報份公平、公正、公開，以促進廣告及經營之合理化，盼使平面媒體有公開的經營指標。參見http://www.abc.org.tw/m2-1.htm。

例如本書所提的「Myers-Briggs人格分類指標」（Myers-Briggs type indicator, MBTI），此一人格特質心理測驗量表，有助於我們瞭解自己屬於哪一種性格分類。舉例來說，MBTI四類八型的性格中，有一類以透過倚賴何種方式做決定，將人們分為思考型（thinkers）與感覺型（feelers），前者為工作導向的成員，慣以邏輯來決策；後者為人際導向的成員，習與人和諧相處，會為避免人際問題而妥協。團體中若有這兩種性格之人，則一搭一唱、一扮白臉一扮黑臉，相得益彰。

Scott and Bruce（1995）將決策風格劃分得更細緻，提出五種決策風格：

1.理性型決策者：優點為決策前使用大量資料與仔細地選擇，並使用邏輯推論來達成結論或判斷結果；缺點為花費太多時間於分析與推論。

2.直覺型決策者：以本能與感覺進行判斷，通常說不出個道理來，只是感覺對了。

3.依賴型決策者：尋求他人的忠告與意見，若意見未獲支持或遭反對則感到不舒服。

4.逃避型決策者：對於做決策感到不舒服。因此，不是對問題經常漠不關心，就是遲至最後一刻才做決定。

5.自發型決策者：決策衝動且快速，不過決策後常感後悔。

【團體溝通觀察站】

問題解決：預防勝於治療

• 魏文王問扁鵲

　　魏文王問名醫扁鵲：「你們家兄弟三人，都精於醫術，到底哪一位最好呢？」

扁鵲答 ：「長兄最好，仲兄次之，我最差。」

文王再問：「那麼為何你最出名呢？」

扁鵲答 ：「我長兄治病，治於病情發作之前。一般人因不知道他事先能剷除病灶，所以沒沒無聞；我仲兄治病，是治病於病情初起之時，一般人誤以為他只能治小病，所以名氣僅及於鄉里。我治病，是治病於嚴重之時，一般人都看到我在經脈上穿針管放血、在皮膚上敷藥等大手術，所以以為我醫術高明，名氣因此響遍全國。」

文王 ：「你說得好極了！」

● 因小失大

有一商人上午在市集賣完了貨品，賺得不少錢。他想在天黑前趕回家，便把錢箱捆在馬背上，急忙出發了。中午時分，到了一個小鎮休息，吃飽喝足後正想繼續趕路時，馬童牽出馬來對他說：「老爺，馬後腿的蹄鐵上須加顆釘子。」商人答說：「我急著趕路呢！這塊蹄鐵肯定能撐完最後六里路。」

傍晚時分，離家近了，來到一小店歇息，又叫人去餵馬。馬童對他說：「老爺，馬後腿上的一塊蹄鐵掉了，要不要我把它帶到附近鐵匠那去修補呢？」商人還是回絕。須臾上路回家，可是不久後，馬就開始一步一瘸的走，到最後甚至跟跟蹌蹌地跌倒在地，並折斷了腿，錢箱也順勢滑落山谷中。這位商人不但得扔下他的馬，還須摸黑步行回家。更可惜的是，辛苦攢的錢也就化為烏有了。

問題的解決，事後控制不如過程控制，過程控制不如事前控制。團隊領導者若未能深刻體認，待錯誤的決策造成了重大損失再尋求彌補，則亡羊補牢，為時已晚。

參考資料：網路。

團體決策的模式

協助團體有效解決問題的模式有許多種，以下介紹較為實用的決策程序。

▌▌▶ 問題解決程序模式（procedural model of problem solving, P-MOPS）

P-MOPS聚焦於功能性理論所會關注的團體基本工作。此模式奠基於杜威提出的「反省式思考模式」（reflective thinking model），它是英美教育學者主張批判思考的源頭，是一彈性架構，應用了我們迄今為止所習得的所有有效解決問題之原則，因此可以引導我們解決所有階段的問題。

Adams and Galanes（2009: 228-244）指出，此模式在提醒團體於解決問題之前，宜先透徹分析問題，並且應以批判性的角度思考問題的正面與負面結果。問題解決程序計有五階段：

描述與分析問題（describing and analyzing the problems）

在第一階段，團體成員關注通盤瞭解問題，須思考三個主要的問題元素：不滿意者何？渴求者何？阻礙者何？此一階段成員之間宜共享訊息與知識，且攸關決策效率，因此不能急就章。有六點注意事項：

1. 確實瞭解每個人負責的工作內容。
2. 以單一且清晰的方式說明問題。
3. 專注在欲討論解決的問題之上。
4. 徹頭徹尾說明問題。
5. 以P-MOPS勾勒問題與排定解決程序。
6. 摘要問題。例如討論○大100學年度大一新生有半數拒繳班費，則宜先描述分析不繳班費者的不滿為何？欲求為何？等等。

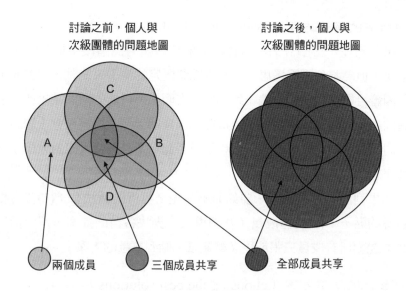

討論之前，個人與
次級團體的問題地圖

討論之後，個人與
次級團體的問題地圖

C

A   B

D

兩個成員   三個成員共享   全部成員共享

圖9-1　問題討論前後的地圖

資料來源：Adams and Galanes（2009: 229）；作者整理。

圖9-1說明問題在討論前後產生的差異。

產生與解釋可能的解決方案（generating and explaining possible solutions）

在第二階段，團體應該專注於有創意的發現與列出可能的問題解決辦法，而不是決定應該如何做。換言之，此階段不在於批判，而是解釋與澄清一些觀念。例如這是什麼意思？你可以說明此法為何可行嗎？等等。描述與解釋問題也有助於大家通盤瞭解一些觀點，甚至引發更棒的點子出來。例如再以前述班費繳交為例，可能的解決方案有：(1)廢除班費繳交規定；(2)繳交班費，但可由以下三方案中擇一：每個月分期付款以減輕負擔、四年繳清即可、畢業後一年內繳清等。

評估所有的解決方案（evaluating all solutions）

第三階段，必須評估所有提出的解決辦法。此階段中批判性思考尤為重要，但要避免團體迷思，並且以團體既定的標準來測試，一方面確定其與團體目標或先前的討論一致，另一方面思考可能的負面結果或是引發的新問題。例如有學生主張不繳班費，同窗四年無須舉辦聚會、聯誼等班級共同活動，如此雖可省錢，但也要思考此舉是否符合大家對大學生活的期待與想像。

如果列出的方案過多，要如何縮減呢？可行的做法有：(1)統合相似或重疊的點子；(2)全體成員（含領導人）表決各自的提案，選出前三名方案；(3)給所有成員三張或更多標籤紙，貼到喜歡的方案上。

選擇最佳的解決方案（choosing the best solutions）

第四階段，選擇最佳解決方案後即做出決策。做決策的方法有許多種，如前小節「團體決策的方法」所示。不過，縱使解決方案已經選出，在執行前仍可進行一些測試，以瞭解是否忽視一些可能的副作用。Adams and Galanes（2009: 240）提出RISK技術（Risk technique）來測試試驗性方案（tentative solution）。

RISK是設計來評估更改提案或新的政策會對參與的個人或團體產生何種負面影響的技術。舉例來說，想要瞭解實施大一新生入學後不須繳交班費的決策，可能產生哪些問題，便可採用此法事先知道會出哪些問題。總之，透過RISK技術或其他方法都有助於瞭解該辦法是否廣為成員所接受或不接受。RISK技術如圖9-2所示。

執行選定的方案（implementing the chosen solution）

問題解決的最後階段在於執行。執行階段宜先注意：(1)分工為何？以及決議如何執行？(2)如何撰寫與呈現報告？(3)在會員大會上如何表達我們的行動？誰會挺身而出支持我們？(4)後續繼續監控者何，以確保決議有效？

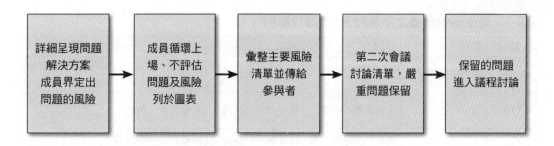

圖9-2　面對面會議中RISK技術的操作步驟

資料來源：Adams and Galanes（2009: 240）；作者整理。

　　Adams and Galanes（2009: 241）建議透過「計畫評估與檢覈技術」（program evaluation and review technique, PERT），來協助成員回溯複雜方案的執行程序。詳細來說，PERT技術是一套建議設計，對於複雜的計畫尤為有用。PERT透過圖表顯示各項工作的截止日期以及負責人，來確認工作進度與分工的執行狀況。其範例如**表9-3**所示。一般來說，主要有以下八個過程：

1.最後階段宜透過說明解決方案何時完成來決定。

2.最後目標產生前會發生的事件全部列出來。

3.依時間先後順序排列步驟。

4.複雜的步驟，以圖表呈現所有的階段與流程。

5.所有活動、物品、有關人員都列表呈現。

6.估算每一步驟所需的時間，然後全部加總起來。

7.比較估算的時間與預期的落差，並進行修正。

8.決定每一階段的負責人。

ⅢⅢ➡ 結構型問題解決（structured problem solving）

　　Marshall Scott Poole（1990: 73-74）定義結構型程序為團體工作的核

表9-3　學生團體計畫之簡易PERT表運用範例[4]

日期	黃蓉	郭靜	冰冰	麗香	全團體
4月8日	報告初賽觀察		報告初賽觀察		決定團體觀察變項
4月10日		初賽報告：衝突	初賽報告：領導	初賽報告：角色	討論初賽報告決定分析方法
4月15日		圖書館完成關於衝突的研究	圖書館完成關於領導的研究	圖書館完成關於角色的研究	
4月17日		8PM觀察團體	8PM觀察團體	準備好觀察資料SYMLOG調查	
4月22日		完成團體SYMLOG觀察	完成團體SYMLOG觀察		課後討論初賽觀察的發現
4月24日			8PM觀察團體	8PM觀察團體準備好錄音機	
4月29日					討論全部觀察聽帶子
5月1日		完成衝突初步草稿	完成領導初步草稿	完成角色初步草稿	
5月5日	開始彙編與打字	最後草稿：衝突介紹完成	最後草稿：領導結論完成	最後草稿：角色	看看他人部分做風格修改
5月9日	彙編與打字完成	衝突圖表給黃蓉	領導圖表給黃蓉	角色圖表給黃蓉	
5月10日	校對；製作副本			校對；製作副本	
5月11日	8PM給大家副本	5PM評估全部報告	5PM評估全部報告	製作課堂報告大圖	
5月12日		閱讀全部報告	閱讀全部報告	閱讀全部報告	7PM黃蓉家彩排
5月13日					課堂期末報告

資料來源：Adams and Galanes（2009: 243）；作者。

心，也是改善團隊工作品質最有力的工具，即便是簡單程序如排定簡單議程，都可增加會議的效率。花時間及精力好好計畫與規劃有結構的工作程序，具有以下四點好處：

---

[4] 表中SYMLOG（system for the multiple level observation of group）為觀察團體的多重層次系統，為哈佛社會心理者Bales於1979年提出，為觀察分析團體行為的架構。

1.平衡參與：例如平衡領導者與成員的參與時間等。

2.解決衝突：程序包含管理衝突、解決爭端、建立共識等規則。

3.組織化：程序確保團體成員不會略過或忽視主要討論事項。

4.團體賦權（empowerment）：程序提供控制感。

一般來說，並無所謂的最好結構型程序，端視團隊過去的經驗、習慣而定。以下介紹較為實用之三種架構完整的問題解決程序，包括標準程序（standard agenda）、功能性觀點（functional perspective），以及單一問題形式（single question format），如圖9-3所示。

標準程序

問題解決程序創立之父為美國哲學家與教育家約翰·杜威。1910年出版的《我們如何思維》（*How We Think*），描述理性者解決問題時的實踐步驟。這些步驟前述已提及，即「反省式思考程序」（reflective thinking process）。杜威的方法一開始便專注在對問題的瞭解（understanding），然後再系統性地思考可能的解決方案。標準程序法即仿造杜威的程序，如圖9-4所示。

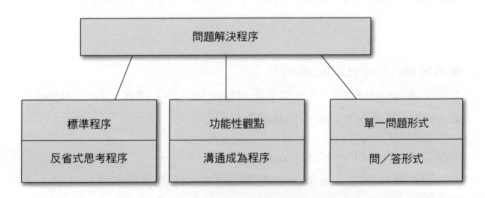

圖9-3　結構型的問題解決程序

資料來源：作者整理。

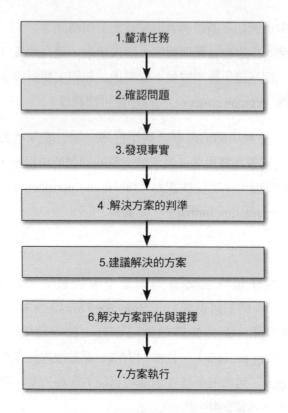

圖9-4　問題解決之標準程序

資料來源：Engleberg and Wynn（2010）；姜文閔譯（1992）；作者整理。

釐清任務（task clarification）

　　在此階段中，全部成員須徹底瞭解每個人的工作或任務，且成員必須詢問其在問題解決過程中扮演的角色與責任。

確認問題（problem identification）

　　若忽略此階段，團體工作將步入歧途。成員須針對問題找出共識點，亦即確認是事實、推測、價值，或是政策方針的問題。

發現事實（fact finding）

在此階段中，團體成員宜知悉真實情況為何？我們需要哪些額外的資訊或專家意見？問題有多嚴重？影響範圍有多大？引起問題的原因為何？解決問題的障礙為何？透過對事實的調查、因果關係的釐清、價值的判斷方能回答這些問題。

解決方案的判準（solution criteria）

判準是由團體建立，用以判斷解決方案是否滿足團體解決問題的需求。以下是一般可能的判準（Jarboe, 1996: 357-358）：(1)解決方案有效嗎？(2)我們擁有執行方案的籌碼嗎？例如資金、設備、人才等等；(3)我們有足夠的時間實踐執行方案嗎？(4)解決方案反映或確保我們的價值嗎？

建議解決的方案（solution suggestions）

深思熟慮之後，一些解決方案可能浮現，若再思考前面四個階段的建議，則可能會有更多的方法湧現。舉例來說，針對台灣各大學普遍經費不足的問題，可能的問題解決方案，如：調漲學雜費；尋找大企業贊助；動員校友捐獻；凍結不必要開支；避免不必要浪費，如水電、福利等；教職員遇缺不補、裁員、降級、減薪等；班級人數加倍；學生使用任何設施均須付費；遊說國家提供更多補助等等。有時好的問題解決方案有賴於團體的創意力。

解決方案評估與選擇（solution evaluation and selection）

此階段或許最為困難，爭議也最大。團體成員應對已經符合團體標準的一些方案反覆討論，過程中也可能出現不同意見，也可能因爭得面紅耳赤、氣氛火爆而令人感到疲憊與挫折。延續前例，與會教授認為學校職員冗員過多宜裁減，職員認為教授授課時數少但薪資過高宜減薪，因涉及雙方既得利益而僵持不下。不管如何，在此階段團體宜記住解決問題的標準，並以之來評估每個建議方案的優劣。

方案執行（solution implementation）

千辛萬苦做完方案選擇之後，最後方案執行的挑戰亦屬嚴峻。我們要問：應如何執行方案？由我們負責執行或是委請他人執行？一般來說，決策的時間雖長，但執行時間亦不遑多讓。延續前例，如果校方決議教職員人數皆維持現狀，但教職員遇缺皆不補，且遇有離職退休者，留下的任務平均分派給在職的教職員工；再假若校方決議由教職員工利用空暇時間募款，每人年度募款額度10萬元新台幣。不過，再好的方案若無法確實執行，也是畫餅充饑。

功能性觀點

亦可透過功能性觀點思考問題解決的程序。功能性觀點與標準程序

【團體溝通觀察站】

袋鼠和管理員

有一天，動物園管理員發現袋鼠從柵欄裡跑了出來，開會討論後一致認為是柵欄的高度過低。於是，他們將柵欄的高度加高一倍，達4公尺。沒想到，第二天袋鼠還是跑到外面來，於是又決定將高度加到6公尺。隔天袋鼠居然還是全跑到外面來，管理員大為緊張，決定一不做二不休，便將柵欄的高度一下子加到10公尺。

有天，長頸鹿和袋鼠在閒聊：「你看，這些人會不會再繼續加高你們的柵欄？」

「很難說。」袋鼠說：「如果他們再繼續忘記關門的話！」

團體中的成員難免犯了與管理員同樣的錯誤，也就是被問題的表象給迷惑，而未能洞察或掌握問題的核心，終究導致徒勞無功。

參考資料：網路。

相同之處，在於兩者均關注於理解問題及與問題相關議題之重要性，並發展出有效解決方案的判準，以作為問題解決的基礎。不過，功能性觀點尚有三個與標準程序不同的特點，即其專注於準備（preparation）、能力（competence）與溝通（communication）的功能（Gouran and Hirokawa, 1996）。

準備的功能

準備總在決策過程之前。團體必須擁有特定的條件才能做出良好的決策，因此成員事先的準備事項有：(1)同意做出最好的決策；(2)確認決策所需的資源；(3)承認決策與問題解決可能遇到阻礙；(4)具體化程序與成員遵守的規則。Hirokawa（1996: 108）強調，團體蒐集與保存豐富的資料是高品質決策的最重要決定性因素。

能力的功能

此功能比起標準程序關注於問題解決步驟來得更重要，係因成員準備討論問題之前，必須先說明五個基本的任務要求，這五個要求是功能論的組成要素，如**圖9-5**所示。**圖9-5**關切的不是步驟，而是是否確實完成每一階段的要求，箭號顯示這是一個可以反覆思考的步驟，相對也是較為有彈性的程序。

1. 瞭解問題（understand the issues）：即結合標準程序的步驟二與三，確認問題與發現事實。
2. 決定解決方案的判準（determine solution criteria）：此相似於標準程序中步驟四解決方案的判準。
3. 確認可能的解決方案（identify possible solutions）：此相似於步驟五建議解決的方案。
4. 反覆分析可能的解決方案（analyze the pros and cons of possible solutions）：此階段中成員已超越正反立場的辯論，針對特定選項討論，因此能判斷出每個解決方案的優劣。

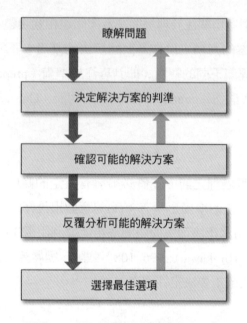

圖9-5　功能性觀點之問題解決方式

資料來源：作者整理。

5.選擇最佳選項（select the best options）：成員透過前述步驟對解決
　方案的理解與分析，較有自信選出最佳方案。

溝通的功能

　　強調成員批判性思維與溝通技術是成員得以反覆討論每個解決方案
的先決條件。以下四個溝通方法有助於有效決策：

1.成員充分準備、技巧嫻熟，且是批判性的思考者與有效率的溝通
　者。

2.成員使用「共識」作為判準項目，並評估可能的解決方案。

3.團體成員有幾分證據說幾分話，若有其他團體成員的異見，可增加
　團體產生良好解決方案的機會。

4.具領導技巧者創造相互支持的環境，並推動團體做出高品質的決定
（Hirokawa and Pace, 1983）。

單一問題形式

單一問題是指團體經歷下列五步驟之後形成的結果，並得出最後具
有共識的最佳選擇方案，如圖9-6所示。

確認問題（identifying the problem）

單一問題就是團體成員皆須瞭解的問題，以期由此達成團體具共識
的目標。例如：私校成員皆瞭解學校如何提升新生報到率的問題，以一起
規劃達成學校提升新生報到率三成的目標。

創造合作的環境（create a collaborative setting）

此一步驟經常在問題解決程序中缺席。此一階段列出成員願意（we
will）遵守的規範，例如：我願意聆聽所有觀點、詢問事實與意見、對事
不對人與擱置個人問題等等。

分析問題（analyze the issues）

主要討論：(1)為了讓團體回答問題，應該說明白爭議；(2)對每個
問題我們都有精確或相關的事實做依據；(3)給成員所有已廣為周知的訊

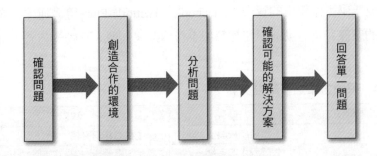

確認問題　→　創造合作的環境　→　分析問題　→　確認可能的解決方案　→　回答單一問題

圖9-6　單一問題形式的步驟

資料來源：作者整理。

息，例如什麼是最佳或是最合理的回應。此舉乃為避免團體在通盤瞭解問題之前遽下結論。此類似於「標準程序」第二與第三步驟與「功能性觀點」的第一步驟。

確認可能的解決方案（identify possible solutions）

在此步驟中，團體要從全部的解決方案中選出二到三個較可行者討論其優缺點，討論中容易激起激烈的討論或衝突，不過可以在列出各自的優缺點之後，權衡利害得失，再選出最佳的解決方案。「標準程序」與「功能性觀點」亦均有此步驟。例如前述學校經費短缺一例，最後決定減少專任師資，並改以兼任教師取代，則其可列出優缺點如**表9-4**所分析。

回答單一問題（answer the single question）

此時團體成員已經對問題的優缺點與利害得失瞭然於胸，就要選擇出解決問題的最佳方案並執行之。

⟩⟩⟩ 創意型問題解決

前述問題解決的程序說明一步一步解決問題的步驟，不過隨著時空環境的轉變，文明的長足進步，團體相對也須面臨各種新興的問題，例如網路成為學生做報告的寶山；Facebook、Twitter與Plurk等溝通平台成為辦公室的新寵兒；行動通訊如智慧型手機等改變人與人互動的方式，直接間

表9-4　解決方案之優缺點分析

問題解決方案	優點	缺點
大學經營問題 • 以兼任取代專任師資	1.撙節學校開支	1.學生權益相對受損
	2.課程內容多樣	2.易生人事酬庸弊端或教師救火心態
	3.補充業界師資	3.影響各類評鑑成績

資料來源：作者。

接地也影響過去對於班級與公司或團體經營的方法與觀念。面對層出不窮
的團體問題不免黔驢技窮,而具有好奇心與創意的團體才較有機會突破問
題的藩籬,以新點子因應各形各色的問題,也讓團體充滿能量與動力。創
意就像魔法,經常可變出解決問題的妙方。

　　何謂創意(creativity)?一般來說,我們通常以為創意是天才的專
利,且天才多獨來獨往,如果此一觀點成立,則團體如何會有創意的可
能?這世界豈不無聊至極!事實上,團體成員也可以「學會」創意。美國
知名廣告大師James Webb Young[5]就認為,有些人的確是天生充滿創意,
但後天的訓練會幫助他們更加熟練的產生創意。此外,擁有一顆積極、
好奇的心亦不容偏廢。Young指出創意生產的一般性原則是:(1)創意不過
是舊元素的新組合,例如賓士汽車與石頭結合,顯示賓士汽車的堅若磐
石;(2)能看到不同事物的關聯性,換言之,要生產創意就必須要養成習
於尋找事物之間「關聯性」的習慣。因為關聯性可以產生邏輯與定位上

---

[5] 美國著名且通才雜學的廣告大師James Webb Young(1886-1973),是廣告創
意「魔島理論」的集大成者。他在智威湯遜廣告公司(JWT)任職達五十二年
之久。《創意的生成》是本經典的創意小書,於1939年首度在芝加哥大學商學
院研究生的廣告學課堂上發表,1965年出版,全文不過一萬多字,卻已幫助過
無數廣告文案工作者及亟思改變的大眾,釋放出豐沛的創意能量。因為,它回
答「創意是怎麼來的?」的重要問題。透過學習書中詳述的「創意生成的五步
驟」:蒐集資訊、激發想像,將舊元素重新包裝,或排列組合,或納入戲劇性
的新思路,終有機會誕生嶄新且令人眼睛為之一亮的好創意。
「魔島理論」是Young所提的重要創意觀點,意指「燈泡一亮,靈感一來,創意
於焉誕生」。魔島在此為一隱喻,故事源自古代的水手傳說。水手根據航海圖
的指示,這一帶明明應該是一片汪洋大海,卻突然冒出一座環狀的海島;另一
說法是水手在入睡之前,海上還是汪洋一片,隔天一早醒來卻發現周圍出現一
座小島,即為「魔島」。「魔島」實際上是經過無數的珊瑚經年累月地成長,
最後一刻才升出海面。Young在《創意的生成》一書中,便借用此一故事的概
念,說明創意的產生有時就像魔島一般,在人的腦海中悄然/突然浮現,神祕
且不可捉摸。這種觀點也呼應了五步驟的觀點,說明創意的產生需要經過足夠
的前期累積(99%的努力),才會在最後一刻乍現靈光/魔島(1%的靈感),
並非坊間所謂創意是天才的權利,是一覺醒來便文思泉湧的過程等等之說。由
於創意概念稍縱即逝,應養成隨身攜帶紙筆以便記錄的好習慣。

的合理性，例如發現愛情與鑽石一樣皆具有恆久不變的特質，所以廣告詞「鑽石恆久遠，一顆永流傳」代表愛情，便具有邏輯，以之為鑽石商品的廣告標語（slogan）亦頗具合理性。

Young提出創意生成的五大步驟雖然針對廣告創意人，可是對於團體創意思考過程，亦若合符節，Young提出的五大步驟為：(1)蒐集資料；(2)消化吸收；(3)讓潛意識為你工作（孵蛋階段）；(4)創意的誕生；(5)將創意做最後修正，以符合實際用途（許晉福譯，2009），如圖9-7所示。

當然，如果以為按照Young的步驟就可以得到創意，也未免過於天真。這不是說Young的步驟無效，而是在靈光乍現之前，團體成員都須下過苦工夫，做足功課，就如圖9-8所示：創意是露頭的珊瑚礁或冰山，底下則是更龐大的珊瑚礁群或冰山，象徵著在創意展現之前的努力與實力的蓄積。

Engleberg and Wynn（2010: 252）認為，團體創意過程並無精確的步驟可循，不過整體而言可歸納成五個步驟：

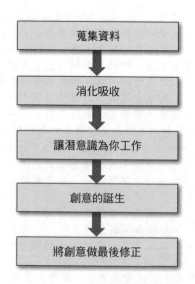

圖9-7　James Webb Young創意的生成方法

資料來源：許晉福譯（2009）；作者整理。

創意就像露出水面的冰山，其底下深層龐大的基
礎，如同日積月累的知識與努力，這些累積的成
果便是創意綻放的養分。

圖9-8　創意是露頭的冰山

1.調查（investigation）：團體蒐集有關訊息，並瞭解問題的成因。

2.想像（imagination）：擺脫程序與心理的負擔，讓成員自由思考，
並討論新的與獨特的點子。

3.醞釀（incubation）：或可戲稱為孵卵期。團體要沉潛一段時間，
過濾、沉澱、重新組合富有想像力的想法。

4.洞悉（insight）：喔！啊哈（Aha！）原來如此。靈光乍現時刻，
迸出或浮現新方法與新解決方案。

台灣奧美廣告公司在《奧美創意解密》一書中揭露生產創意的流
程：問題—課題—創意按鈕—創意概念—創意點子—創意作品。每個階段
的思考過程都包括：資料蒐集、轉成知識、形成觀點、產生洞察，見圖
9-9所示（余宜芳，2008）。

不論是Engleberg and Wynn或奧美的創意生產方式，都與Young的創
意五大步驟具有相似性，可說學習創意具有一套普遍性的規則。

不過，並非每個團體成員沉潛數日之後腦袋就會迸出點子。依作者
的經驗與體會，新點子出現之前亟須平常養成廣博吸收各種不同知識的習

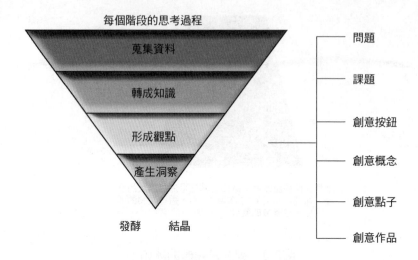

每個階段的思考過程

蒐集資料　——　問題

轉成知識　——　課題

形成觀點　——　創意按鈕

產生洞察　——　創意概念

發酵　結晶

創意點子

創意作品

圖9-9　奧美廣告生產創意的流程

資料來源：余宜芳（2008: 8）。

慣，不劃地自限，並且經常反芻許多想法直到嚼爛為止，否則肚子空空如也，缺乏思考判斷的腦袋無論如何是跳不出好點子的。有台灣「廣告教父」之稱的孫大偉生前是博覽群書、不斷自我挑戰的廣告人，而喜歡爬山、釣魚的習慣看似無所事事，腦海中卻是裝上高速馬達，不斷在思考（王梅，2001）[6]。

　　作者認為在這些步驟中，最困難之處都在於醞釀之後的洞察力，亦即腦袋這個神祕黑盒子何時方能靈光乍現的問題。此部分容或需要的就是「才情」。團體中具才情者，常能為團體提出令人眼睛為之一亮的問題解決方案。

---

[6] 孫大偉，人稱「廣告教父」、「廣告頑童」、「廣告才子」。參見王梅（2001），〈這個男人很難搞？〉，《該生素質太差——孫大偉的成績單》，頁v-ix。

　　以下介紹三種團體決策與問題解決程序，能賦予團體更高的創意與智慧，分別為腦力激盪法、名目團體技術與縮減選項技術。

IIII➡ 腦力激盪法

　　腦力激盪法（brainstorming）是團體問題解決的重要方法。團體透過短時間的腦力激盪便可產生諸多意想不到、饒富創意的問題解決技巧。腦力激盪法的設計是打破階級、壓力等限制，讓大家在自由、平等、暢所欲言的氣氛中表示各種意見，以期激盪出智慧的火花，因此不管所提的意見是否看來荒謬、不可思議，都應予以鼓勵，任何人均不可以任意批評或嘲笑。這個方法相對簡單，效果亦佳，在各行各業都非常實用，也廣為大家知悉，例如廣告、公關、行銷、企管、教育等等領域。

　　1953年，Alex Osborn在*Applied Imagination*一書中最先介紹了腦力激盪的概念[7]，並指出腦力激盪的兩個主要原則：(1)延緩判斷以改善資訊品質；(2)數量豐富的點子可提升品質。不過，腦力激盪在某些環境中會適得其反，例如團體中具強而有力的領導者，或者要求大家輪流發言，或者有人僅拚命做筆記等等，都不符合腦力激盪的要求。簡言之，腦力激盪是否發揮效用端視團體氛圍、文化而定，若成員多半自私自利、自我觀念過強、團體氣氛不融洽、互動關係或環境令人不舒服等等，均不利於產生有價值、有創意的觀點。Engleberg and Wynn整理出腦力激盪的守則如**表9-5**所示（2010: 254）。

---

[7]　Alex Osborn是知名的廣告人，廣告公司BBDO（Batten, Bcroton, Durstine, and Osborn）的創辦人之一，其最負盛名的便是腦力激盪法，人們稱他為「腦力激盪法之父」。

表9-5　腦力激盪守則

聚焦	一開始就清楚說明問題 在腦力激盪開始前，讓成員先仔細想可能的主意
眾皆得見	派人寫下團體所有人的點子 把點子貼到明顯處供大家觀看
點子無數	數字化激勵團體，例如我們先想100個主意 將點子編以數字次序，以方便前後移動、對調或對照
鼓勵創意	歡迎瘋狂的點子 點子的數量比品質重要
全心投入不打壓	不要分析、反對、稱讚他人的點子 不要討論、辯護、澄清，或評論你自己的建議 讓點子源源不絕 腦力激盪結束後，再評價這些點子
調整與跳躍	調整他人提供的點子 結合兩個或更多的點子，以產生新點子 回到最初的觀點，或是改以截然不同的思維模式

資料來源：Engleberg and Wynn（2010: 254）；作者整理。

ⅠⅠⅠⅠ➡ 名目團體技術

　　名目團體技術（nominal group technique）由Andre L. Delbecq和 Andrew H. Van de Ven率先提出，簡稱NGT，是一種減少團體人際互動上 的問題，以擴大團體問題解決，以及規劃時成員的參與程度（Delbecq, Van de Ven, and Gustafson, 1975）。

　　名目（nominal）一詞意謂「僅名義上存在的團體」（existing in name only）。因此，名目團體是一群人的組合，且各司其職或各自為政。NGT 會結合投票與限制性討論的方式建立共識與做出決定，主要包括兩個階 段：意見產生階段；意見評估與投票階段。分別說明如下（Delbecq et al., 1975）：

【團體溝通觀察站】

有用與無用

有一天，莊子和他的學生在山上看見一棵參天古木，因為高大無用而免於被砍伐。莊子感嘆說：「這棵樹恰好因為它不成材而能享有天年。」

當天晚上，莊子和他的學生到朋友家中作客。主人殷勤好客，吩咐僕人說：「家裡有兩隻雁，一隻會叫，一隻不會叫，將那隻不會叫的雁殺了，好招待我們的客人。」

莊子的學生聽了頗感疑惑，問莊子道：「老師，山裡的巨木因無用而保存了下來，家裡養的雁卻因為不會叫而喪失性命，我們該採取什麼樣的態度來對待這繁雜無序的社會呢？」

莊子回答：「還是選擇有用和無用之間吧！雖然這之間的分寸太難掌握了，而且也不符合人生的規律，但已經可以避免許多爭端而足以應付人世了。」

團體成員有用無用，非誰說了算，成員有用無用，端視社會文化價值觀與整體環境氛圍而定，因此在團體生活中無須妄自菲薄，畢竟天生我材必有用，宜正向看待自身的價值。

參考資料：張松輝（2005）。《新譯莊子讀本》。台北：三民書局。

階段一：意見產生（idea generation）

1. 每位成員在紙上寫下對問題的意見。

2. 最後五至十分鐘，每位成員輪流將剛剛記錄在紙上的意見提綱挈領的陳述出來，一次提一個意見。

3. 派記錄者記下成員的完整意見。記住此時只有記錄成員的意見，不得討論。

4.循環式記錄（round-robin listing），直到意見窮盡為止。

繼續以前例中大一新生報到率低落的問題為例，學校行政團隊不像腦力激盪般點子四射，而是寫下一張導致新生報到率下降的列表以及可能的解決方案，並在第二階段針對這些意見進行評估與投票。

階段二：意見評估與投票（idea evaluation and voting）

1.獨立投票前充分討論表單中所有的意見。

2.澄清與說明表單中自己支持與不支持的意見。

3.成員私底下排寫對所有意見支持的優先順序，例如以1至5的次序標示出來。

4.將個別投票的結果統計出來作為團體決策。

簡言之，名目團體技術的特點在於尊重個體的獨立判斷與專業。這類技術經常使用在工商界、教育界、社服團體、求職應徵等，其優點有：

1.當有許多解決方案提供決定時，此法有助於取得團體可接受的最大公約數，利於達成解決問題的共識。

2.對於比較敏感的、衝突性的議題，此法可避免反方意見帶來的困擾。

3.遏止成員掌控、杯葛意見與評論其他人。

此法的缺點也有三：

1.此技術之使用稍嫌笨拙且耗時。

2.程序亦稍嫌複雜，須有一位經驗老到、受過訓練的領導者帶領，否則無法執行。

3.團體討論過程有既定流程，具高度結構性，成員須照章行事，亦易引起偏好自發性互動成員的不滿（宋鎮照，2000：340）。

IIII➡ 縮減選項技術

縮減選項技術（decreasing options technique, DOT）是一種決策工具，協助團體減少解決方案的選擇，並從龐大的解決方案中萃取出足堪成員管理的數量。DOT應用在團體處理大量意見與選項的時候最為適當。步驟有四，如**圖9-10**所示。

意見產出（generate ideas）

此一階段經過討論之後，要產出和記錄與問題相關的主題，這些主題可以是一個字或一句話。全部的意見都要記錄下來，一張紙一個意見，且要方便大家閱讀。例如針對少子化問題可以濃縮成「經濟能力」、「養育成本」、「教育制度」、「生育補助」等單一概念。

張貼意見（post the ideas）

將每個寫在個別紙上的意見張貼在會議室牆上，成員可以先繳上或在討論後繳上其意見。

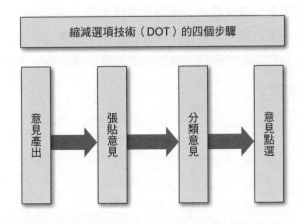

圖9-10　縮減選項技術

資料來源：作者整理。

分類意見（sort the ideas）

對於相似的意見予以分類歸納。例如關於解決少子化問題的意見上，養育成本、育兒減稅、留職有薪可視為經濟類問題；改善教育制度、降低教育費用、高中免試入學、縮短公私立學費差距為教育制度類等。

意見點選（dot the ideas）

如同所有的問題解決技術，最後都必須做出困難的選擇。此法請所有的參與者將會議室牆上張貼的意見利用貼紙或色筆等等做標誌，之後便可以發現牆上受到大家支持的意見將貼滿貼紙或畫得五顏六色，有的則零零落落數張，有的可能會一片空白無人支持。接著，統計每個意見獲得的支持情況，則較受大家認同的數個意見就會浮現出來，後續便針對這幾個意見進行討論，可以大量節省討論的時間。

最後，DOT並非總是暢行無阻，以下五種情況不宜使用之：

1.團體過大，使用開放性討論耗時費工，不宜。
2.團體中為數眾多成員捲入意見爭辯時，不宜。
3.團體要確認全部成員均有平等參與機會時，不宜。
4.團體必須要限制具宰制性多數成員運作其影響力時，不宜。
5.團體沒有足夠的時間討論龐雜的或衝突的意見時，不宜。

觀念應用　從《驚爆十三天》看決策

「如果在那個星期三做出任何錯誤的決定，我們將沒有機會看到下一個日出。」

《驚爆十三天》（*Thirteen Days*）為2001年上映的電影，不過不論其上映日期，或是劇情描寫1962年的古巴飛彈危機故事，時間上都與今日距離遙遠，但卻是值得我們借鏡的團體決策案例。

本片根據1998年採自二十三小時的真實會議錄音帶所出版的新書：《古巴飛彈危機中白宮裡的約翰‧甘迺迪》（*The Kennedy Tapes—Inside the White House During the Cuban Missile Crisis*）改編拍攝，描寫1962年10月14日，美國 U2 轟炸機巡弋過程中，發現蘇聯在距離美國佛羅里達不到150公里的古巴境內大規模部署核子飛彈，這些飛彈全都能瞄準全美各大都市。消息一出，震驚華府。美、蘇兩強權對峙，緊張情勢急遽升高，核戰危機一觸即發。巨星凱文‧柯斯納（Kevin Costner）飾演甘迺迪總統身邊國家安全顧問肯尼斯‧歐唐納（Kenneth Patrick O'Donnell），與甘迺迪總統及其胞弟一同化解1962年全世界最危險的十三天。

在關鍵的十三天中，總統甘迺迪一方面要面對死對頭蘇聯極具挑釁的舉動，一方面還要面對華府內部聲音的不一致，例如主戰的鷹派決一死戰的態度。內外交逼，令人頭痛。

從團體決策的觀點來看，蘇聯悄悄安置核彈，對國家安全造成了極大的威脅，縱使敵人真正意圖尚未明朗，但防患未然之策絕不可無。在電影中，軍方傾向決一生死，甘迺迪總統則傾向封鎖策略，雙方討論許久，都無法提出一項完全避開大戰的良策。位居頂峰的國家高層人員，意見紛雜，孰是孰非、孰優孰劣又均難以逆料，因此要如何做出正確或是最符合全人類最大的利益決策，著實嚴厲且痛苦地考驗著這群人。

透過總統與身邊顧問作為故事敘述的主軸，引出許多在決策過程中發人深省的片段。例如：將相之才面對大危機亦不免舉棋不定；人性的弱點諸如軟弱與自私不免在內心交戰；天使與魔鬼加入攪局，更讓我們看到團體成員在決策過程中歷經的各種心境。

「在這最可怕的十三天，沒有一件事是對的；但是今日回過頭來看，他們當初做出了最佳的決定。」

參考資料：作者；維基百科http://zh.wikipedia.org/wiki/%E9%A9%9A%E7%88%8613%E5%A4%A9。

 課外活動練習

9-1 我們如何做決策

一、活動目的：在團體中，我們如何做決策。

二、活動說明：

　　1.團體的決策與團體成員有關，而決定方式有少數決、多數決與共
　　　識決等。

　　2.透過「旅遊活動」的安排，所有人共同參與「旅遊活動」規劃，
　　　來體驗團體中的共識決。

三、活動人數：不拘。

四、活動時間：50分鐘。

五、所需器材：無。

六、活動程序：

　　1.推派出主席一位。

　　2.進行旅遊活動討論，每一項決定必須經過所有學生同意。

七、活動變化：

　　1.可先進行少數決與多數決活動，先行感受三種決策的差異。

　　2.少數決，可由選出的主席來執行。

　　3.多數決，遇爭議之處透過表決決定之。

八、注意事項：活動主持人請留意與控制討論的時間，對爭議的關鍵點
　　可給予適度的建議與提醒。

9-2 決策拼圖

一、活動目的：靈活運用每位團體成員的貢獻。

二、活動說明：

1.團體決策過程中，有人快、有人慢、有人想得很簡單、有人想得很仔細、有人做了再說、有人想了再做、有人先想到完成的結果、有人先想開始的問題，當然有人贊成、也有人反對，如何將不同人的提議整合在決策中應用，卻需要智慧與練習。

2.每位團體成員貢獻一個想法，看看能否融合為一個面面俱到的決策。

三、活動人數：40人。

四、活動時間：40分鐘。

五、所需器材：海報紙、奇異筆。

六、活動程序：

1.每組約8人，由小組成員指派一員擔任主席。

2.主席負責小組的討論。

3.開始討論之前，先於海報左端寫上問題「如何整合來自不同特質者的意見」，並於海報右端寫出想要的結果「得到完整的決策」。

4.主席將每位小組成員提供的想法寫在海報紙上，並將有關聯者標示出來。

5.請試著整合以下不同人格特質於其中：

   • 先看結果、先看過程。

   • 先看整體、先看細節。

   • 步調快、步調慢。

   • 不假思索立即開始、先看看有哪些問題。

   • 喜歡贊成、喜歡反對。

6.將不同特質的整合先寫在海報上，再與其他對策試著連接組合，使之成為完整可用的決策。

7.各小組完成後，推派一員向所有人說明討論的成果。

七、活動變化：可變換方式改為課堂討論，單就兩兩不同特質如何整合進行團體討論，最後再統合全部的討論結果。

關鍵詞彙

團體決策	問題解決	異質性團體	同質性團體
投票表決	尋求共識	多數暴力	共識決定
專業原則	事實問題	推測問題	價值問題
政策方針問題	決策風格	Myers-Briggs人格分類指標	
理性型決策者	直覺型決策者	依賴型決策者	逃避型決策者
自發型決策者	思考型	感覺型	問題解決程序模式
反省式思考模式	RISK技術	計畫評估與檢覈技術	
結構型問題解決	標準程序	功能性觀點	準備
能力	溝通	單一問題形式	創意
腦力激盪法	名目團體技術	縮減選項技術	

課後動動腦

1. 說明決策的風格有哪些？你的決策風格為何？對此，你是如何判斷出來的？

2. 假設團體溝通的學期小組作業為觀察辦公室中團購行為的運作，請以「問題解決程序模式」來規劃，看看會得出何種結果？

3. 標準程序、功能型觀點與單一問題形式三者之間有何異同？

4. 你認為創意是什麼？你的創意方法是什麼？

5. 請問：有哪些創意方法可以協助團體進行決策與問題解決？

Chapter

10

團體會議：企劃與執行

學 習 目 標

 認識團體會議如何企劃

 瞭解如何準備與主持團體會議

 瞭解如何處理團體會議中的各種狀況

 瞭解如何做團體會議記錄

 瞭解如何評估團體會議的成效

國王的新衣與沉默螺旋理論

陪伴大家長大的安徒生童話〈國王的新衣〉，故事是這樣的：有兩個騙子自稱是織布匠，特地去晉見一位喜歡穿新衣服的國王。他們向國王表示兩人會織一種「只有聰明的人才看得見的神奇布料」。國王聽了非常高興，馬上請他們織出來。

然而，在巡視他們工作時，國王卻看不到任何成品。國王對此雖然感到狼狽，但是在臣子的面前卻也不好意思說出實情，只好硬著頭皮誇讚那看不見的布料有多麼的精美。想當然爾，臣子也沒有人看見布料，但他們也沒敢在國王面前說實話，只是同樣地誇讚國王的新衣裳。

於是，國王便身穿看不見的新衣，在國人面前遊行，看熱鬧的群眾也不敢在握有大權的國王面前說出真話。因此，群眾也和臣子一樣，盲目地誇讚起國王的新衣。就在此時，圍觀的群眾中有一個小孩跳出來大喊：「看啊！國王沒有穿衣服耶！」

在這個故事中，每個人都感知到周遭的意見氛圍，大夥也為了遠禍，刻意隱瞞事實，甚至順水推舟附和了起來，讓意見沉默螺旋的現象更加強化，終致惡性循環，讓國王成為笑柄。此種情況若發生在大眾媒體之中，例如戒嚴時期，則正確的意見也會從社會上銷聲匿跡。

沉默螺旋的觀念係出自西德學者諾爾紐曼（E. Noelle-Neumann）在1970年代的研究創見，用以解釋民意在形成過程中，大眾傳播媒體所扮演的重要角色。諾爾紐曼將大眾媒體的效果看得比其他傳播理論大。她強調，大眾媒介對於民意有很大的影響力，過去的傳播研究卻忽略這種效果。她認為大眾傳播媒介具有的三種特性，即「累積性」（cumulation）、「公眾性或遍在性」（ubiquity）、「諧和性或同質性」（consonance），三者的交相作用對民意產生巨大的影響力。

深入來說，對於爭議性的事件，首先人們會形成有關民意分布情況的印象，以便察知自己對該事件的看法是否屬於社會中的多數意見，或是察知民意的風向是否愈來愈與自己的看法一致。如果初步察知的印象顯示，自己的觀點屬於社會中的少數意見或是與大家意見相左，則人們傾向於對該事件保持沉

默。人們保持沉默的結果，連帶使得他人覺得這種意見已經是「昨日黃花」，因而對此事就更加噤若寒蟬了。如**圖10-1**所示，係指大眾媒介鼓吹某種優勢意見念力，再加上人際間對異見的支持日減，導致「沉默螺旋」的產生：個人不是附和優勢意見，就是不敢再表示異見。

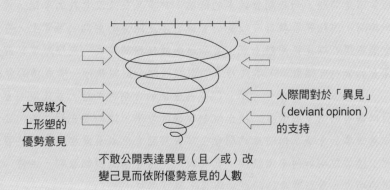

　　大眾媒介
　　上形塑的
　　優勢意見

人際間對於「異見」
（deviant opinion）
的支持

不敢公開表達異見（且／或）改
變己見而依附優勢意見的人數

圖10-1　沉默螺旋示意圖

　　雖然沉默螺旋主要是應用在大眾媒體上，但是其對於人際間有關異見的態度之研究，卻仍具有解釋〈國王的新衣〉故事中，大臣與群眾心理的價值。換言之，童話中大臣與群眾的掙扎，與現實生活中人們面臨類似情境的掙扎相仿。

　　延伸來說，在團體會議之中，絕大多數的人都會避免因為堅持己見而被他人孤立，因此開會發言表態等等，不免會不時觀察自己是處在環境中的優勢點或劣勢點，並以此為因應依據。換句話說，除非是特立獨行之成員，否則團體中大多數人習於附和主流意見，有些還會討上司歡心，說些言不由衷的甜言蜜語。至於反對者，則會選擇對該議題保持沉默的立場，明哲保身。

　　〈國王的新衣〉的故事從未絕響，團體生活中天天都發生。

參考資料：生天目章（2009）。《人際關係思考術》。台北：如果。
　　　　　羅世宏譯（1992）。《傳播理論：起源、方法與應用》。台北：時英。

摘要

　　不論營利或是非營利事業、大企業或是小公司、大團體或小團體，開會都是無可避免的，甚至常常要開很久的會議。不過，會議時間的長短與頻率經常不是問題，而是開會效率的好壞。許多又長又沒意義的會議，最為大家所詬病，因此能否執行有效能的會議，才是開會的重點。事實上，有效能的會議不僅可以提振團體士氣，更加速團體任務的完成，無怪乎黑幼龍說「會開會的公司有福氣」。本文乃說明團體如何企劃與執行一場成功的會議。

　　本章分為四個部分。第一部分為會議的企劃與主持，首先說明會議令人引以為苦的諸多因素後，提出規劃會議的方法，諸如要先問：為何要開會？誰應該參加會議？何時應該開會？該去哪開會？以及需要準備哪些資料？等等；接著說明如何準備議程。其次說明主持會議的四個原則，主持人主持會議的功力，會影響會議的成功與否，莫可忽視。

　　第二部分為糾正成員行為。由於立意再良善、規劃再完整的會議，也會因為破壞分子的惡意搗蛋而功虧一簣，因此乃說明如何面對與處理團體會議的破壞者，以使團體會議順利進行。第三部分為會議記錄，會議記錄最大的價值是瞭解前次會議的決議內容，以作為成員行為的依據，並避免事後異見層出不窮，影響會議的結果。作者說明如何做好會議記錄所必須考量的方方面面與倫理等問題。第四部分為會議效果的評估，說明如何分析會議執行的效率與盲點，以作為往後改進之用。

開會，開會，開會……

　　話說宋公明一打東平，兩打東昌，回歸山寨，計點大小頭領，共有一百八員，心中大喜，遂對眾兄弟道：「宋江自從鬧了江州上山之後，皆賴託眾弟兄英雄扶助，立我為頭。今者共聚得一百八員頭領，心中甚喜。自從晁蓋哥哥歸天之後，但引兵馬下山，公然保全，此是上天護佑，非人之能。縱有被擄之人，陷於縲絏，或是中傷回來，且都無事。今者一百八人，皆在面前聚會，端的古往今來，實為罕有。從前兵刃到處，殺害生靈，無可禳謝。我心中欲建一羅天大醮，報答天地神明眷佑之恩：一則祈保眾弟兄身心安樂；二則惟願朝廷早降恩光，赦免逆天大罪，眾當竭力捐軀，盡忠報國，死而後已；三則上薦晁天王，早生仙界，世世生生，再得相見，就行超度橫亡、惡死、火燒、水溺，一應無辜被害之人，俱得善道。我欲行此一事，未知眾弟兄意下若何？」眾頭領都稱道：「此是善果好事，哥哥主見不差。」吳用便道：「先請公孫勝一清主行醮事，然後令人下山，四遠邀請得道高士，就帶醮器赴寨，仍使人收買一應香燭、紙馬、花果、祭儀、素饌、淨食，並合用一應物件。」商議選定四月十五日為始，七晝夜好事，山寨廣施錢財，督併幹辦。

～〈忠義堂石碣受天文　梁山泊英雄排座次〉，《水滸傳》第71回

會議的企劃與主持

　　不分古今中外、好人壞人、英雄賊寇，多愛開會，宋江亦然。事實上，開會是許多人生活中再熟悉不過的事，甚至是工作的一部分，只是多數人均將開會視為苦差事，大概只有掌握麥克風滔滔不絕、口沫橫飛者才

能樂在其中，不過講者渾然忘我之際，卻也苦了底下聽眾。網路歇後語如「人多的會議不重要，重要的會議人不多；解決小問題開大會，解決大問題開小會；解決關鍵問題不開會，不想解決問題老開會」、「公司開會像聽訓，學界開會像拜拜」、「愛開會的不開會，不會開會的愛開會」等等，多少說明了聽眾內心的心聲與無奈。

美國幽默作家Dave Barry（1986）也把開會比作喪禮——大夥穿著不舒服的衣服坐著，兩者很雷同，不過，喪禮比開會強的是有目的且有「明確的結果」，後者卻無。雖然開會如眾矢之的，但是經濟學家Tyler Cowen卻認為開會是件好事，而且開會其實未必如大家所想的是浪費時間。如果會議能事先好好計畫與執行，就能管控，開會期間也能聽到真實的意見，有助於執行團體的想法與行動（轉引自Engleberg and Wynn, 2010: 293）。

黑幼龍（2002）在《與成長同行》一書中〈會開會的公司有福氣〉一文指出，會開會的公司所以有福氣，係因公司一定比較有競爭力，同仁的士氣一定很高昂。沒有人喜歡開會，雖很可惜，但也大可不必如此。他認為開會的時候：(1)能分享各人寶貴的經驗；(2)能貢獻各人的智慧；(3)能集合大家的想像力；(4)能凝聚每個人的意志；(5)能進而組織行動步驟。而且不開會的話不易達成這些效果，遑論有些項目無法以個人為之。

Davidson（2005: 232）研究發現，全美每天有超過一千一百萬個會議在進行，一般的員工每週花十五小時在開會，每個月可能參與正式或非正式的大大小小會議約六十個，可見開會本是工作的一部分。Engleberg and Wynn（2010: 293）認為開會會變成苦差事，可能是以下十二個原因在作祟：

1.不必要的會議。

2.會議時間太冗長，浪費時間。

3.會議的目標模糊。

4.會議缺乏議程或不照議程開會。

5.會議雖有議程，但處理事項過多、過雜。

6.會議缺乏重點或時間可預作準備。

7.與會者太多。

8.關鍵人物未受邀或不來。

9.會議開在錯的時間、錯的地點。

10.主席缺乏效率。

11.太多政治壓力要妥協或被迫選邊站。

12.議而不決。

　　所謂的會議，係指團體成員在預定的安排下聚集，並由規劃的主席帶領進行有結構的討論。在會議的定義中，議程（scheduled）、會議結構（structured）與主席（chairperson）是構成會議的主要三元素。首先，多數的會議時間地點都是預先規劃排定，因此臨時聚合的一群人不算開會，例如在公園裡湊熱鬧看野台戲、夜市中圍觀看叫賣；其次，會議有正式、高度的結構或非正式、鬆散的結構，前者如立法院中各黨黨團，後者如臨時任務編組；最後，是由規劃會議的主席與幕僚人士來統籌與執行會議，如圖10-2所示。

圖10-2　構成會議的三元素

ⅠⅠ⇨ 規劃會議

成功或失敗的會議,有時端賴於是否有做好計畫,重大的團體會議更需要數週甚至數月的時間做準備,方能完成,例如G8、APEC等國際會議[1]。由於團體生活中也經常有開會的需求,以下乃說明如何規劃與主持會議(Engleberg and Wynn, 2010: 294-301)。

規劃會議(planning meetings)

開會要有效率,事前準備不能少。在規劃會議的過程中,有些問題要先問,包括:為何要開會、何時開會、哪裡開會與需要準備哪些資料?近似於新聞寫作架構的基本元素5W1H,或稱六何,即誰(who)參與、為什麼(why)會發生、如何(how)發生、何時(when)以及何處(where)發生,以及發生了什麼事情(what)。

為何要開會

避免浪費時間的最佳之道,就是先問是否真的需要開會,問的問題包括:(1)有急迫性的決定或回應之需要嗎?(2)團體的投入與互動不可或缺嗎?(3)成員已經準備好討論該主題了嗎?事實上,很多時候透過手機、電話、網路如臉書、電子信箱、視訊會議、傳真、小紙條、語音留言、簡訊,甚至面對面溝通就能解決問題,毋庸勞師動眾,因此宜檢視行之有年的例行性會議,若已淪為形式,就取消吧!開會前也要交代清楚開會的目的,許多領導者喜歡把成員統統叫來開會,感覺很有權威、很過癮,但成

---

[1] G8峰會即八國首腦高峰會議。係指現今世界八大工業領袖國的聯盟,始於1975年的六國首腦高峰會議(G6峰會),創始國有法、美、英、西德、日本、義大利。加拿大於1976年加入,成為七國首腦高峰會議(G7峰會)。第八個成員國是俄羅斯,1991年起參與G7峰會部分會議,至1997年成為會員國。至於APEC,就是亞太經濟合作會議(Asia Pacific Economic Cooperation),是我國唯一擁有完整會員資格之官方國際組織。

員不僅大惑不解，也會抱怨又要開什麼會？不如說兩個小時後開會，要檢討每個人這個月的售屋業績，清楚明瞭，員工也能有準備方向。

誰應該參加會議

與會成員是預先決定的。如果會議不用全員參加，僅須派代表與會，則宜選擇專業、具發言權、位階足夠的成員與會。例如立法院立法委員召開少子化問題公聽會，則負責的內政部派出的代表，其位階至少能代表內政部的意見；低階官員或科員出席，人微言輕，不僅於事無補，更可能引起立委不滿，反弄巧成拙。再者，出席人數通常事先決定，因此派員出席人數亦應妥適考量。

另外，如果出席涉及表決，則可強力動員，例如立法院對於有爭議的法案通常透過表決方式決議，因此各黨團就會發動甲級動員[2]，並杜絕跑票，以捍衛該黨支持的法案版本能順利過關。

何時應該開會

可從開會時段與開會長度來說明。開會時段最好避開連假如週休二日前，因通常心不在焉，或是藍色的星期一，因大夥還沒收心，如果非得假日開會，至少要保留到緊急時才用；也要避免邊吃飯邊開會，效果會打折。至於開會時間長度，最好在一小時內結束，否則效率會遞減，這個道理類似於學生上課五十分鐘，就要休息十分鐘。如果會議內容複雜，則可規劃連續會議，連續一週或每週一次等，例如大學評鑑籌備會議便是。

該去哪開會

開會空間宜大且寬敞，冷熱適中，環境清爽安靜舒服，手機關機，全心全意地開會。開會地點與開會品質的好壞息息相關，見**表10-1**所示。

---

[2] 所謂甲級動員，通常是立法院各黨團（如國民黨、民進黨、台聯、親民黨等）在審理重大法案或是重要預算時，各黨團自行發布要求所屬立法委員務必出席投票的動員令，以捍衛政黨所支持的立法草案。動員未到，各黨處罰規定不一，有罰錢或黨紀處分等等，不一而足。

表10-1　開會地點比一比

開會地點種類	優點	缺點
領導者辦公室	方便；資料與資源取得方便；提升會議的重要性	成員像客人；不平等；容易分心
團體成員辦公室	方便；資料與資源取得方便；提高成員的地位	容易分心；通常是小辦公室擠滿人
團體內部（on-site）會議室	避免辦公人員分心；比辦公室寬敞舒適	容易受打擾；離資料與資訊較遠；可用時間通常有限
團體外部（off-site）會議室[3]	排除絕大多數分心因素；提供中立場域；較吸引人與舒適	花費較高昂；離資料與資訊較遠

資料來源：Heller and Hindle（1998）；作者整理。

需要準備哪些資料

　　開會有備而來，提升開會效率。因此主辦單位宜事先說清楚開會的目標，並提供相關資料，與會人員亦須做足功課，否則開完會都說「帶回去研議」、「回去請示長官」等等這類官腔，浪費時間又令人反感。

　【團體溝通觀察站】

開會（打油詩）

　　縱使是出生伊始（如家庭會議）或死亡之前（如立遺囑），我們都還在開會。我們這一生老是在開會，不論是一月一次，或一週數次，或一天數次，甚至可能整週都在開會，可說開會過一生。若以一週開會四小時、平均壽命八十歲計算，則一生中有近兩年

---

[3] off-site meeting係指開會不在公司或團體內部，而到外界開會，例如度假山莊、休閒農場等，每年編列預算，也會徵詢或調查員工意見，須有人負責，例如作者的服務單位有時會安排全校教職員往佛光山開會，商討新年度的工作內容。on-site meeting則是在工作單位內部進行。

（4×52×80÷24=693.3天，再除以365得之）的時間，二十四小時不眠不休地在開會，如此可說，每個人都是開會專家。可是，抱怨開會沒效率、浪費時間、一想到開會就頭疼，卻是許多人共同的心聲。這首打油詩，除令人莞爾，也透露開會的普遍問題，值得我們反思。

開會，開會，不開怎麼會，本來不太會，開了就變會。

有事要開會，沒事也開會，好事大家會，出事大家推。

上班沒幹啥，一直忙開會，大會接小會，神經快崩潰。

大小事不幹，統統往外推，問我啥本領，專長是開會。

上午有早會，午後有午會，下班不能走，還有個晚會。

每週開週會，每月有月會，隨時檢討會，年底是年會。

赴會要及時，小心選座位，最好靠邊邊，以免遭口水。

雖然在開會，誰也不理誰，有人忙協調，有人無所謂。

主席一上台，自稱大掌櫃，扯東又拉西，全憑一張嘴。

內容沒準備，聽來活受罪，差了十萬八，大家還說對。

台上說什麼，沒人去領會，手機不時響，怎還不散會。

牛皮拚命吹，發言不乾脆，時間過好久，不知輪到誰。

有人窮訓話，有人打瞌睡，有人瞎附和，有人掉眼淚。

小聲像催眠，令人真陶醉，大聲不必怕，就當狗在吠。

打盹有技巧，腦袋不能垂，不然被逮到，就要倒大楣。

會開一下午，實在有夠累，沒聽兩三句，水喝好幾杯。

說來真慚愧，開會千萬回，都快要退休，還是不太會。

唱了大半天，到底會不會，你若還不懂，就要多開會。

參考資料：http://blog.udn.com/CY3646/1874006。

準備議程（preparing the agenda）

議程（agenda）就是開會時討論項目的綱要。規劃完善的議程，使團體開會更聚焦，更有目標，也讓成員能事先準備。會後，也能根據議程評估這次會議完成哪些項目來判斷會議的成功與否。通常議程隨著不同的開會目的而有變化，繁複、簡化、傳統、創新等等各種議程皆有，那麼應如何規劃呢？以下分別介紹議程基本元素與決定開會事項的次序。範例如**圖10-3**所示。

首先，就議程基本元素言，包括：

1. 標註時間。由規劃討論時間的長短，可判斷議題的重要性。
2. 確認每個會議項目的處理方式，例如僅分享資訊或討論議題或做出決策。
3. 將負責某場次的與會者名單、場次主題標明，可以提醒成員事先準備該題目。

其次，就決定開會事項次序言，會議中經常會討論數個議題，因此規劃好討論事項，以提高生產力與滿意度。做法有：

1. 先易後難：一開始討論簡單容易決策的議題。
2. 重頭戲在中間：重要且困難議題於會中討論。
3. 輕鬆結尾：最後留約三分之一時間討論不需費時攻防的決定。

例如家庭會議準備針對暑假出國去日本或希臘爭吵不休，此時姊姊核算預算還夠，春假先前往墾丁度假三天兩夜，便可將此先排入最後或最先的議程之中。

Ⅲ➡ 主持會議（chairing the meeting）

開會！開會！開會！整天開會是許多人對團體或組織領導者的印

中華創意生活協會　開會通知

受文者：○○○
密等及解密條件：普通
發文日期：中華民國○○年○○月○○日
發文字號：創協字第00****號
附件：

團體地址：	**************
聯繫地址：	**************
聯絡電話：	**************
傳真號碼：	**************
聯 絡 人：	○○○
電子信箱：	**************

一、開會事由：茲召開中華創意生活協會第一屆第二次會員大會，敬請備查
二、開會時間：中華民國○○○年○○月○○日上午10時30分
三、開會地點：台北市瑞安街○○號
四、主持人：○○○　理事長
五、出席者：本會全體會員
六、列席者：本會會務幹部
七、議程
　　1.大會開始
　　2.主席致詞
　　3.來賓致詞
　　4.年度工作會報暨經費收支報告
　　5.提案討論
　　(1)案由一：通過組織章程修改草案。
　　　說明：本案業經理事會審查通過，提請大會通過後報主管機關核備。
　　　決議：
　　(2)案由二：通過年度工作計畫。
　　　說明：本案業經理事會審查通過，提請大會通過後報主管機關核備。
　　　決議：
　　(3)案由二：通過年度經費收支預算案。
　　　說明：本案業經理事會審查通過，提請大會通過後報主管機關核備。
　　　決議：
6.臨時動議
7.選舉第○屆理事、監事
8.散會

圖10-3　傳統的會議流程

資料來源：中華創意生活協會。

象，大多數當部屬的通常不喜歡開會。殊不知對主管來說，開會壓力也很大，尤其是年輕或剛上任的新手主管，會議不只是下指令的場合，同時也是直接面對下屬或長官質疑跟挑戰的時候，每個人都睜大眼睛在看：這個位子，你可以坐多久？

激勵專家《言語無價》（*Talk Ain't Cheap? It's Priceless*, 2007）的作者Eileen McDargh指出，在限定時間內，召集數目適當、職務適當的成員，進行一場緊湊、聚焦、成功的會議，有助於將新手主管快速拉高到領導人的層次。不過，這種能力不是天生的，需要事前做好準備，最好從召集會議那一刻起，就開始沙盤推演，做好計畫，這樣才能發揮領導力，帶領下屬「愈開愈會」，而不是「愈開愈不會」。如何主持一場成功的會議？首要之務是掌握四大基本原則（摘錄自洪懿妍，2010）：

原則一：開會目的先想清楚

瞭解會議結束後，要獲得什麼結果。例如：(1)想要解決某個問題？(2)想要得到有用的構想？(3)想要瞭解計畫的進度？(4)想要傳遞或接收某些資訊？

原則二：會議流程再三確認

妥善研擬的議程讓與會者掌握會議梗概，提升會議效率。好的議程內容須包括：(1)會議時間與地點；(2)會議主題，如「X專案進度會議」、「預算會議」、「腦力激盪會議」等；(3)討論的子題；(4)全部出席人員名單；(5)每個子題的報告人姓名；(6)每位報告人所分配到的時間；(7)為讓與會者進入狀況並做好準備，最好在會議前兩天就將議程送出。

原則三：發言時間分秒必較

時間是不可逆、無法取代的珍貴資源，如果老闆在八人會議上遲到十五分鐘，就等於浪費團體兩小時。開會注意要點有：(1)時間一到，馬上進入議程，以建立領導者明快的形象；(2)以議程作為掌控時間的最高

指導原則，嚴格要求與會者遵守發言時間與規定；(3)事先確認所有重要議題都已納入議程，不再列「臨時動議」，浪費時間；(4)若意識到在某個議題停留太久，要想辦法加快步調，快速做出決定，或者讓相關成員另外再召開小組會議討論；(5)會議以外時間做的事，不要拿到會議上，例如事先閱讀的資料可透過電子郵件或布告欄公布訊息。此外，會議上不要追究雞毛蒜皮的小事，私底下談談即可。

原則四：讓所有人感到滿意

主持會議時既處理事，也處理人。因此，除了達成會議目標，也要讓與會者感到滿意。例如給予每位成員的發言時間要公平；開會是民主程序，不是拿頭銜壓人；會議結束時，花幾分鐘時間對照會議目標來說明會議成效，以作為下次開會改進的依據。

 【團體溝通觀察站】

幫你對付會議主持的十大惱人狀況

主持會議不免狀況百出，妥善面對突如其來的會議狀況是開好會的訣竅。如果你是新手主管，如何面對會議上十大惱人狀況，更是不可不知。

狀況一：開會時間已到，仍有人姍姍來遲，大夥只能枯等，主席該怎麼辦？

因　應：祭出無傷大雅卻能發揮作用的方法。例如規定遲到者須講一個笑話，或是請喝飲料等。在釷星汽車公司裡，會議室的門一關，遲到者推門而入時會鈴聲大作。

狀況二：發言時間已過，報告人卻仍滔滔不絕時，主席該怎麼辦？

因　應：堅定但有禮地打斷，以此舉對付言不及義的人，與會者會感謝主席。最好是安排計時按鈴人員，在報告時間結束前三分

鐘發出提醒，時間一到便不斷按鈴干擾。

狀況三：某人習慣性地在會議上批評他人的報告或構想，主席該怎麼辦？

因　應：將負面批評轉變成正面回饋，如反問：「既然這麼做不好，那你有何更好的做法？」或是規定在批評前，須先講出對方構想或報告的優點，以免只有批評沒建設，讓會議陷入失敗氛圍或士氣受打擊。主席亦可私下與他溝通，說明其行為不當之處。

狀況四：有成員總喜歡在會議中打斷他人講話，主席該怎麼辦？

因　應：明確的說：「請等我們聽完〇〇〇的報告後，再請你發表高見。」不過，若是糾正報告內容，則插話尚可通融。

狀況五：會議進行中，與會成員起爭執且僵持不下，主席該怎麼辦？

因　應：開會前宜先篩選掉問題人物，邀請適合者參加，頭痛人物若有權知道會議內容，可在會後寄發會議結論給他。會議人數愈多，衝突機會愈大，控制開會人數在十人以內，效率高，問題也少。其次，會前徵詢與會者對議程的意見以形成共識，也可減少爭執。若爭執僵持不下，可請與會者提出折衷方案，如擇期再議等。

狀況六：某人在會議中，不停地與他人聊天或四處遊走串門子，主席該怎麼辦？

因　應：讓大家的注意力落在他身上，如問他：「請問張三，你對彩華的建議有何看法？」

狀況七：與會者發言內容離題、天馬行空時，主席該怎麼辦？

因　應：會議一開始宜先帶出會議目標，為會議方向定調。一旦有人岔題，要立刻導入正題，說：「你的看法很有意思，不過我們必須先解決正在討論的甲議題。」

狀況八：會已開了一百分鐘，成員眼神渙散、心不在焉，頻打呵欠，主席該怎麼辦？

因　應：宣布休息十分鐘，或者暫告一段落，另找時間再議。專家建議，會議最好一小時內結束，最長不要超過兩小時，每五十分鐘，一定要休息一下。

狀況九：面對始終保持沉默的成員，主席該怎麼辦？

因　應：直接點名詢問，若是因緊張、敵意而保持沉默，可主動製造機會給他們說話。主席宜創造免於批評、指責、威脅的會議環境，以免引發「寒蟬效應」，即擔心發言被批評或懲罰而選擇噤聲。另外，最資深權威的成員宜最後發言，以免因倫理輩分觀念阻塞後續發言。

狀況十：開完會，成員迅速起身，拍拍屁股，立馬要走人，且一副事不關己的態度，主席該怎麼辦？

因　應：將會議記錄發給與會者，上面載明本次會議的結論及後續行動方案與分工，最好再請與會者簽名，白紙黑字，無從抵賴。

參考資料：洪懿妍（2010）。〈10個開會狀況題，一次搞定〉，《Cheers雜誌》，第116期，5月號。

糾正成員行為

　　立意再良善、規劃再完整的會議，也可能因為成員的破壞行為導致會議功虧一簣，例如台灣每年許多上市公司的股東大會，職業股東除了到

處領紀念品[4]，也會惡意霸占發言台或鬧事，或惡言攻擊公司經營團隊，再經媒體報導後竟成了一場場的鬧劇，令團體或組織顏面無光。不過，處理頭痛分子，經常也是在走鋼索，如何在成員與團體權益之間取得平衡，需要殫精竭慮思索可行的處理之道。

IIII➡ 處理破壞行為（dealing with disruptive behavior）

Engleberg and Wynn（2010: 301-302）歸納出五種破壞團體會議者的共同屬性，並建議面對這類成員的搗蛋行為必須很小心，且對事（行為）不對人（人身攻擊）。但也不必過度反應，因為冷處理可避免引發更大的反彈，並且當機立斷，減少傷害。以下五種人在許多團體中屢見不鮮，從學校教室、社團，到一般坊間協會、基金會、公司團隊、任務小組等等，均可發現：

1. 袖手旁觀者（nonparticipants）：這類人對團體會議幾乎沒有貢獻，所以如此，通常是因為他們過於焦慮，或是未準備，或是不感興趣而不參與會議。易焦慮與內向的人在準備好之前，莫強迫他們做出貢獻，反而可技巧性的提供機會讓他們加入討論，假以時日或可提升其參與度。

---

[4] 對於小股東來說，股東大會是其參與公司運作的主要機會，小股東通常藉此時機直接宣洩對公司的不滿與期許，或是透過動議表達反對或支持之意等等。不過，職業股東則別有所圖，通常會干擾議事的進行。現在的職業股東常會頂著不同頭銜來糾正公司的不法或弊端。一般來說，職業股東有幾種類型：(1)貪小便宜型：向公司要東要西，到處拿公司贈品或要求額外的收入；(2)不知所云型：職業股東一年才有一次機會參加公司的股東會議，因對公司經營不甚瞭解，發言起來經常是東拉西扯，引來全場哄堂大笑；(3)引經據典型：有些職業股東對會計、法律等熟稔，一問起問題常會讓許多在台上的老闆不得不重視；(4)無理取鬧型：如拿公司的新聞、緋聞討論，完全脫離主題。凡此種種不一而足，是台灣很特殊有趣的現象。

2.喋喋不休者（loudmouths）：會議中存在話多的人並不足為憂，令人擔心的是，他們把持麥克風、霸占講台、言不及義、長篇大論，則問題就大嘍！在處理上可讓其在規定時間內暢所欲言，之後請其下台，換他人表達不同觀點。爾後，可賦予此人其他重任，例如會議司儀、記錄等，架空其發言機會，容或是個方法。

3.打斷發言者（interrupters）：團體會議有時會被少數人的意見所壟斷，影響他們的意見發表。此時主席宜出面制止，或讓發言未完者繼續發言。

4.竊竊私語者（whispers）：成員竊竊私語或竊笑，嚴重干擾會議進行，也影響其周邊人員的權益。可以以眼神瞪之，若無效可以請其發言，此法通常有效。

5.遲到早退者（latecomers and early leavers）：遲到早退會干擾到會議的進行，例如大門開開又關關，椅子拉進又拉出，十分討厭。對此，主持人無須為遲到者進行前情摘要，如果會議中太多遲到早退，顯見團體規範已出現問題，宜私下溝通請其改善。

ⅢⅢ▶ 配合成員背景差異

不容否認，許多團體成員的背景複雜，例如來自不同國家、地區、文化、生活方式、年齡、教育程度、職場等，因此無法以齊一的方式對待所有的成員。例如在華人文化圈講究敬老尊賢、長幼有序；在西方文化中可能重視個人表現；在回教地區女性的地位低落，發言、參與的機會有限。因此，考量此類文化差異，則很難判斷成員的參與具積極性，或是具破壞性，抑或僅僅是文化傳統或習性的驅使使然。於此之際，主其事者應考量成員的背景差異，莫從外顯行為就逕自判斷其為搗蛋分子。

會議記錄

Ⅲ➡ 準備會議記錄

　　會議記錄（minutes of a meeting）係指記錄團體會議期間的討論與過程。會議記錄通常記錄與會者的討論與決策，也可供未出席者知悉或參考。會議記錄最大的價值就是瞭解前次會議的決議內容，以及作為成員行為的依據，以避免事後異見層出不窮，影響會議的結果。至於如何做會議記錄，須注意以下幾個要點：

選擇記錄員

　　主席是最終負責會議記錄精準度與將會議結果的訊息傳遞給大家的人，通常在會議期間，主席可將記錄任務指派給其他成員，例如秘書等。不過主席事後一定要再確認、編輯、複印備份給所有與會的成員。

決定記錄哪些內容

　　會議記錄一般都依照議程來記錄，包括：(1)團體名稱；(2)會議時間與地點；(3)主席姓名；(4)缺席名單；(5)準確的宣布開會時間；(6)準確的散會時間；(7)會議記錄人姓名；(8)使用議程項目做標題，摘要團體討論與決議；(9)具體的行動項目。所謂的行動項目，就是團體成員會議後分派到的工作，必須執行之。

記錄方法

　　會議記錄必須簡潔與精確，摘要出有用的、重要的討論內容。千萬不要變成會議的逐字稿，一字一字記錄。以下是一些建議：(1)不記流水帳，清楚摘要出主要的想法與行動；(2)確認書面決議、工作項目與截止日期，以避免日後產生爭議與誤解；(3)若不確定會議記錄的內容，宜向團體確認釐清；(4)取得議程與最後會議記錄有關的報告，並附在會議記

錄之後。

　　會議結束之後，一定要完成會議記錄，請主席確認無誤後，影印給大家。此記錄不僅是行動手冊，更可避免日後產生爭議。圖10-4可供參考。

中華創意生活協會
第一屆第二次（會員代表）大會　會議記錄

一、時間：99年12月18日（星期六）上午10時30分
二、地點：台北市瑞安街○○號
三、出席人員：應到人數41位，實到人數40位，缺席人數1位。
　　　　　　　李○寶已經兩次未出席會議。決議：請吳秘書聯繫之。
四、主席：蔡鴻
五、報告事項
　　過去一年半，進行多場講座與公益活動，成績斐然。100年度會務責任分工如下：
　　•秘書長：綜理各項行政庶務。
　　•吳秘書：負責協會年度主要活動規劃與執行。
　　•林秘書：負責協會其他例行性活動規劃。
　　本會98年度下半到99年度收支平衡，詳細內容亦請參閱會員大會手冊。
六、討論提案
提案一：討論100年年度工作計畫，收支預算表，以及工作人員待遇表等。
說　明：本案業經理監事聯席會議審查通過，提請大會通過後報請主管機關核備。
決　議：照案通過。
提案二：討論98年度下半暨99年度經費收支決算表。
說　明：本案業經理監事聯席會議審查通過，提請大會通過後報請主管機關核備。
決　議：照案通過。
七、臨時動議：無
八、第一屆監事補選：依章程之規定，應補選監事一名，其選舉結果如下：
　　陳○○（得票數30票），當選。
九、散會：中午12時10分

　　　　　　　　　　　　　　　　　　會議記錄：吳○○秘書

圖10-4　會議記錄範例

資料來源：中華創意生活協會。

⫸ 會議記錄的考量

　　負責會議記錄者因須決定何者應當記錄、何者可忽略等等，因此通常肩負著倫理上的考量。會議記錄者必須要非常精確地反映出整個會議的主要重點，而在時間緊迫與記錄言簡意賅的考量上，記錄人員須在精確記錄與便宜行事之間取得良好的平衡點。

　　在記錄時，面對冗長的討論過程、會員的抱怨、離題的言論、個人的意見評論等等，無須一一列入記錄當中，一般來說，會議記錄僅記載重要事項與結論即可，說明如下（Heller and Hindle, 1998: 429）：

1.精確記載事實與各方意見。
2.莫穿插記錄人員的個人意見。
3.務必謹慎小心，例如團體決議某些內容不得記載，便應依規定刪去。
4.有任何疑問均應詢問，例如該不該記載，或是用字遣詞是否允當等等。
5.切記：會議記錄常是唯一的記錄資料，外部團體也可能有機會讀到。

⫸ 會議效果的評估

　　為了分析會議的效率或瞭解日後需要改進之處，宜評估會議的執行過程與成果，通常的方法如下（Engleberg and Wynn, 2010: 307）：

1.會議進行期間，在往下一個討論議案之前，主席宜不斷詢問有無其他意見，可改善或修正團體的互動。
2.會議結束前，主席應該簡單摘要大家的意見，並尋求其他成員的意

見與建議。

3.會議之後，主席應詢問對於下次會議有哪些建議改進之處。

4.會議結束前，主席也可發送會後意見回饋表給全部成員。

意見回饋表（post-meeting reaction, PMR）是一種問卷設計，乃透過蒐集參與者的意見反映來評估會議的成功與否。主席可在會前先準備好這些問卷內容，待會議結束後發給與會者填寫。問卷內容包括量化與質化問題，所蒐集的意見內容可作為下次開會改進之用，詳見**表10-2**。

表10-2　團體評估──意見回饋表

1.你對會議目標的瞭解程度						
不清楚	1	2	3	4	5	清楚
2.議程的用處為何？						
無用	1	2	3	4	5	有用
3.會議室舒服程度為何？						
不舒服	1	2	3	4	5	舒服
4.團體準備會議的用心程度為何？						
未準備	1	2	3	4	5	妥善準備
5.每個人都有平等參與討論的機會為何？						
機會有限	1	2	3	4	5	機會多多
6.成員是否專心聆聽且採多元角度思考？						
未專心聆聽	1	2	3	4	5	專心聆聽
7.會議的氛圍為何？						
充滿敵意	1	2	3	4	5	友善的
8.會議結束後，工作分派與期限安排清楚嗎？						
不清楚	1	2	3	4	5	清楚
9.會議開始與結束均準時嗎？時間運用有效率嗎？						
效率低	1	2	3	4	5	效率高
10.這次會議你給幾分？						
不成功	1	2	3	4	5	成功
11.其他意見						

資料來源：Engleberg and Wynn（2010: 311）；作者整理。

開派對比開會重要

英國維京集團創辦人理查·布蘭森（Richard Branson）有一套成功的管理與領導哲學，不能不知道。對布蘭森而言，沒什麼事情是辦不到的，只有做與不做的問題。

布蘭森從小有閱讀障礙，卻在十五歲時創辦了《學生》雜誌，二十歲時創立了維京唱片郵購公司。如今維京已經發展成為涵蓋兩百多種業務、三百五十家企業的龐大集團，包括唱片、航空、旅館、飲料等等。2006年，集團營收高達81億美元。只要是布蘭森覺得好玩的點子，都能變成賺錢的好生意。

他和一般的企業家實在很不一樣，像是個過動兒，從沒看過像他如此熱愛到各地趴趴走的企業領導人。所有關於他的新聞都和派對脫離不了關係。「玩樂」就是他經營事業以及領導的最高原則。

開派對才是正事，開會就不必了

去年他邀請維京行動電話美國分公司的董事會以及合作廠商Sprint在他的私人小島上會面。丹·舒曼（Dan Schulman）於下午五點抵達，和布蘭森打了三盤網球，才開始吃晚餐。第二天早上五點半，布蘭森就叫醒舒曼，直奔網球場。在三天的假期中，他們總共打了十盤網球、下了三回合西洋棋，還跑去打撞球，布蘭森甚至要他跟著一起駕帆船、衝浪。

「這哪像是在開董事會，根本就是來玩的。回到家，我全身疲痛了一整個星期，」舒曼對美國《高速企業》雜誌（*FAST COMPANY*）的記者笑說。

這就是布蘭森！在維京集團，他永遠是第一個帶頭玩樂的人。坐不住辦公桌的他，最愛的是到全球各地分公司「視察」。每到一個地方，下班時間一到，立刻拉著大夥兒到餐廳喝酒聊天。對布蘭森而言，飲酒狂歡是和員工搏感情的不二法門，「離開辦公室才能讓人真

正放鬆，流露真性情」，當然也包括布蘭森本人。「別害怕展現自己的缺點或脆弱的一面，那才是真正的你，員工反而會因此打從心底服你。」布蘭森接受《華頓知識線上》（*Knowledge@Wharton*）訪問時說道。

多數領導人最愛營造的距離感與神祕感，全被布蘭森拋在腦後，他只怕自己沒有足夠的時間和員工「攪和」在一起。

試想，如果透過派對就可以完成會議目標，是多麼美好的事情。布蘭森的例子或許可以給許多開會成癮的老闆一些反思。

參考資料：吳凱琳（2009/11/18）。〈開派對比開會重要〉，《Cheers快樂工作報》。

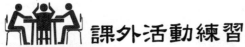

課外活動練習

10-1 會議角色扮演

一、活動目的：感受會議中不同角色的認知與態度。

二、活動說明：

    1.在會議中通常有幾種角色，例如夢想家述說著美好的願景；評論家針對看到的問題予以評述；實踐家著重於要怎麼做。

    2.請以常見的食物為對象，順序模擬夢想家、評論家與實踐家這三種角色，以對食物進行述說與評價。

三、活動人數：50人以內。

四、活動時間：20分鐘。

五、所需器材：紙、筆。

六、活動程序：

    1.由主持人帶領所有人依照活動程序2至4，一個步驟接著一個步驟進行。

2.請每個人先模擬自己是夢想家，以1分鐘時間，以直覺的方式寫下所知道的食物名稱。

3.其次模擬評論家，以身體健康、價格、取得方式為角度，評論剛剛所列出的食物。

4.模擬實行家，試著從所列的食物中調配出一道菜。

5.主持人請所有人輪流報出自己所決定的菜名。

七、注意事項：

1.程序2的夢想家模擬時，只有1分鐘，因此務必想到什麼就寫什麼，請憑直覺來寫。

2.程序3與4可給予較多的時間思考。

10-2 一言堂與雙向溝通

一、活動目的：體驗單向溝通與雙向溝通的差異。

二、活動說明：

1.溝通的目的在於讓對方瞭解自己所欲表達之意。若僅僅是單方的說明，可能造成對方認知上的錯誤。若能雙向溝通，除了說明，雙方尚可就內容相互溝通，以確認彼此都已經清楚所欲傳達的意思。

2.透過經驗一言堂與雙向溝通的差異，進而認知到對會議進行有效溝通的重要性。

三、活動人數：不拘。

四、活動時間：40分鐘。

1.單向一言堂：15分鐘。

2.雙向溝通：15分鐘。

3.團體分享與討論：10分鐘。

五、所需器材：A4白紙、筆。

六、活動程序：

1.由所有人中推派一位擔任「堂主」，一位擔任「發言人」。

2.「堂主」於A4白紙上，畫出10個不同的物體，大小、形式與位置不拘。

3.「發言人」將「堂主」所畫出的內容以口語方式傳達給其他人。

4.其他人依據「發言人」所述，試著在A4白紙上畫出，且畫圖過程中不可詢問「堂主」、「發言人」內容，或與其他人交頭接耳。

5.待大家完成後，由堂主公布其所繪的10個不同物體，並比較與其他人所繪的內容有何差異。

6.同樣的，由所有人中推派一位擔任「堂主」，一位擔任「發言人」。

7.「堂主」於A4白紙上，畫出10個不同的物體，大小、形式與位置不拘。

8.「發言人」將「堂主」所畫出的內容以口語方式傳達給其他人。

9.其他人依據「發言人」所述，試著在A4白紙上畫出，除了畫圖外，也要向「發言人」或其他人詢問發言人剛剛所描述的內容。

10.待大家完成後，由堂主公布其所繪的10個不同物體，並與其他人比較所繪的內容有何差異。

11.團體討論：透過這次的練習，思考如何建立團體的溝通機制，讓團體會議或溝通更有效能。

關鍵詞彙

會議企劃	議程	會議結構	主席	內部會議室
外部會議室	規劃會議	準備議程	議題	主持會議
袖手旁觀者	喋喋不休者	打斷發言者	竊竊私語者	遲到早退者
會議記錄	意見回饋表（PMR）			

課後動動腦

1. 請問：為什麼要開會？又為什麼大家都不太喜歡開會？
2. 如果你負責召開會議，請問開會前的你應該先做好哪些準備？
3. 如果你是會議主席，面對團體中頭痛煩人的搗蛋分子，你要如何處置？
4. 如果你負責會議記錄，那麼有哪些提高記錄效率的方法，記錄過程中又有哪些注意事項？
5. 在開過這麼多會議之後，你認為一個會議的成功與否應該如何評估？

Chapter *11*

團體簡報

學 習 目 標

- 認識團體簡報的目的與功能
- 瞭解如何準備團體簡報
- 學會團體簡報的製作
- 瞭解團體簡報的運用技巧

跟賈伯斯學簡報技巧

　　蘋果電腦創辦人史提夫‧賈伯斯是美國企業界中最佳的演說家之一，也是全世界最擅長擄獲人心的溝通專家之一。他帶領蘋果改變了本世紀人類使用電腦、聽音樂的習慣。美國《商業週刊》（*Business Week*）網站的專欄作家卡洛（Carmine Gallo）長期觀察分析賈伯斯的簡報風格發現，賈伯斯從1980年推出蘋果電腦以來，每年都在精進自己的簡報內容和技巧；每張簡報都是精密思慮後的作品；每次演講都是賣力練習下的演出。經專家研究，賈伯斯的簡報包含五大祕訣：

‧第一個祕訣：賣商品的好處

　　賈伯斯不是賣一個鐵盒子，他賣的是一種使用經驗。不像大多數科技狂只會專注在令人望之卻步的統計數字上，他賣的是產品的好處。譬如說：當介紹30GB的iPod時，他會很清楚地解釋該商品為消費者帶來哪些好處，諸如30GB代表可以裝7,500首歌、25,000張數位相片，或是75小時的影片。

　　賈伯斯在介紹蘋果第一台內建英特爾晶片的筆記型電腦時，開頭的第一句話就是：「這代表著什麼？」接著，他繼續解釋這台筆記型電腦有兩個處理器，讓這個新產品比起上一代的Powerbook G4要快上四至五倍。對此，他稱之為一個「驚嘆號」。他同時也說，這台是蘋果有史以來最薄的筆記型電腦，而且裝備著「驚人」的新特色，包括更亮的寬螢幕，和內建可供視訊會議用的數位攝影機。他強調的不是「科技」，而是科技可以帶給你什麼樣的新改變。

‧第二個祕訣：練習，練習，再練習

　　賈伯斯從來不把好的簡報視為理所當然，他一次次復習和演練簡報的題材。根據《商業週刊》2011年2月的報導指出：「賈伯斯向大家揭露蘋果最新產品時，彷彿就像一個朋友驕傲地在向你炫耀家中的新發明。事實上，他台上輕鬆的態度背後，卻是幾個小時累人的練習。」文章中也指出，賈伯斯花四個小時去復習每張投影片和講稿，是稀鬆平常的事。

‧第三個祕訣：把演說視覺化

　　在賈伯斯的演講中，投影片上很少有文字要點。每張投影片都是高度視

覺化的，如果他在講一個電腦裡面的新晶片，他背後的投影片就會在電腦旁跳出生動的晶片圖。就是這樣，簡單而且視覺化。

蘋果電腦的簡報不是以一般常用的Powerpoint軟體做的。但是Powerpoint投影片卻一樣可以做出視覺化效果。這關係到你自己是否能將簡報內容做視覺化的思考，而不落入僅僅是製作標題和要點的窠臼。

· 第四個祕訣：散發熱情、活力和熱忱

賈伯斯具有一種感染他人的熱忱。當介紹蘋果最新的video iPod時，他會說「這是我們做過最棒的音樂播放器」、「它有棒透了的螢幕」、「它的外觀顏色真是難以置信」，以及「這影片品質實在太棒了」。很多人都會說他們對自己的產品充滿熱情，但是當他們落入簡報的情境時，往往就喪失他們的活力和熱忱。但是，賈伯斯卻把他的熱情帶到簡報現場上。

賈伯斯在1980年代的故事，證明了他的熱情。他過去在說服前百事可樂執行長斯庫勒（John Sculley）來帶領蘋果時，對他說：「你想要一輩子賣糖水，還是想要改變這個世界？」斯庫勒後來選擇了後者，雖然這個組合到最後宣告失敗，但是這故事卻反映了賈伯斯在蘋果創立時的使命感，而且這個使命感還持續到今天。

· 第五個祕訣：「還有更棒的一件事是……」

在每個簡報的尾聲，賈伯斯總會戲劇化的加上一句話：「還有更棒的一件事是……」然後，他就會再附加介紹一項新產品、一項產品新特色，有時還會介紹一個樂團。他把每次的簡報都包裝成一場表演：一個強而有力的開頭，中間穿插產品介紹，一個強而有力的結尾，最後再加上一首安可曲：「還有更棒的一件事是……」

參考資料：袁世珮譯（2010），Carmine Gallo著。《大家來看賈伯斯：向蘋果的表演大師學簡報》（*The Presentation Secrets of Steve Jobs: How to Be Insanely Great in Front of Any Audience*）。台北：麥格羅・希爾。

摘要

　　「台上一分鐘，台下十年工」、「一開口便知有沒有」。團體簡報在我們的生活中非常實用，使用機會也很頻繁，小到大學生的報告，大到商場上價值百萬、千萬的提案，簡報都扮演著非常重要的輔助角色。雖然我們經常在看別人做簡報，自身甚至也經常做簡報，但是不容否認的，做簡報與做好簡報卻是兩碼子事，其中下的苦工夫當然也是天差地別。

　　本章共分為五個部分。第一部分為團體簡報的類型。一般來說，簡報可分成三種類型：告知性簡報、說服性簡報與娛樂性簡報。我們一般所稱的簡報通常為說服性簡報，目的在讓聽者接受我們或團體的提議與觀點。

　　第二部分為簡報之準備。對於如何準備成功的簡報，Engleberg and Daly（2009）提出團體簡報成功的七個關鍵要素分別為：目的、聽眾、可信度、因時因地制宜、內容、組織與表達。其中聽眾尤為重要，一場成功的簡報必須切合聽眾的需求，才能達到簡報的目的。至於簡報的組織，則可以從題目、簡報大綱兩點來說明，前者簡報題目之擬訂，宜符合簡報者的專長、聽眾的背景與興趣，兩者相輔相成方有機會成就一場成功的簡報；至於後者簡報大綱，一般可劃分為三個部分，主要為介紹、主體與結論，其中介紹與結論不宜占用過多篇幅與時間，主體才是簡報的重點。

　　第三部分為團隊簡報，係指規劃良好、具有團體中凝聚力的簡報者進行說服性的簡報，目的在說服聽眾中的關鍵決策者。團隊簡報不是「一加一等於二」的結果，不是個人單一簡報的集合，而是團隊集思廣益、出謀劃策的結果。第四部分為簡報問答技巧，宜恪遵以下五個問答守則：(1)有備而來；(2)提防難題；(3)避免過冷；(4)避免過熱；(5)答覆切題，以達到賓主盡歡的目的。第五部分為簡報輔助工具，簡報者準備視聽輔助器具，可以吸引聽眾的注意力。另外，除了聲音之外，身體也是簡報的輔助工具，各種肢體語言產生的吸引力，不遜於機器設備，宜善用之。

一「激」定江山

（魯）肅先問（周）瑜曰：「今曹操驅眾南侵，和與戰二策，主公不能決，一聽於將軍。將軍之意若何？」瑜曰：「曹操以天子為名，其師不可拒。且其勢大，未可輕敵。戰則必敗，降則易安。吾意已決。來日見主公，便當遣使納降。」

魯肅愕然曰：「君言差矣！江東基業，已歷三世，豈可一旦棄於他人？」……二人互相爭辯，孔明只袖手冷笑。瑜曰：「先生何故哂笑？」孔明曰：「亮不笑別人，笑子敬不識時務耳。」肅曰：「先生如何反笑我不識時務？」孔明曰：「公瑾主意欲降操，甚為合理。」瑜曰：「孔明乃識時務之士，必與吾有同心。」肅曰：「孔明，你也如何說此？」孔明曰：「操極善用兵，天下莫敢當。向只有呂布、袁紹、袁術、劉表敢與對敵。今數人皆被操滅，天下無人矣。獨有劉豫州不識時務，強與爭衡：今孤身江夏，存亡未保。將軍決計降曹，可以保妻子，可以全富貴。國祚遷移，付之天命，何足惜哉！」

魯肅大怒曰：「汝教吾主屈膝受辱於國賊乎！」孔明曰：「愚有一計……只須遣一介之使，扁舟送兩個人到江上。操若得此兩人，百萬之眾，皆卸甲捲旗而退矣。」瑜曰：「用何二人，可退操兵？」孔明曰：「……（曹操）今雖引百萬之眾，虎視江南，其實為此二女（大喬、小喬）也。將軍何不去尋喬公，以千金買此二女，差人送與曹操……」

瑜曰：「操欲得二喬，有何證驗？」……孔明即時誦〈銅雀台賦〉云：「……（曹操）攬二喬於東南兮，樂朝夕之與共……」周瑜聽罷，勃然大怒，離座指北而罵曰：「老賊欺吾太甚！」孔明急起止之曰：「昔單于屢侵疆界，漢天子許以公主和親，今何惜民間二女乎？」瑜曰：「公有所不知。大喬是孫伯符將軍主婦，小喬乃瑜之妻也。」孔明佯作惶恐之狀，

曰：「亮實不知。失口亂言，死罪！死罪！」瑜曰：「吾與老
賊誓不兩立！」……孔明曰：「若蒙不棄，願效犬馬之勞，早
晚拱聽驅策。」瑜曰：「來日入見主公，便議起兵。」
～〈孔明用智激周瑜　孫權決計破曹操〉，《三國演義》第44回

團體簡報的類型

　　諸葛亮奉劉備之命到達江東勸說孫權共同抗曹。當見到主戰派的周
瑜，卻故意反說宜降不宜戰。魯肅不知是詐，與周瑜當面爭辯起來。諸
葛亮裝作主張投降的樣子，然後說我有一計，只要派一名使者，送大喬
（孫策之婦）、小喬（周瑜之妻）兩人到江北給曹操，百萬大軍就會捲旗
卸甲而退。周瑜受激之下，氣說我與老賊曹操誓不兩立，希望先生助我一
臂之力。於是，兩人遂訂下聯合抗擊曹軍的大計。

　　孔明利用激將法，做了一次成功的團體遊說，達到聯吳抗曹的目
的。可見對其他團體遊說以遂己圖之事，古已有之。時至今日，隨著大眾
傳播媒體的勃興，進行團體溝通的方式大幅增加，例如我們熟悉的五大
大眾傳播工具（報紙、電視、廣播、雜誌與網路），或是日常生活中的
溝通小工具，如書信、紙條、報告、電話、手機、電子郵件、Facebook、
Plurk、Twitter、簡訊、簡報等等，均已成為溝通的方法。不過，哪一種
工具最能夠在短時間內對一小團體或一小群人產生較直接頻繁的互動與深
遠的影響或說服？答案就是小團體簡報（presentations in groups）[1]，孔明
用智激周瑜而獲得吳軍的協助，乃是一例。

　　事實上，在短短十或十五分鐘或是更長一些時間的成功團體簡報，
若能展現你個人或團隊的能力、自信與可信度，並有效的說服台下的評

---

[1]　presentations in groups意義眾多，在此配合章節需求以簡報譯之。

審、專家或老闆等等採用汝等的提案或想法，則帶來的正面效益實是不容小覷，例如借兵、結盟、升遷、得標、獲獎或錄取新職等等。反之，則可能全盤皆墨。

在規劃團體簡報之前，首先要問你或團隊進行簡報的目的（purpose）為何？因為不同的簡報目的，對於聽眾就有不同的想像，連帶會規劃出截然不同的簡報類型。關於簡報的類型，Harrington-Mackin（1996）指出，團體簡報的需求通常有三種類型：

1. 你個人或團隊對內部團體的會議簡報，例如公司團體的工作報告、週會、月會、年會等等。
2. 你個人或團隊代表團體對外部聽眾的簡報，例如公聽會、說明會、座談會、記者會等等。
3. 你個人或團隊對外部小組或團隊的簡報，例如公關公司、廣告公司對外提案、比稿、競標等等。

蔡鴻濱（2010）指出，簡報是目的性與說服性極高且兼具娛樂可能性的傳播活動，為了達成簡報的目的，講者首先就須認清當次簡報的類型。基本上，他認為團體簡報類型與演說類型極為類似，可分成三種：告知性簡報（speaking to inform）、說服性簡報（speaking to persuade）與娛樂性簡報（speaking to entertain）。

➤ 告知性簡報

就告知性簡報而言，目的在於增進團體成員對於某些主題的認識與瞭解，讓聽眾對於原先不瞭解的事物產生理解，例如認識減肥新品的特性、政府退撫新制對教職員工權益的影響、公司團體上年度營收狀況等等。此時簡報者的角色近似於教師。

告知性簡報的目的在於讓聽眾理解與認識，因此簡報者宜深入淺

出、清楚表達，不宜賣弄學識、耍弄團體熟知以外的專業術語，反而讓成員聽眾愈聽愈模糊。再者，如果聽眾素質不一，則應考慮聽眾能力的最大公約數，並在內容上避免過度的抽象化與專門化，以讓大多數的聽眾都聽得懂為佳。

ⅢⅢ➡ 說服性簡報

就說服性簡報而言，最為大家所重視，因說服性簡報目的在於改變聽眾的信念、態度或行為，扮演著等同於新聞學中所謂的「煽動者」或「鼓吹者」（advocate）的角色，其影響的方式包括讓聽眾建立新信念、態度或行為；增強既有的信念、態度或行為；以及改變既有的態度、信念或行為等三種。此種報告的目標目的強烈，迥異於告知性目的而企求聽眾被說服。說服性演說通常發生在政治遊說、商業行銷、心靈成長、激勵勵志、公關廣告等類型的簡報上。

ⅢⅢ➡ 娛樂性簡報

就娛樂性簡報而言，簡報者的目的在於取悅團體聽眾，讓聽眾高興愉快，簡報者扮演著娛樂者（entertainer）的角色。這類型講者經常是具有諧星特色的人物。基本上，簡報未必就要正經八百，許多場合也有娛樂性簡報的需求，例如大學社團年終同樂會議，報告年度十大糗事或十大新聞等等。這類簡報的目的在讓氣氛融洽快樂，或讓活動更為有趣等。這類場合中，聽眾也常期待聽到有趣且新鮮的話題，因此通常也考驗著講者說故事、講笑話、耍幽默或臨場反應的能力。

簡報之準備

　　縱使是職業的講者，毫無準備就上台，也難以完成一場精采的簡報。因此，在上台簡報之前，也就是規劃階段（planning stage），講者就必須充分準備，做足功課，舉凡尋找適當的簡報題目、聽眾分析、計畫簡報大綱、蒐集資料、組織簡報內容、製作簡報檔案、簡報設計，以及尋找自己或團隊的簡報風格、判斷簡報的時空環境等等，均須花費一番工夫設計，方能使簡報臻至完美。

　　對於如何準備成功的簡報，Engleberg and Daly（2009）提出團體簡報的七個關鍵要素與教戰守則，供作處理複雜的簡報演說之參考，介紹如下，並請見**表11-1**所示。

表11-1　準備簡報之關鍵要素與教戰守則

關鍵元素	教戰守則	範例說明
目的	決定演說目標	國產新車 LUXGEN7 MPV 的新車發表會
聽眾	與聽眾需求結合	北部媒體記者
可信度	提高你的信用	現場邀請代言人與政商名流背書
因時因地制宜（logistics）[2]	審時度勢，尋找風水寶地	在上午十時選擇大飯店，配合記者作息
內容	選擇合適的點子與資訊	如裕隆集團一手打造的本土品牌，首部國人自主研發的汽車品牌。以「世界車」的高度打造的產品
組織	有策略的組織內容	定位／策略：LUXGEN7 MPV世界第一部智慧科技車、第一部外銷國產車
表達	規劃與發表	服裝與會場設計呈現尊貴優雅氣勢，由集團老闆親自發表

資料來源：Engleberg and Daly（2009）；作者。

---

[2] logistics出自法文 logistique。logistique來自希臘語logistikē，logistikē代表 calculation。因此logistics主指計算算術，在此應是計算、統籌較佳的時機與地點之意，乃權譯因時因地制宜。

Ⅲ➡ 目的

　　前已敘述，目的（purpose）是簡報的最重要階段，影響整個簡報的方向，就等同於團體的定位與目標，簡報的目的將決定團體成員能聽到哪些訊息。例如已故的蘋果創辦人賈伯斯，2011年3月初抱著重病發表新一代的平板電腦iPad2，他在一片驚呼聲中上台，全場群眾起立鼓掌歡呼三十秒後，賈伯斯帶著笑容對大家說：「我們在這產品上費盡心思了好一陣子，我不想在這一天缺席。」這位矽谷傳奇人物冒著失去生命的風險出席，即在於他嗅出平板電腦市場將陷入戰國時期，他抱病簡報的目的可推測為意圖用自己的出現，來為iPad2戴上特殊光環，以確保銷售量與市場的地位，因為經由此舉，投資人和潛在消費者都會認為iPad2是經過賈伯斯親自加持的（blessing）（林易萱，2011）。

Ⅲ➡ 聽眾——聽者何人？

　　目的決定之後，就要思考聽者（audience）是何許人也？有哪些特性？等等。

　　首先，講者在簡報之前，如果對團體的社會背景、教育程度、性別、年齡、社經地位、職業類別、態度等等有所瞭解，則可以減少用字遣詞出錯、引喻失義等困擾，並避免講者與聽眾之間產生不快與誤會。因此，Engleberg and Daly（2009）便也建議在簡報之前，宜從人口學特質（demographic traits），如收入、教育程度、社經地位、職業類別，以及個人特質（individual attributes），如職業團體、工會、公會等來先掌握聽眾的特性。舉例來說，旅行社向農會管理階層簡報年度旅遊計畫，得知聽眾多數是地方型意見領袖，出遊的是農會幹部，且有預算與語言的考量，則推薦兩岸三地的行程，較可能獲得聽眾的青睞。

　　一般來說，進行聽眾分析有四種功能：(1)減少講者的焦慮與恐懼；

(2)幫助講者對簡報內容與用詞做適當的選擇；(3)協助講者有效的布局，以達成說服聽眾的目的；(4)簡報後對聽眾的回饋予以分析，作為未來簡報的參考。

以下針對聽眾年齡、性別、教育程度、社會背景、抱持態度等五個角度概說簡報對象／聽眾的屬性（黃仲珊、曾垂孝，2003）。

聽眾年齡

不同年齡層、不同世代的語言習慣、理解能力都不同，因此講者對不同年齡層的聽眾，不論是在內容或表達方式上，都須有不同的應對措施。例如針對企業內部高層，或青年團體，或御宅族等等，對應便有所不同。

聽眾性別

隨著女權運動的開展，許多女性不僅具性別意識，亦懂得捍衛自身權益，因此針對婦女團體、紳士團體，甚至同性戀或兩性共處的團體，簡報過程中的講題或是小故事都應多所考量與設計，以契合不同性別聽眾的興趣與背景。

聽眾教育程度

教育程度愈高，愈容易處理抽象、艱澀的問題，分析與剖析能力也相對較高，對於過於枝微末節或缺乏特色的簡報較無耐心；相對的，教育程度較低者，較易接受主題簡單、措辭通俗、實例較多的簡報。例如作者曾向行銷公司簡報，經營者白手起家，受教育有限，乃要求簡報應口語化。

聽眾社會背景

不管在何種團體之中，聽眾的背景通常相當多元，例如宗教信仰、職業、經濟能力、工作閱歷等的差異；有些團體因成員的職業或專業相同，例如教師會等，比較容易掌握聽眾特點，容易事先準備。

聽眾抱持的態度與意見

在一般簡報場合中，聽眾的態度經常是隱而不顯，通常到最後才能瞭解其同意或反對簡報的內容。如果簡報過程中可以感受到聽眾傾向支持，可以費時介紹方案的細節；反之，可以多花時間解釋聽眾可能的疑慮。例如國光石化規劃設在彰化王功並召開說明會，如果鄉民抱持疑慮態度，則宜針對設廠上的利弊得失做簡報以供鄉民做判斷；反之，如果鄉民傾向支持，則宜多介紹其提供的交通建設與就業機會等好處。

針對第五點不同態度的聽眾，簡報者的反應方式，整理如**表11-2**所示。

表11-2　聽眾態度與講者回應

聽眾支持你、或未決定、沒意見	聽眾反對你的觀點
呈現新訊息	確認你的目標是務實的
摘要重要觀點	尋找共識
激勵聽眾	使用公正且合理的證據

對於聽眾分析，不管是在團體內部或外部，均可在簡報之前向有關單位探詢聽者的背景之外，簡報過程中也可對聽眾進行觀察分析。例如講者一面簡報，一面注意聽眾的反應，看看聽眾是否身體前傾傾聽、微笑、點頭、大聲喝采、大笑，或是身體後仰、打呵欠、打瞌睡、不耐煩、左顧右盼、相互交談、猛看手錶、低頭、閉目養神，甚至中途離席等等，當簡報者發現聽眾有不良的回饋時，應該隨機應變，如立即改變表達方式或措辭等。

簡報結束後，宜開放問答時間，透過聽眾的提問與反映，來評估聽眾對簡報內容的理解與支持程度。例如某個規劃一直被討論或質疑，就表示講者的論點與觀點被挑戰；或是聽眾問了許多簡報內容以外的問題，也表示簡報抓不到重點或分析不夠深入。

⊪➡ 可信度

可信度（credibility）來自於聽眾有多相信你所報告的一切，不論你有多麼博學與熱情，聽眾才能決定你是否有能力與值得信任。有許多因素

 【團體溝通觀察站】

亞里斯多德與人格可信度（ethos）

提到簡報講者可信度（credibility），就不能不提到兩千多年前希臘哲人亞里斯多德在著作*Rhetoric*中率先提出的ethos概念。ethos在希臘文中係指人格（character）。亞氏指出，講者的人格就是其演說之際最重要的說服來源之一，也是最有效的說服方法之一。深入來說，ethos的含義還包括：人格特質或道德態度、演說中講者顯露的智慧、美德與善意等，使得人們相信講者是公正且值得信賴的，凡此種種特質都將對聽眾的心理產生先入為主的正面影響（林靜伶，2000）。

亞氏當年所提的人格，時至今日演變成人格可信度，更應用到當前許許多多的領域之中，除了團體簡報外，餘者如電視廣告或公關行銷活動中的代言人，多邀請形象清新、頗受歡迎的名人、藝人、運動員等為商品或活動加持，就是取其人格可信度較高，易獲聽眾信賴，以刺激或增加商品銷售量；再者如競選活動中的候選人，習慣找政治明星為其背書，亦是此理。

最後，在公共演說中，喜邀請專家學者或是知名人士，也是借用其人格上的光環，吸引更多民眾前往聆聽，避免演說場合門可羅雀等。試想，國家圖書館邀請2012年於美國走紅的NBA明星林書豪演講較受歡迎，還是沒沒無聞的學者呢？

參考資料：林靜伶（2000）。《語藝批評：理論與實踐》。台北：五南。

構成簡報者的可信度，以下三個因素對於可信度尤有強烈的影響，即能力、性格與善解人意。

能力（competence）

乃指專業與能力。若非此行專業就必須舉證說明，你如何累積這方面的專業，例如團體承接企業在職訓練專案，通常會自我介紹曾經成功執行過哪些類似案子，或相關的教育背景等。

人格（character）

反映你是否值得信任。例如你是誠實且有熱忱的嗎？視團體利益高於個人利害嗎？如果人格已經破產，多說何益？

善解人意（caring）

表示你是否懂得聆聽聽眾的心聲，瞭解聽眾的想法，以及融入並回應聽眾的回饋。簡言之，就是同理心。此舉也顯示你積極有活力且關心他人，容易吸引他人的加入，進而提升可信度。

▌▌▌➡ 因時因地制宜

所謂因時因地制宜（logistics）係指講者考量簡報時的時空環境，而做出適當的調整，換言之，簡報的地點與時間會影響簡報者的表現，不可不注意。講者簡報前，宜盤算一下簡報應有的內容，諸如簡報策略、內容安排、人員配置、時間、簡報有關的資訊，以及簡報時的場地環境等等，都應仔細考量，而非隨便看看。以下從簡報的場合、簡報的場地以及簡報的時間說明之（黃仲珊、曾垂孝，2003）。

簡報的場合

首先，就簡報的場合而言，講者應事先探詢，例如在佛教道場簡報，就應該避免對該教說三道四，或是比較該教與其他教派的優劣；再

者，前往較敏感的政治場合做簡報，亦應避免抨擊雙方政策，徒然引起雙方不悅。因此，在做簡報場合分析時，講者宜注意下列問題：

1. 場合的性質為何？是學術的、宗教的、機關的、企業的、政治的、玩樂的或是其他？
2. 聽眾聽簡報的目的為何？他們是期待告知性簡報，或是說服性簡報，還是娛樂性簡報？
3. 哪一類題目最適合這類場合？
4. 哪些內容、結構與例子最適合此一場合？是否要提及某些人物或事件？

簡報的場地

其次，就簡報的場地而言，不同的場地與設備會影響簡報的品質，其中宜注意的有：

1. 簡報場地是在室內或是室外？室內外的干擾與聲音有差別嗎？
2. 簡報場地是否讓成員感到舒適？有空調嗎？明亮度足夠嗎？有其他團體共用嗎？
3. 周圍環境存有的干擾為何？有無改善干擾的方法？例如左近恰好開始舉行廟會活動、鑼鼓震天等等應如何處理？
4. 與會人數有多少？是否需要麥克風或擴音設備支援？人數過多，建議借用麥克風。
5. 簡報現場是否有視聽器材？例如電視機、錄放影機、投影機等等。若要使用，應先確認其現場的播放效果。
6. 講者所使用的器材是否能讓每個人都聽得清楚？

簡報的時間

就簡報的時間而言，不同時間的安排，對於簡報的內容、用字遣詞、舉例，以及表達方式都有很大的影響，例如早上七點的早餐會報、中

午十二點的午餐會報，很多聽眾或成員可能都處在饑腸轆轆或是精神昏迷狀態，此時講者就應該以幽默詼諧逗趣的方式來開場或穿插，以提振大家聆聽的意願。若是巧遇連續假期前一晚的會報，聽眾因為歸心似箭，講者就該言簡意賅，長話短說。另外，有些場合，規定簡報時間只有十至十五分鐘，甚至僅五分鐘，此時就應避免長篇大論、又臭又長，講者最好恪遵林語堂博士的名言：「演說應該像女人的裙子，愈短愈好。」

⟶ 內容

你是否曾經聽完簡報，卻發現內容（content）與自己似乎無關，或是搔不到問題癢處？換句話說，就是講者的內容根本未符合聽眾的需求。因此，從蒐集資料的第一刻起，就應選擇與觀眾攸關且聽眾想知道的意見與資訊，因此在蒐集內容的過程中，宜不斷自問以下五個問題，以幫助你決定簡報的內容，以及應該採取哪種語言水準、用語，採用或排除哪些類別的資料等等：

1.他們對該主題已經認識多少？還有哪些是他們不知道的？
2.哪些是他們在意與考慮的焦點？
3.哪些是他們熟悉且容易理解的語言？
4.哪些因素可以促使他們採用我的意見，並且依照我的意見行事？
5.我能提供哪些專業意見，使他們相信我的簡報是值得信任的？

⟶ 組織

講者大多知道編排良好簡報的重要性，不過瞭解如何組織（organization）簡報與尋求相關證據，更有助於簡報的成功。之前，可以先問自己搜尋的資料是否有架構？哪些資料是必備的？哪些資料最重要、最有趣、最相關？等等。資料的選擇與製作簡報一樣重要，無關的

資料太多，容易讓簡報雜亂、失焦，也讓聽眾聽得「霧煞煞」，不知所云。對於簡報的組織，以下從題目、簡報大綱兩點分說之。

題目

在構思之前，可先擬訂簡報題目。一般來說，若對方已經先行決定簡報題目，講者就只能照既定題目準備。不過大多數情況，主辦單位都只是擬訂方向，再請講者於一定時間內擬出確定的簡報題目。由於有些簡報還需要對外告知，因此題目的擬訂最好早點提出。

題目的擬訂宜符合講者的專長、聽眾的背景與興趣，兩者相輔相成，方有機會成就一場成功的簡報。基本上，講者在接獲簡報任務後，就要開始擬訂題目，而且題目的擬訂通常要依照講者的經驗、興趣、信仰、專業、技術等等，先行列出與簡報主題契合且可行的題目，然後再考量資料蒐集、自身專業等因素，利用排除法來選定最後的題目。題目若吻合講者的專長，才能旁徵博引，也更有自信不怯場，聽眾聽起來也才會興味盎然，不致呵欠連連。

以下的原則可作為篩選題目時的依據（黃仲珊、曾垂孝，2003）：

1.題目能與大多數聽眾產生直接關聯嗎？
2.題目能傳遞有意義且新鮮的訊息給聽眾嗎？
3.題目能符合聽眾的實際需要，且聽眾有花時間聆聽的價值嗎？
4.題目合時合宜，並契合聽眾的背景與心態嗎？
5.題目與講者的專長契合嗎？
6.題目宜配合現場的節目安排，以求賓主盡歡。

講者也應考慮簡報的性質，確認是告知性，或說服性，或娛樂性，並認清簡報的目的。例如是會務簡報，或是說明台灣各大學評鑑制度，抑或是說明瘦肉精、防腐劑對人體的影響等等，都有助於簡報者確定最後的主題。

簡報大綱

瞭解聽眾背景、內容、簡報組織類型等等之後，就可開始規劃製作簡報。此時，可先訂出題目（正式簡報前還可修改）。整體來說，簡報可劃分為三個部分，主要為介紹、主體與結論，簡述大綱如下：

I. 介紹（introduction）
II. 主體（body）
    A. 主要觀點一
        · 支持證據資料
        · 支持證據資料
    B. 主要觀點二
        · 支持證據資料
        · 支持證據資料
    C. 主要觀點三
        · 支持證據資料
        · 支持證據資料
III. 結論

希臘哲學家柏拉圖指出演說的架構有介紹（introduction）、主體（body，即正文）與結論（conclusion），且在時間的分配上也宜適切，介紹與結論不宜過長，並以主體為要（Herrick, 2009）。以下依序說明介紹、主體與結論的內容。

介紹

介紹的功能就是開場白，是簡報的重心，也為主體鋪路。一般來說，依照演講的比率來類推簡報，則簡報的開場白時間應該占整體的10%至13%，主體為83%至85%，結論則約2%至7%，因此開場白與結論不宜過長。若以二十分鐘的簡報來概算，則開場白約兩分鐘，結論約一分

鐘，主體約十七分鐘。

再者，介紹的目的在於吸引聽眾的注意力，以引起聽眾良好的反應。因此講者在開場白破題時，就應該要有劇力萬鈞之勢，讓聽眾在還未進入情況之下，就深深受到簡報內容或講者的吸引。建立簡報好的開始，有以下幾個重點：

1.建立聽眾好感：因此要——

(1)態度友善、語言親切，不宜教訓、說教。

(2)禮數周到：感謝主辦與相關單位。

(3)就地取材讚揚聽眾，拉近彼此距離。

(4)幽默：講個有趣的故事或笑話，以贏得好感並熱絡氣氛。

2.引起聽眾的興趣：引起聽眾興趣的目的，是要讓聽眾願意聽你的簡報。引起聽眾興趣的方法如：

(1)問聽眾象徵性的問題：例如公聽會上說中華白海豚滅絕會有哪些後果？目的是要引起聽眾注意，不一定要聽眾回答。

(2)選擇小故事當引言：人是說故事的動物，也是愛聽故事的動物，說有趣的故事能吸引聽眾的注意，但忌說冷笑話，可能適得其反。

(3)透過與聽眾切身有關的事件來引起興趣：例如國光石化在彰化王功設廠，我們鄉民都被政府當作二等公民。

(4)引用令人驚奇的事實或統計數字當話引：例如台灣女性平均薪資比男性少1萬多元；台灣是全球生育率最低的國家等。

(5)利用輕鬆幽默的話。

(6)引用名人或名言：不要陳腔濫調，要引用真實的名人與名言，切忌老掉牙、太無聊，以免降低講者的價值。

(7)引用大眾熟悉的故事：例如簡報公司的危機管理，以中國大陸毒奶粉事件為例，就較能引起聽眾的注意。

3.建立講者的可信度：外部簡報時，若有介紹人簡單扼要的向聽眾介紹講者背景、學歷與專長，或是過去的傑出成就等等，有助於提升講者的可信度；若講者僅能自我介紹，則應以謙遜的口吻自我介紹，較能增加自身的可信度。不過，自我介紹經驗與專長時，宜與簡報主題相關。

4.介紹的禁忌：除了前述三項應注意事項外，講者宜避免下列情況：

(1)過分謙遜，自我貶抑：不要一開始就自我表白「小弟口才不好，敬請見諒」，聽眾花時間聆聽簡報是希望被尊重、有所得，不是來原諒你的口拙，雖然謙遜是美德，但簡報時過分謙虛，反而適得其反。

(2)標新立異，譁眾取寵：莫講風馬牛不相及的事，徒讓聽眾困擾。

(3)過與不及：介紹所占的時間約10%左右，若介紹過長，會讓聽眾感覺有被弔胃口或內容貧乏之感，過短的導言又缺乏張力。

(4)不恰當的幽默：幽默是拉近彼此距離的好方法，也是很高段的藝術，除了口條要清晰，也要適切掌握演說氣氛與聽眾情緒，如果沒有把握，不如中規中矩，以免貽笑大方（黃仲珊、曾垂孝，2003）。

主體

　　主體是用來說明整個簡報主題的核心部分，可從主體的架構與組織方法兩個角度來說明。

1.主體的架構：講者應該掌握四個準則：

(1)確定主題與簡報訴求的重點，並避免空洞膚淺，一場簡報宜僅訴求三至五個重點。

(2)按部就班安排簡報順序：事有輕重緩急，人有遠近親疏，簡報時應理出先後次序，並且環環相扣，不僅方便簡報，也讓聽眾容易理解。

(3)蒐集適當且充分的佐證資料（supporting material）：口說無憑，廣博蒐集資料與研究來佐證自己的觀點與理由，可令聽眾更為瞭解與信服（McCroskey, 1993）。例如，講者說明台灣少子化現象嚴重，引用主計處統計資料與分析，便更具說服力。

(4)布局通順流暢：講者整場簡報下來應該給聽眾一種行雲流水、痛快合理的感受。

2.主體的組織方法：有條理有組織的訊息便於記憶，一堆混亂的資訊

 【團體溝通觀察站】

簡報組織類型外篇

許多人面對龐雜的資料時，難免失了頭緒，不知如何編排，此時若有架構可供遵循，則事半功倍。Engleberg and Daly（2009）整理出七類組織的類型（organizational types），協助講者澄清核心概念，以及找出適合自己風格的表達形式，如**表11-3**所示。不同的簡報主題，有不同的規劃方向與內容，一旦勾勒出簡報內容，具體的證據資料便要一一補足。

表11-3　簡報組織類型

類型	範例
賦予理由型	我主張拉平公私立大學學費差距，有五大理由……
時間安排型	教育部須在年底前通過辦法，通過的時間表為……
空間安排型	為平衡城鄉差距，東部、南部非都會區提高補助的大學有……
問題解決型	增加私校補助後，解決公私立大學差距的項目有……
因果關係型	造成私校經營不易的原因有經費、經營方式與民眾心態……
故事與範例型	私校辦學也可很成功，如果參考美國學校的辦學經驗……
比較一對比型	比一比台灣與美國私校的差異，應知一些問題的癥結……

資料來源：Engleberg and Daly（2009）；作者。

如月亮、星星、人、是非、善惡等等便不易記憶，但如果組織成「天上星多月難明，地上人多心難平；是非曲折終有論，善惡到頭須現形」的因果關係，便容易產生記憶，也較具說服性效果。黃仲珊、曾垂孝（2003）建議組織主體時，不外乎以下五種方法：

(1)時間演進順序：這是主體最常用的組織方法，亦即依照時間的發生順序。例如要簡報台灣的被統治歷史，便從荷蘭說起，一路往下有鄭成功、清朝、日本、國民黨的統治；例如要瞭解如何海外遊學，則將準備的次序依照時間順序一一講出，便可清楚明白許多。

(2)空間的關係：除了以時間先後組織訊息，以空間組織訊息也是經常使用的方法，例如簡報中古車買賣祕訣、公園的空間營造策略等等，則主體中，前者有引擎、鈑金、內裝、輪胎、後車廂等；後者有樹木花圃、休閒區域、運動空間等，都有助於講者組織訊息。

(3)要點分類：即以各單元的分類來組織主體，較適合用於有關類型、方式、特點與要件的簡報。例如以三權分立探討美國政府的政治制度，探討學校的行政組織以校長室、教務處、總務處與訓導處等來說明，便較容易理解。

(4)因果關係或由果推因：其主體就是在探討事件的前因後果。例如在探討肥胖的簡報中，講者就會分析造成肥胖的種種原因，即是因果關係的運用。

(5)問題與解決方案：有時簡報的目的在於協助聽眾解決問題。延續前述例子，就是報告如何有效且健康的減肥。講者可說明肥胖會帶來哪些身心疾病、對人際關係與職場的影響，接著就要說明如何減肥以解決目前的困境。整體來說，減肥簡報的組織方法上，可以利用時間序列、因果關係、問題與解決方案來組織主體。

結論

　　有始有終，首尾相連，一氣呵成是好的簡報條件；至於未做結論的簡報，或是結尾氣勢薄弱的簡報，會給聽眾演說未完的感覺，有時也讓聽眾弄不懂簡報所要傳達的意旨為何。簡報的結論如何做，以下有幾點可供參考：

1. 要創新並製造強而有力的效果。
2. 長度至多不可超過全部簡報時間的10%，不可冗長，拖泥帶水，閒扯亂談，或過度客套，讓聽眾心裡嘀咕怎麼沒完沒了。
3. 呼應前言，以求前後連貫，首尾呼應。
4. 避免無意義的謙虛或哈腰道歉或逃之夭夭，易給聽眾講者經驗不足、缺乏自信的負面印象。
5. 利用最後、總之、總結以上的意見等話語，提醒聽眾簡報即將結束。
6. 再度強調簡報的核心觀念，或是做一有趣或充滿感情的結尾，或激發聽眾行動，勾勒遠景，可以讓聽眾意猶未盡，回味無窮。

　　簡言之，好的結論具有畫龍點睛之妙，講者不宜輕忽。

▌▍▶ 表達（performance）

　　就表達方式來說，一般可分為即席與非即席。即席表達又可分為兩種：一是幾乎全無準備之「即興表達」（impromptu）與具有大綱輔助或細心準備與練習之「即席表達」（extemporaneous）。前者乃毫無準備練習就上台，例如課堂上教師臨時請學生上台針對時事分析五分鐘；後者為較常使用的表達方式，讓講者事先在卡片上勾勒大綱或做些重點提示，報告時講者可配合場合彈性調整內容。至於非即席方式來說，即須事前製作良好的簡報。

製作良好的簡報，如果講者未能唱作俱佳，亦屬可惜。在簡報過程中，有一些技巧可循，以提升簡報者的可聽度、可看性，包括表達的五大守則、修辭原則與聲語的運用。

五大守則

從演說的角度思考簡報，好的簡報須遵守五大發表守則，包括說話特質、透明發表、活力自信、充分演練與保有自我（游梓翔，2000）。

說話特質

口語傳播先驅Winans在二十世紀初創造了談話特質（conversational quality）一詞，強調簡報比較像是與聽眾談話，而不是對聽眾訓話，也不是閒談寒暄（轉引自游梓翔，2000）。因此，Winans相信好的發表是講者與聽眾分享某種思想觀念，不需要固定的腳本，且需要在發表的那一刻重新創造思想，也唯有以思想為基礎，才能保有生動的溝通感。

透明發表

透明發表（transparent delivery）乃由學者Dance和Zakdance所提出，他們相信使發表最有效的關鍵在於透明（轉引自游梓翔，2000）。換言之，好的發表方式要能使聽眾接受、認知與瞭解資訊，但不會對講者本身的聲調、動作、形象等有特殊的印象，否則就是本末倒置。

活力自信

傳播學者Berlo、Lemert和Mertz找出一種稱之為活力（dynamism）的因素，係指講者如果可以在發表時展現積極與熱情，就可幫助講者在聽眾心目中建立可信任的形象（轉引自游梓翔，2000）。有活力者的特性如聲調上揚、帶有熱情的口吻、自信愉快、動作大方等等，當聽眾感受到講者的活力，眼睛也會亮了起來。再者，講者的自信程度也會影響聽眾的情緒，當然擁有自信必須有許多條件的配合，例如克服緊張、準備充分、相信聽眾是友善的、放大肢體語言、與聽眾眼神接觸等等。自信通常是講者

經過長久歷練、挑戰慢慢累積出來的，因此新手上路不妨觀察揣摩成功的講者，可以縮短自身摸索期。

充分演練

演練或是試講就是簡報前的彩排，幾乎所有的講者上台之前都會演練，以減少發生失誤，而充分演練也可減少簡報過程中不必要的遲疑與停頓，以提升講者的可信度。此外，講者的講話速度較一般談話快一些且流暢，聽眾會認為講者更為專業可信（陳彥豪譯，1999）。游梓翔引|Dance and Zakdance（1995）、Powers（1994）的觀點指出，演練過程宜注意以下四點：(1)要大聲演練；(2)要站著演練，因為大多數講者都是站著發表；(3)要連續演練，莫一犯錯就重來，因為實際的簡報演說無法重來；(4)要現場演練，最好到現場演練，否則也要到相似的場合練習。當然，在練習過程，有親人朋友在場觀察並提出建議，或是自己錄音錄影下來觀看，更可作為自我檢討與改進之用。

保有自我

保有自我意味著要能建立自我風格，就如同商品品牌市場一般，在消費者心目中印象最深刻的通常是同類商品中的第一名，例如台灣的連鎖便利商店7-ELEVEn，幾乎就等同便利商店的代名詞。同樣的，講者要依據個人的特質與習性，選擇發展與建立個人的簡報風格，毋庸一味模仿他人，反而讓自己失真。

修辭原則

講者的用字遣詞、聲調等等也會影響簡報表達的成功與否。有效的使用語言修辭的方法有四：適當的、正確的、清楚的與活現的。

首先，就適當的來說，語言的使用宜搭配題目、聽眾、目的與場合等。第二，就正確的而言，文獻、圖表、數字、文辭等宜力求正確，莫可斷章取義。第三，就清楚的來說，盡量使用大家都熟悉的字詞，忌太專業

或太花俏的用語，並避免引喻失義，尤其太專業的學術用語，宜再以簡單的方式解釋清楚，不宜以另一套學術用語來說明，反而愈說愈撐；另外，也不可以太過白話，不僅顯得鬆散無力，且缺乏公信力。最後，就活現的來說，宜使用活潑靈動的字詞來表達，少使用艱深晦澀的字句，比喻是很好的工具，可以表達講者所欲表達事件的內涵，也可創造幽默的效果。

聲語的運用

聲語的運用，也有助於講者的表達。Meyer便指出：「人的聲音是世界上最美的樂器，最能打動人心的就是聲音。」聲音除了傳送口語訊息，同時也傳送弦外之音，成為聽眾判斷講者情緒與人格特質的重要線索。一般來說，聲語的運用有以下幾點原則（游梓翔，2000）：

基本原則

1.正確呼吸，呼氣吸氣宜不疾不徐，輕鬆從容，平日就應多加練習。
2.富於變化，透過聲音的大小、速度、高低等改變，來豐富內容。

解析聲語

包括四個面向的討論：

1.就音量言：第一原則為大小適中，避免不足與吼叫，惟為搭配場地與內容，調整音量為或強或和或柔；第二原則為重音的使用，宜避免不用與避免亂用；第三原則為擴音設備的使用——即麥克風，宜注意避免發出雜音或品質不佳。

2.就音高言：是指聲音的高低，其基本原則為高低適中，音域足夠，講者宜找到適合自己的理想音高；另外在句調的音調變化上，乃利用音調變化傳達意義，例如「平直調」表達冷靜與平和情緒，「上升調」表達疑惑與驚訝，「下降調」表達堅定與沉痛，而「曲折

調」則表達挖苦或諷刺。

3. 就音速言：基本原則宜緩急適中。鹿宏勛、周明資（1978）建議演說速度每分鐘宜在180-200字之間，一般來說，160-200之間為慢板，201-240為中板；241-280為快板；另外講者宜善用停頓（包括自然停頓、語法停頓、修辭停頓），避免顛簸（包括不當停頓、有聲停頓如嗯嗯啊啊）。

4. 就音色言：是指講者的聲音質地。每個人的音色皆不同，各有特色，而音色會影響聽眾對講者人格的判斷，聲音圓潤悅耳通常較受聽眾青睞，評價也較正面，聲音刺耳則給人負面不當的聯想。雖然我們都無法改變我們的音色，但是保持健康，放鬆身心可以讓音色保持在最佳狀況，而去除不良的惡習如酗酒、抽菸、食用刺激性食物等，都能增加音色的圓潤度。

語音問題

正確的語音使用，可以明確的溝通訊息，也讓聽眾聽得明白。一般來說，語音發生問題，通常與講者的發音、讀音有關。

首先，就發音問題而言，比較容易出錯者在於非母語的學習上，或是從小未正確學習發音方法，導致聲母或韻母發音錯誤，而使得發音聽起來特殊奇異，宜透過多聽多講的方式改進。

其次，就讀音問題而言，通常都因國學底子不佳，或是「有邊讀邊，沒邊念中間；中間也不會，就靠自己編」等不求甚解的態度所致。例如「造詣（一ˋ）讀成造『ㄓˇ』」、「『龜（ㄐㄩㄣ）裂』讀成『ㄍㄨㄟ』裂」等。中國文字博大精深，講者可以透過字典的查詢，或是請教相關學者，或是在平常時就多留心，或是不會讀時以其他方式取代〔例如「罄（ㄑㄧㄥˋ）竹難書」，罄字不會讀，可以「壞事做盡」來取代〕，都可避免貽笑大方，降低自己演說的公信力。

團隊簡報

　　團體的種類有許多，其中一類為公眾團體（public groups），如小組討論（panel discussions）、座談會（symposia）、論壇（forums）與管理小組（governance groups）等，這些團體以一組人的方式面對大眾。身處於公眾團體之中，縱使不發言，也代表著團體，亦即一言一行不僅要對自己負責，也要對團體與閱聽人（audience）負責。如果在團體中進行簡報，未發言者頻頻打呵欠，則不禁令人懷疑講者的可信度與團隊合作的默契是否不佳。例如大學生的分組報告，常變成少數人擔綱的作業，到了學期報告時，打混隊員因未進入狀況，不僅上台報告時錯誤百出，他人報告時則出現心不在焉而頻看窗外、手錶等突兀畫面。最佳的方式應該是表現出聚精會神的眼神、微笑贊同的表情與頻頻點頭等姿勢，來表現出團隊的默契與向心力，以獲得聽眾的支持。基本上，團隊簡報（team presentations）比起個人來得更加複雜，所需的決策也更為繁瑣，想要展現團隊的凝聚力，有許多條件要求。

　　簡單來說，團隊簡報係指規劃良好、具有團體凝聚力的簡報者進行說服性簡報，目的在說服聽眾中的關鍵決策者。例如公關公司或廣告公司比稿，就是一方面要說服具決策權力的企業內部人士支持其活動或廣告企劃案，一方面也要打敗其他對手以脫穎而出。

　　團隊簡報不是「一加一等於二」的結果，換言之，不是個人單一簡報的集合，而是團隊集思廣益、出謀劃策的結果。團隊簡報通常在於呈現團體是否具有能力勝任某項工作，換言之，乃呈現團隊是否具有效率、決策與團隊合作的能力。

　　Engleberg and Wynn（2010: 325）延續其對簡報的七個教戰守則來思考團隊簡報，指出個人與團隊簡報其實類似，應該考慮以下主要要素，作者並以範例說明，如**表11-4**所示。

　　整體來說，團隊簡報需要的時間、經歷與金錢遠遠大於個人簡報，

表11-4　團體簡報的主要要素

主要要素	教戰守則	範例說明
目的	每位隊員均知悉且支持團體目標	教育部「反霸凌」宣傳小組，清楚瞭解杜絕校園霸凌的任務與內容
聽眾	研究聽眾人格、態度、價值觀、需求等，可事先與聽眾溝通以調整內容	簡報現場多數是受霸凌的學生，簡報則偏重如何避免受霸凌，以及受霸凌後尋求協助如心理諮商的方法
可信度	說明團隊的專業與價值，提升可信度	介紹成員的專業背景，如講師是社工師或各校合格的輔導人員
因時因地制宜	配合團隊簡報時空，確認環境與設備，滿足簡報的需求	發現簡報現場人數眾多，則討論分析多數人的受霸凌經驗，減少單一個案討論
內容	選擇適合的點子與前後一致的資訊，莫給過多無關的細節	如強調霸凌是反社會行為，造成受害者心靈創傷、扭曲，甚至逼迫受害者產生報復性攻擊行為而霸凌他人，導致惡性循環
組織	簡報規劃含介紹、主體與結論，開頭要強而有力	如破題指出霸凌受害者可能會變成加害者的學生罹患精神疾病比率，比單純的加害人或受害人高，令人痛心
表達	不斷練習以臻於完美。簡報時其他成員要注意聽眾反應以適時調整內容	如運用統計數據引起學生注意，並以輕鬆氣氛討論，提升學生表達受霸凌經驗的意願，以協助解決問題

資料來源：Engleberg and Wynn（2010: 325）；作者。

不過透過團體互動所得到的回饋，相對也較高。舉例來說，每年由台灣廣告主協會（TAA）主辦、《動腦》雜誌協辦、許多知名廠商贊助的「TAA校園創意策略提案競賽」，都吸引不少校園各大行銷新兵好手組隊參與競賽，每個團隊人數約三至六人，學生組成的團隊須針對贊助廠商拿出的品牌，發想創意並思考如何操作品牌，以贏得消費者的青睞。第一階段初賽為企劃書審查，激發團隊的企劃構思能力，進入複賽的五組則須進行實地提案競賽，爭奪前三名，再由專業評審選出年度最具創意的校園行銷策略提案。各團隊提案過程中可以清楚看到各團隊的巧思以及充分的團隊合作，更可看到完美提案的背後不為人知的辛苦。

簡報問答技巧

簡報者縱使是頗有經驗的老手且身經百戰,也無法忽視問答時間可能帶來的衝擊與挫折,主因在於「術業有專攻,聞道有先後」,發表場合臥虎藏龍有之,不識趣者有之,甚至是專門來踢館者亦有之,因此難免有無法回答的問題。不過,問答時間是對聽眾的重視,是解決聽眾對諸多問題的疑惑,也是與聽眾建立關係的良機,雖然講者可藉由超時來避免聽眾問題,但逃避畢竟並非正道,愈能和聽眾互動,愈能充分展現自己的深厚知識、機智與公信力,實應慎用之。基本上,如果恪遵以下提供的問答守則,應能達到賓主盡歡的目的,此為:(1)有備而來;(2)提防難題;(3)避免過冷;(4)避免過熱;(5)答覆切題等五項原則(游梓翔,2000:335-344)。

有備而來

經驗豐富的講者對於內容與問答時間都有所準備,雖然一般問答時間通常不長,講者宜應多所準備。另外,準備方向可透過聽眾的問答習性探知,一般來說,聽眾都在以下四個方向提問問題:

1.要求補充:要求補充剛剛發表時未觸及或解說不夠深廣的議題。
2.要求澄清:要求再次解釋說明剛剛提過的觀點。
3.要求證明:要求講者提供更多的證據證明某一觀點的正確性。
4.要求解惑:要求講者針對其個人或社會問題提供解答。

提防難題

雖然講者準備充分,仍不免被問倒或因問題過於棘手而難以回答。於此之際就應該掌握,誠實乃為上策,知之為知之,不知為不知,無須逞強,否則信口胡謅,當聽眾深入問之,就等著大出洋相。不過,坦言不知道、不懂,實有損形象,因此可以換句話說來緩和尷尬,方法如:

1. 解釋原因：例如這不是我專業的領域。

2. 承諾回覆：假借忘記確切的內容，待確認後再告訴您。當然也要信守承諾，盡快回覆。

3. 讚美聽眾：例如讚美聽眾問了一個很有深度的問題，但這是個雞生蛋蛋生雞的問題，愛因斯坦也難以回答，可以四兩撥千斤的方式帶過難題。

4. 談論已知：將答案拉回自己熟知的領域，以間接的方式回答，或改談自己的觀點。

避免過冷

最常見的過冷問題是，問答時間無人提問，整個會場就只聽到講者或主持人不斷重複大家有沒有問題，只會讓場面更冷。對此較好的解決方式為提示、提問與自問自答。就提示而言，可以提示聽眾我剛剛講的哪一句話大有文章，你們知道是哪些意思嗎？就提問而言，聽眾不問，你反問，如果講者有帶小禮物或是自己的著作當贈品，就更加具有誘惑力，例如說自己的初戀經驗就送一本講者最新出版的著作。就自問自答而言，例如「我常常在思考，為什麼……」，或是「我常常被學生問道……」等等。

避免過冷也和講者的簡報態度有關，講者在語言部分要讓聽眾知道，你是願意敞開心胸聆聽不同聲音、與大家一起互動討論的講者；在非語言部分，透過點頭、發出嗯啊的聲音或是目光迎視、身體前傾都是熱切態度的展現；另外，講者也要讓場子熱起來，最好的方式是講者與在場聽眾有所互動，不然講者在問答過程中，也要不忘掃瞄全場，莫老將眼睛鎖住在提問者身上，冷落他者。

避免過熱

場子冷是較普遍的情況，場子過熱較少，過熱場子通常會引伸出三種情況：打斷、多話與公憤。就打斷而言，有些聽眾會不識趣或是急於

發問而在簡報中舉手提問，這不僅打斷簡報的節奏，也對其他聽眾不公平；較佳的做法是告訴他之後會有提問時間，屆時再問不遲。就多話而言，很多場合會發現老是同一個人在發問，如果提問人未離題則無可厚非，若老是離題又長篇大論，就應適時打斷，再問是否有人要提問。就公憤而言，這種情況常出現在聽眾的提問引起聽眾的公憤，或是攻擊講者，或是得罪現場部分聽眾，這時講者不宜以隔山觀虎鬥的方式應對，而宜介入並扮演平息眾怒的角色（游梓翔，2000）。至於如何平息又端視現場狀況而定，高度考驗著講者的智慧。

答覆切題

就答覆切題而言，講者宜把握對題、適量與回應原則。就對題而言，能回答的問題，忌答非所問。就適量而言，由於問答時間有限，因此回答時間宜控制，若提問人意猶未盡，可以會後一對一對話，但也不宜過於簡單簡短，給人隨便的感覺。就回應而言，要以答案回答問題，而不是以問題反問或轉問，此舉雖然激發聽眾思考，但容易給人以上對下或輕慢的感覺，除非是事前經過設計，否則宜少用或特別謹慎用之。

簡報輔助工具

講者準備視聽輔助器具，可以吸引聽眾的注意力。另外，講者除了聲音之外，身體也是簡報的輔助工具。以下就從身體語言、視聽輔助工具兩個角度說明。

身體語言

在前面章節已經提過非語言的運用，在此僅做簡單概說。就身體語言而言，主要的輔助運用有服裝儀容、目光表情、姿態動作等（游梓

翔，2000）。

服裝儀容

合宜的服裝儀容具有加分效果，否則會破壞講者的公信力。服裝儀容方面可以分別從體態、裝扮來看。首先，就體態言，體態愈出眾，聽眾傾向於認為講者具有較高的說服力與公信力（游梓翔，2000）。另外，外貌至上已是世界趨勢，政壇、影壇等等幾乎都是如此，長得好看、外在形象佳的人，比較容易受青睞。不過，俊男美女並不是決定簡報好壞的關鍵，只要內容具有張力、震撼力，一樣能讓聽眾對你的簡報留下深刻的印象。其次，就裝扮言，講者可以透過服裝打扮來提升形象，但是配件不宜過多與太亮。

目光表情

臉部的目光與表情，也是發揮影響力的重要管道。

首先，就目光而言，講者宜注意：(1)莫當三板（黑板、天花板與地板）講者；(2)眼神不要只盯著某一兩個人看，或遙視房間後門；(3)眼神莫飄忽不定；(4)莫緊盯著螢幕、筆記、桌子、視覺材料；(5)不要看稿說話；(6)莫離聽眾太遠，否則聽眾看不到你的眼神。比較佳的眼神使用應該是：(1)眼光掃射全場，看全部聽眾；(2)講完一個點就看某一區域的聽眾，停留一會兒再往下一區移動，讓每位聽眾都知道講者留意到他們的存在與反應。

其次，就表情而言，要自然地展現情緒。心理學家Ekman和Friesen指出人類表達的情緒基本上有七種，且幾乎放諸四海皆準，即喜悅、憤怒、哀傷、厭惡、憂慮、驚訝與恐懼（陳彥豪譯，1999），這情緒宜隨著講稿內容自然出現，就像新聞主播隨著新聞稿的內容轉變臉部表情，向讀者預告下一則新聞是好是壞。講者也宜如此，並且避免面無表情、一號表情與錯誤表情，尤其是後者表錯情，容易給人不莊重或是輕浮的感覺。

姿態動作

首先，就手勢而言，手勢具有加強語氣的功能，因此許多講者容易手舞足蹈，以增加演說的說服效果，不過手勢的運用不宜刻意做作，而是隨著演說的內容自然形成。而妥切的手勢使用可協助講者達成以下六種功能：

1.指示：將手勢當作指揮棒使用。
2.分割：手掌由上往下切割，做出區別。
3.形容：用手勢模擬事物大小高低等。
4.強調：握緊拳頭等，協助講者加強某些觀點。
5.支持：雙臂張開，代表接受與支持。
6.反對：手心面對聽眾後左右搖晃，表示不可以。

其次，就姿勢而言，不同的身體姿勢也充滿了各種意義，例如站著與坐著演說的意義就不同，站著簡報可以增加吸引力與說服力，人數少時坐著為宜。就站著言，講者姿勢宜端正、輕鬆，不宜彎腰駝背，保持身體平衡；坐著時不須正襟危坐，宜輕鬆端莊。

ⅢⅢ➤ 視聽輔助工具

伴隨新科技長足的發展，在演說過程中搭配視聽器材的使用，逐漸成為簡報、演說等必備工具。由於人是聲音視覺型的動物，因此搭配良善的影音內容，例如短片、圖表等，可以增進簡報的效果。作者校內教學、校外演講、簡報必然搭配影音、圖片，或圖表等來協助說明內容，聽眾的反應果然比起陽春型的報告更能聚焦。

輔助工具的優點（黃仲珊、曾垂孝，2003）

1.幫助聽眾瞭解事物的形狀，一張圖勝過千言萬語。

2.幫助聽眾瞭解複雜的關係，例如團體結構圖，一張圖表一目瞭然。

3.幫助聽眾瞭解抽象的概念，例如要瞭解牛肉瘦肉精的使用過程，利用圖片畫面，更易表達解說。

4.幫助講者提供證據，例如要瞭解媒體記者搶新聞亂象，則播一段畫面作證，更具說服力與可信度。

5.引起聽眾心理的震撼，例如要瞭解環境污染的嚴重性，則播放河川海洋污染影片，更易喚起聽眾認同與行動。

6.幫助聽眾組織訊息，掌握講者的進度。

7.提高聽眾興趣，讓簡報更生動活潑。

8.增進聽眾的記憶。

9.幫助講者記憶內容，減少恐懼。

輔助工具

1.實物道具：作者曾經在立法院服務，就經常看見許多助理為了增加立法委員問政的效果，特別製作海報、棍子等等道具，一方面凸顯立委的問政用心，一方面也可以增加媒體曝光的機會，顯見道具頗有吸引目光的效果。講者不須把自己弄得像是在作秀，但是把演說相關的實物，例如現場示範垃圾分類方式，便可以方便聽眾理解。

2.模型、地圖、各類型統計圖表、照片、錄影帶、電影、錄音資料、講義、電腦、影音多媒體等，皆具有協助聽眾進入情況、加速理解的功能，例如奧斯卡得獎影片《不願面對的真相》（*An Inconvenient Truth*），在影片中美國前副總統艾爾·高爾（Al Gore）的簡報裡大量運用圖表、照片、影片、記錄資料等等，讓聽眾很快就可以瞭解全球暖化現象的嚴重性。惟也不宜過度使用或依賴輔助器具，否則聽眾的注意力易分散，容易忘記此次簡報的主軸或目的。

3.影視輔助器材的使用，容易出狀況，例如投影機突然不亮，電腦或

是麥克風突然沒電，或是播放影片的喇叭突然沒聲音等等，這些都應該在簡報演說前確認，以免現場措手不及；如果由主辦單位準備輔助工具，也宜叮嚀主辦單位檢查備妥。

4.使用輔助工具宜有以下正確的觀念：

(1)輔助工具不會講話，要瞭解為何採用的理由。

(2)花一點時間給聽眾仔細看輔助工具的內容，如PPT。

(3)莫正對著圖表而背對聽眾報告，應直接面對聽眾。

(4)輔助工具使用宜有備份，否則也要有能力不依賴輔助工具報告。

作者教書多年，碰過多次投影機燈泡燒了，辛苦準備的PPT完全派不上用場，當下直接改以寫板書授課，也應付得過去。

總而言之，簡報是挑戰性高又頗為迷人的活動，在不熟悉的空間，面對熟悉或不熟悉的聽眾，在有限的時間下，表達新概念、新企劃，除了要說服聽眾接受你或團隊的想法，又要不覺得無聊，甚至開懷大笑並記住你們的想法，便可知道做一場成功的簡報其實不容易，無怪乎有人得了溝通恐懼症（communication apprehension）。不過，也正因為如此，透過簡報成功說服聽眾更顯珍貴，也激起簡報者莫大的成就感。

觀念應用　簡報不是One Man Show

　　簡報是高階主管認識員工最直接的方法，用心與不用心，一站上台，都會被放大檢驗。可以說，要讓主管對你加分或扣分，全都維繫在簡報上。

　　自2002年以台灣愛普生史上最年輕總經理之姿走馬上任以來，陳維鈞參與過無數場或精采絕倫、或乏善可陳的簡報會議。在他看來，簡報過程中可能犯的錯誤成千上萬，但總歸而言，最常見的問題便是缺乏對聽眾的同理心。

　　「簡報，不是你一個人的事。」陳維鈞觀察，許多簡報者經常沉浸在個人的獨腳戲裡，滿腦子只想著「我該說什麼」、「我要怎麼說」，因而忽略了「聽眾希望聽到什麼」、「怎樣才能讓觀眾聽完簡報後滿載而歸」，讓簡報成為了單向溝通，未能達成預期的成效。

‧聽故事的人，才是簡報主角

　　陳維鈞認為，一場成功且令人回味無窮的簡報，是由「3C」所組成，即customer（顧客，指聽眾）、creativity（別出心裁的創意）、control（現場氣氛的掌控，與說服力的傳達）。能夠兼顧3C，通常便足以完成一場精采的簡報。不過，許多簡報者卻經常顧此失彼，難以面面俱到。對此，陳維鈞建議，在求簡報的「精采」之前，應該先設法做到「不出錯」，關鍵就在於掌握住customer的需求，把聽眾的需求放在心上。

‧不夠貼心，簡報者常犯四個錯誤

　　陳維鈞歸納出四個簡報者常因為不夠體貼聽眾而犯下的錯誤：

1. 未能體察聽眾狀態，造成聽眾負擔：許多跨國會議為求效率，經常會為與會者塞滿一整天的會議行程。碰到這種行程滿檔的聽眾時，簡報者如果未能妥善做好時間規劃，只是自顧自地照

本宣科，將簡報時間拖得「落落長」，不難想見將換來台下此起彼落的打呼聲。

2. 塞入過多資訊，讓人難以消化：在思索簡報內容時，簡報者經常忘了將聽眾「想聽的內容」、「容易理解的方式」一併納入考量，只是胡亂塞入自己想說的東西，結果導致投影片上的文字及資訊量過多。這樣毫無章法的內容安排，可能壓縮到每張投影片的停留及解說時間；正當聽眾還在吸收消化投影片內容的時候，簡報者就因為時間緊迫急忙跳至下一張投影片，徒留聽眾在後頭苦苦追趕。

要瞭解聽眾到底想知道什麼，陳維鈞提供了一個小祕訣：事前進行小型的問卷調查，只談聽眾想知道或不知道的事。他也提醒，任何停留不到五秒的投影片，都是不必要存在的，應立即刪除。

3. 照本宣科，死氣沉沉：很多簡報者習慣窩在台上一角，看著手稿或投影片逐字照念，導致簡報過程枯燥乏味。「聽你念還不如我自己看！」陳維鈞認為，好的簡報者會設法讓聽眾融入其中，透過語氣、聲調及肢體語言的轉換，為簡報的氣氛增添上下起伏。

「當然不是每個人都能成為賈伯斯。」陳維鈞說，舞台魅力固然是與生俱來的天賦，勉強不來，但只要準備充足，必定能找到最自然的表達方式。

4. 背對觀眾，與現場「零互動」：從簡報者在台上站的位置，就可以看出他們有沒有把聽眾放在心裡。出席簡報的聽眾，真正要聽的其實是簡報者的解說，投影片只是輔助工具，只可惜很多人卻習慣背對聽眾，對著投影螢幕依樣讀稿。

陳維鈞認為，讓投影片變成主角的簡報者，一定是從頭到尾都沒有考慮過聽眾的需求。相反地，在意聽眾的簡報者，則是會

細心留意聽眾的表情，針對聽眾的反應即時調整簡報內容或解說速度。簡報者只顧著說話，放任聽眾自行解讀，是不負責任的做法。

·用心、不用心，台上見分曉

「要讓主管對你加分或扣分，全都維繫在簡報上。」陳維鈞指出，對高階主管而言，簡報是認識員工最直接的方法。透過一個人的簡報表現，可以看出他的準備心力與工作態度，「同時也能看出員工對公司產品的認同感」。陳維鈞憶及1995年一次讓他錯愕的聽取簡報經驗：當時的簡報主軸環繞在愛普生推出的第一台彩色噴墨印表機；然而，簡報者在台上大力陳述新產品的種種功能時，所使用的投影片卻都是黑白印刷，讓台下所有人面面相覷。

「用心或不用心，站到台上都會被加倍放大，這正是簡報最讓人愛恨交織之處。」下次，你有機會進行簡報時，不妨採用前述的建議，看看簡報的效果與以前有多大的差別？若無，思考一下，問題出在哪一個環節？

參考資料：郭子苓（2010/7/1）。〈善用同理心，簡報不是One Man Show〉，《經理人月刊》，7月號。

課外活動練習

11-1 建立陣容堅強的團隊

一、活動目的：團隊簡報是一集體合作的工作，在團隊運作之前，先認
　　識隊員是我族類還是非我族類，並思考如何與不同特性的成員進行
　　團隊合作。

二、活動說明：

　　1.簡化、歸類角色並扮演之，並比較單一角色團隊與多重角色團隊
　　　的差異，以體驗團體中由不同角色組成的形式的特性與差異。

　　2.透過團體討論下方主題一的過程，建構心中陣容堅強的團隊，也
　　　藉此過程發現個人與團隊的不同。

　　3.團隊討論主題二的活動，在於讓參與者思考，面臨不同情境如家
　　　庭中的長輩與晚輩、工作上的主管與部屬，在不同的個人特質上
　　　可以預先思考可能的溝通方式，以達成溝通的效果，進而學習到
　　　如何與不同特質的人相處，以減少團隊合作上的衝突，並增加凝
　　　聚力。

三、活動人數：40人，8人一組共五組。

四、活動時間：80分鐘。

　　1.主題一討論：15分鐘。

　　2.主題一報告：25分鐘。

　　3.主題二討論：15分鐘。

　　4.主題二報告：25分鐘。

五、所需器材：海報紙、筆。

六、活動程序：

　　1.分組討論後由小組長報告。

　　2.假設：這個世界只有老虎、孔雀、貓頭鷹、無尾熊與變色龍這五

種動物。

3.小組討論與報告主題一：

3.1直覺上老虎、孔雀、貓頭鷹、無尾熊與變色龍，有些什麼特質？

3.2我具有哪一種動物的特質？

3.3如果世界上只有這五種動物，我會怎麼來建構一個團隊？團隊中會有哪些成員？

3.4如果五種動物因為絕種危機只剩下我所屬的那一類動物，你的感覺如何呢？

4.小組接著討論主題二：

4.1我的父母、配偶或異性朋友、小孩、辦公室同事、班上同學，有哪一種動物的特質？

4.2發現了家人、朋友、同事、同學的特質，無法與自己的特質搭配，則我應如何調整，以便讓雙方都有共識，更好溝通？

4.3參考以下表格來討論：

‧當子女是某一類型，遇到某一類型的父母，應如何來溝通？

相處方式		父母特性				
		老虎	貓頭鷹	孔雀	無尾熊	變色龍
子女特性	老虎					
	貓頭鷹					
	孔雀					
	無尾熊					
	變色龍					

‧當我是某一類型的部屬，遇到某一類型的主管，應該如何做，以順暢與主管的溝通？

相處方式		主管特性				
		老虎	貓頭鷹	孔雀	無尾熊	變色龍
部屬特性	老虎					
	貓頭鷹					
	孔雀					
	無尾熊					
	變色龍					

11-2 幽默巨星簡報大會串

一、活動目的：借用別人的幽默感以培養自己的幽默感。

二、活動說明：透過模仿方式揣摩被模仿者的幽默感，並對團體表達簡報時的感受。

三、活動人數：30人。

四、活動時間：60分鐘，每人2分鐘。

五、所需器材：A4紙張、筆、計時器。

六、活動程序：

1.請從活動參與者之中選擇一位較具幽默感者作為模仿的對象。

2.再請被模仿者自行選定一個題目，準備2分鐘的簡報。參與者宜仔細觀看所欲模仿者的幽默感，以期貼切展現其幽默的內容。

3.如果團體中沒有此類幽默人才，可以從戲劇節目或是電影中擷取幽默的片段播放。

4.決定一位計時者，對簡報的學員進行計時。當剩下30秒時，大聲提示「30秒」，當2分鐘到，大聲提示「時間到」。

5.請所有成員輪流上台進行幽默感簡報，聽到提示「30秒」時，可準備開始結論，聽到提示「時間到」，請立刻停止，換下一位上場。

6.團體討論：請大家坐下來一起討論，模仿別人幽默感時的體會。

關鍵詞彙

簡報	團隊簡報	告知性簡報	說服性簡報	娛樂性簡報
目的	聽眾	可信度	因時因地制宜	內容
組織	表達	人格	人口學特質	個人特質
題目	簡報大綱	介紹	主體	結論
即興表達	即席表達	談話特質	透明發表	活力自信
充分演練	保有自我	音量	音高	音速
音色	語音	有備而來	提防難題	避免過冷
避免過熱	答覆切題	身體語言	服裝儀容	目光表情
姿態動作	溝通恐懼症			

課後動動腦

1. 請問：在哪些情況下，我們有製作簡報的需求？

2. 如果你是某大學傳播系的系學會會長，要向約三十位的普通高中大眾傳播社學生簡報你就讀科系的特色，請問：在著手準備簡報之前，宜注意哪些問題？

3. （續上題）你準備以「大學四年與記者夢」為簡報主題，請問：你如何勾勒你的簡報大綱？又應該準備哪些內容？

4. 人品決定說話的說服力，請問你如何提升進行簡報時的可信度？

5. 簡報後的問答可增進台上台下的交流，請問：在問答過程中，有哪些問題需要特別注意？

6. 請問：可以使用哪些簡報輔助工具，為你的簡報增色？

Chapter *12*

科技與虛擬團體

學 習 目 標

 瞭解虛擬團體的本質

 瞭解同步溝通軟體群

 瞭解非同步溝通軟體群

異次元駭客

電腦科學家海蒙‧福勒，帶著兩名優秀的研究員一起研究電腦虛擬實境，他們在小小的電腦晶片上，虛擬出1937年的洛杉磯，這是科學家海蒙的年輕時代。

一天夜裡，海蒙進入了此一虛擬實境，發現一個關於1999年的大祕密，他迫不及待地想將這個驚人祕密告訴他最器重的夥伴道格拉斯，於是把寫有真相的紙條託付給吧檯的服務員，請他轉交給道格拉斯，並在道格拉斯的電話中留下了訊息。

當晚海蒙就遇害了，另一方面道格拉斯在隔天起床時發現垃圾筒裡有一件血衣。之後，當他聽到海蒙被殺害的消息時，他懷疑自己是否就是殺害海蒙的兇手，因為他根本記不得前晚發生的所有事情，所有的證據都指向他是頭號嫌疑犯。為了查明真相，他必須穿梭在真實與虛擬、過去與現在之間。

在影片中，主角是個電腦科學家，他的團隊成功建造了一個電子虛擬世界，用程式模擬了1937年洛杉磯的環境，也模擬了所有的居民，他們彼此之間可以互動，還過著各自的人生，就像真實的人生一般。這套軟體最大的價值，在於科學家等人可以將知覺透過轉接器下載轉換到虛擬程式之中，直接取代任一個居民的記憶，也就是直接變成虛擬世界裡的角色，而且感受也如同真實世界一般。換句話說，他自己就是個造物者，其他人都只是他所創造出來自動演算公式下的結果而已。

故事的精采處在於，當科學家進進出出那個世界多次後，裡頭的電子網路居民居然會開始起疑，為何有人會突然性格大變，記憶全失，在做一些不負責任的事情後，卻又全然不記得所發生的事。在真實世界中，主角也開始發現異常，因為他竟然殺了他至愛的教授，但他完全沒有任何印象。前一刻還躺在他懷裡的女朋友，轉眼間卻不認識他了。更令他驚恐的是，他想起來了，原來他從未出過城。

他驅車向那從未想過、也未曾到過的城市盡頭奔去，看到的不是藍天白雲，而是無盡的電子符號與線條……

科技時代的來臨，尤其是虛擬科技，讓人類對團體的概念也從真實走向

虛擬。過去許多對於團體的定義，在虛擬實境中面臨了嚴峻的挑戰。從電影《異次元駭客》就可以知道團體的形成、組成結構、成員的選擇、團體的結束等等，均已跳脫本書中的種種界定。容或虛擬團體真的紛至沓來，本書的內容定要重新改寫吧！

參考資料：http://app.atmovies.com.tw/movie/movie.cfm?action=filmdata&film_id=fTatm0885041。

摘要

喬治·歐威爾（George Orwell）寫就《一九八四》的1948年，訴說著人們一方面享受科技便利的同時，一方面卻也籠罩在科技陰影之下，無法遁逃。換言之，科技就像兩刃之劍，可助人也可害人。更重要的是，不管我們喜不喜歡新科技，當前的時空環境已經逼使個人或團體開始採用各種新的工具，或是接受各種新傳播形式，並逐漸改變我們的生活習慣與團體運作方式。

本章分為兩個部分來說明科技與虛擬團體的關係。第一部分為虛擬團體的意涵，除了定義虛擬團體的意義、形成之外，並探討面對面溝通與電腦中介傳播之間的異同。

第二部分為同步與非同步溝通。就前者同步溝通而言，係指利用時間、運用科技進行自發性的互動，主要的溝通形式有電話會議、視訊會議、文字會議與電子會議系統。其中，電話會議有兩種形式：利用電視的電話會議與電傳會議，以及利用網路的電話會議；文字會議的溝通形式則有：聊天室、桌上型（視訊）會議、即時電腦會議、網際閒聊系統等等；至於電子會議系統經常使用在跨國會議上，雖然價格昂貴卻很實用方便。最後，就非同步溝通而言，其具有價格較便宜與較為方便有效等優點，其主要的溝通軟體則有電子郵件與電子布告欄。

　　媒體的形式控制著人類彼此之間的關係，也影響人們行動的規模與樣貌，無怪乎傳播預言家Herbert Marshall McLuhan（1911-1980）說「媒體就是訊息」（The medium is the message）。舉凡口語、書寫、數字、衣服、房舍、金錢、鐘錶、印刷術、輪子、照相、報紙、電報、打字機、電話、電影、收音機、電視機、武器、車子等等都是媒體，也都影響人類的社會表達，並構成了社會的本質。

　　再者，花費McLuhan眾多精力，並於1964年出版的《認識傳播媒介：人的延伸》（*Understanding Media: The Extensions of Ma*n），其探討的就是關於科技或技術（technology）所產生的效果。他也探索科技影響力與流行文化的發展關係，從而進一步地明白到科技的發展如何影響人類在其所處的社會群體之間的互動關係。McLuhan對於複雜的媒介有深刻的觀察，認為人們生活在一個由科技化和媒介主導的社會的新狀況。McLuhan且宣布世界成了地球村（global village），並預測整個世界的社群／團體特徵日形明顯。

　　傳播巨擘McLuhan於1980年辭世不久，繼之而來的即是電腦革命以及網際網路的興起，不論是資訊時代或是全球村的概念，驗證了McLuhan作為傳播先知的正當性。

　　整體來說，媒體科技的使用不僅延伸我們人類的感官，其內容對我們更產生深刻的影響；亦即新媒體的產生，即使傳遞著相同的內容，也會引起人類生活方式的改變，造成社會結構的變化，因此影響社會與個人的不是媒體的內容，而是媒體科技本身。舉例來說，網路溝通媒體MSN、Facebook、Twitter、Plurk，都是溝通平台，功能相仿，不過人類的互動方式因此改變，人們透過網路虛擬互動各取所需。基此，新科技改變人際溝通方式，也改變人類團體溝通的方法。以下則說明在運用新科技之下團體溝通之實踐。

虛擬團體的意涵

虛擬團體的意義

虛擬（virtual）一詞在英文中有兩個意義：一是和道德、權力相關，意指有力的、有效的，表示可以創造出某種效果，或是本身就是一種效果；一是指虛像的，如鏡子中出現的影像（黃厚銘，1998；吳筱玫，2003）。虛擬團體（virtual group），同時具有這兩個意思，也可在團體中衍生出各種形式、規範、目標、人際關係等等，也具有一定的效果。因此，虛擬團體中的真實是實存的真實，不是虛幻、虛無的。基此，虛擬團體乃指「透過傳播科技進行溝通，且能跨越時空與組織的藩籬」。亦即在廣大的時間與空間裡，擁有許多各自獨立的團體成員，運用科技進行團體工作，基此，可說虛擬團隊（virtual team）幾乎無所不在。以美國勞工的調查為例，有三分之二以上的勞工從事虛擬工作，接近半數（46%）者，一週至少加入虛擬團隊工作一次，多元化以及分散全球各處的商業與政府團隊，讓虛擬工作變得愈來愈稀鬆平常[1]。不過，僅是瞭解如何在團體場合中使用科技並不足夠，我們更關心的是如何使用正確的網路工具來提升團體運作的效能。簡言之，科技不應僅是幫助團體運作的有利工具。

虛擬團體的形成

虛擬團體的形成，可從Rheingold與Baym的觀點來解釋。Rheingold（2000）的集體利益（collective goods）追求觀點，認為虛擬團體的形成，肇因於團體成員追求以下三種利益：第一是社會網絡資本，讓成員深

---

[1] 參見https://e-meetings.verizonbusiness.com/global/en/meetingsinamerica/articles/pressrelease1.php。

入世界各個角落；第二是知識資本，讓成員得到各種不同專業的建議與指導；第三是共享資本，成員藉由分享交流彼此的共同經驗，獲得精神上的支持。

Baym（1998）認為網路上團體社群的形成與溝通效果有關。首先，因團體成員受到網路符號形式文字的影響；其次為每位成員在網路上都有屬於自己的身分，透過身分建構與揭露，形成另一個我；第三，再經過彼此互動，建立相互關係，雖然關係可能會維持一段時間，也可能會消失；最後，透過頻繁的互動與關係的展開，成員開始尋求規範與目標，從而建立管理機制，以控制言論的方向。

吳筱玫（2003）探討虛擬社區由鬆散到認同的過程，其觀點可視作虛擬團體如何由低層次的「虛擬」，到「採集」，再到高層次的「認同」團體[2]。

1.虛擬社區／團體是一個模擬與想像的共同體。

2.虛擬社區／團體是一個臨時的聚集，以語言與資源為基準。

3.虛擬社區／團體有其地域性，有一看不到的、動態的疆界，可以區分為內團體與外團體。成員來到網際空間，享受空間的自由度，但同時建構出一片地域，以尋求安全。

4.成員間具有某種程度的共同性，使他們的參與可以有種「融入」感，進一步建立可能的雙邊或多邊關係。此時社區／團體內部存有差異，因此成員仍有獨立的感覺。

5.社區／團體產生集體活動，成員對其行為準則有一定的共識，共享一些與其他社區／團體不同的規範。

6.社區／團體裡開始發展基本的、自給自足的經濟機制，此一機制為虛擬的，例如產生虛擬現金、虛擬金幣等等。

---

[2] 原文中為虛擬社區，虛擬社區／團體為作者所加，兩者在某種程度可視之為同義詞。

7.虛擬社區／團體裡開始應用法制的觀念，不服從社區／團體規範的
　成員將遭議處或懲戒。

　　虛擬團體與實體團體主要差異在於缺乏成員彼此之間的人際互動，
餘者相差不大，對於虛擬團體的實踐，Staple and Webster（2007）提出
虛擬團體最佳實踐法則（best practices），來改善團體表現與成員的滿意
度。其中較重要的最佳實踐法則如下：

1.我們有充分的資源（資金、人員與技術等）來達成目標。
2.我們有適當與有效的資訊科技與技術。
3.我們有充分的電子溝通技術之訓練。
4.我們有充分的遠端協調技術之訓練。
5.我們有擔任模範角色的成員，因此可以透過與他們每日互動的過程
　學習。

ⅢⅢ▶ 面對面溝通與電腦中介傳播

　　對於在實體團體與虛擬團體工作的差異，許多研究都從面對面溝通
（face to face communication, FTF）與電腦中介傳播（computer-mediated
communication, CMC）的角度，說明在此兩種不同環境下，團體的工作效
能有何差異。

　　商業與政府部門及一般組織多擁抱CMC，因不論是遠在世界各地，
或是近在同一棟大樓的成員，均可以透過CMC進行溝通，大量節省召集
分散在各地的成員往返兩地所需耗費的大量時間與金錢。許多企業基於節
省時間與金錢的理由而支持虛擬團隊與工作[3]。

　　不過，CMC與FTF團體何者較具有效率呢？研究顯示，當團體的任

---

[3]　同註1。

務複雜，FTF的團體表現優於CMC團體；相對的，當團體的任務簡單時，CMC團體表現優於FTF團體。再者，從任務的複雜度與特性來分析，則CMC比FTF團體在溝通上相對沒有效率，而且完成任務所需的時間也增加不少（Li, 2007）。

Niederman and Beise（1999）以一定時間中團體面對面的互動程度與科技中介溝通的程度，來判斷團體的虛擬化程度，並將團體分為四種類型，分述如下並整理如**表12-1**所示。

1.高度虛擬化團體（highly-virtual group）：即虛擬團隊，成員鮮少面對面溝通，高度依賴電腦的中介傳播特性。

2.充分支援型團體（fully-supported group）：團體成員充分使用資訊科技輔助，在決策過程中高度面對面溝通。

3.傳統式團體（traditional group）：即一般團體，成員多半面對面溝通，少用科技輔助溝通。

4.不活躍團體（inactive group）：可能因團體功能不甚重要或團體功能發生障礙。

簡言之，虛擬團體雖然無遠弗屆，非常方便，且不受時空的限制，隨時隨地均可進行團體的溝通與互動，不過其仍無法取代人與人之間的互動。舉例來說，團體成員親身互動時的氣息、距離的維持、語言的操持、肢體語言、表情、眼神、服裝、人工飾品等等所傳達的意義，卻不是虛擬團體所可望其項背；尤其在虛擬團體的互動過程中，受限於電腦溝通

表12-1　團體虛擬化層次之分類

		面對面（FTF）的程度	
		低	高
科技中介溝通（CMC）的程度	低	不活躍團體	傳統式團體
	高	高度虛擬化團體	充分支援型團體

資料來源：Niederman and Beise（1999）。

設備的良窳，以及紀律的維持等等因素的影響，反而容易花更多時間在溝通與協調而缺乏效率。

 【團體溝通觀察站】

網路社群行銷祕技——讓臉書成為行銷舞台

你有臉書帳號嗎？你都怎麼「玩」臉書？如果你還是停留在瀏覽朋友近況、玩遊戲的階段，你可能已經在網路社群中錯失推銷自己、建立人脈、把工作做得更好的機會。

被譽為「全日本最懂網路的精神科醫師」的樺澤紫苑指出，臉書就像一個小型的社會，擁有六億用戶，而使用者的好友上限更達五千人。無論是再平凡、缺乏媒體資源的人，只要能善用臉書，就能對五千人、甚至透過粉絲頁向六億人發揮影響力，是一夕成名、以小搏大的絕佳行銷舞台。

要讓臉書成為行銷工具，單靠「交朋友」的玩樂心態是不夠的。樺澤指出，在臉書上懂得取悅、幫助其他用戶，商機才能應運而生。因此，他在《Facebook工作術》中提出四個策略，幫助工作者建立個人品牌：

1.真人要露相

一定要使用真名、正面照。做生意時，信任與坦誠是最重要的基礎，畢竟沒有人想和來路不明的對象來往，面對不願透露個人資訊的生意夥伴，也很難建立長久的關係，在臉書上也是同樣的道理。因此，樺澤建議，在臉書上一定要使用真名與正面露臉照，讓人對你的臉與名字產生印象與信任感，如此一來，臉書才能成為你二十四小時的曝光管道，建立潛在人脈。

2.「按讚→留言→分享」啟動交流

起步階段，想讓大家在短時間內注意你、認識你，一定要經常按「讚」，因為一旦按下「讚」，就會出現「王大明覺得○○很讚」的訊息，不但能讓對方知道你閱讀過他的訊息，若加上適當留言，更能增加自己的曝光機會。此外，如果更進一步「分享」對方提供的資訊，不但象徵你對他的肯定，也能增加對方粉絲頁的瀏覽數，必定能讓對方更加開心，進而反饋。

3.多貼圖，少寫字，爭取注意力

根據樺澤的統計，在人氣最高的前一百名貼文裡，共八十三篇為附圖的資訊，純文字或長篇網誌則不到十篇。也就是說，在充滿繁雜資訊的動態消息頁面中，要讓其他用戶一眼就看見你的訊息，善用圖片還是最直接有效的方法。樺澤建議，重要的訊息最好能以「圖帶文」的方式，爭取注意力，其中又以動物、美景照最受歡迎。

4.建立口碑，重視「介紹」而非「推銷」

自己介紹叫作「推銷」，第三者介紹則叫「口碑」。在網路上，口碑永遠比推銷更為有效。因此，若想推薦自家商品，千萬不要單刀直入地自賣自誇，最好從「募集感想」的方向出發，請大家協助提供產品的使用心得，如此一來，發言者的感想便可能間接地影響他的社群，一再擴大後形成口碑，吸引更多人對產品產生好奇。

參考資料：郭子苓（2012/1/19）。〈「社群行銷祕技」建立個人品牌4原則，讓Facebook成為你的行銷舞台〉，《經理人月刊》1月號。

同步與非同步溝通

　　團體透過科技進行線上虛擬互動的方式有很多，主要可以從同步與非同步兩個類型區分，並有各自的優缺點，如**表12-2**所示。

表12-2　同步與非同步溝通的優缺點

	優點	缺點
同步溝通	·團體凝聚力與綜效 ·具自發性與動能的互動	·打字速度遠不及說話速度 ·訊息的接收可能失序
非同步溝通	·有更多時間回應 ·有助於資料檢閱與編輯	·缺乏自發性 ·線性而非互動性

資料來源：Engleberg and Wynn（2010）。

　　同步溝通（synchronous communication）係指利用時間、運用科技進行自發性的互動，諸如電話會議（conference call）、視訊會議（videoconferences）、網路聊天室（Internet chat rooms）等等。同步溝通是自發性、具動能的互動，可以提高團體的互動過程，諸如動腦會議或是問題解決會議。

　　非同步溝通（asynchronous communication）相對於同步溝通，是線性的溝通而非互動式的。非同步溝通中的成員發表意見在線上給團體成員觀看，相關成員觀看訊息之後，再予以回覆。此種方式不必開會，只要閱讀與回應訊息即可。例如電子郵件與電子布告欄等等。

　　至於同步與非同步溝通的方法，整理如**表12-3**所示。

➡ 群體軟體

　　群體軟體（groupware）一詞結合group與ware詞彙，其實結合了人（people）與科技（technology）兩個基本概念，指透過電腦中介的方法

表12-3　虛擬溝通之類型

傳播類型\類目	同步性	傳播方向	參與者	介面媒材
	同步 / 非同步	單向 / 多向 / 雙向	人際 / 團體 / 社群 / 大眾	純文字 / 多媒體
電子郵件	非同步	雙向	人際	純文字
電子布告欄	非同步	多向	大眾	純文字
電子會議	同步	多向	團體	純文字 / 多媒體
新聞群組	非同步	多向	社群	純文字
討論目錄	非同步	單向	社群	純文字
網際閒聊系統	同步	雙向 / 多向	大眾	純文字
聊天室	同步	雙向 / 多向	大眾	純文字
泥巴	同步	雙向 / 多向	社群	純文字 / 多媒體
全球資訊網	非同步	單向	大眾	多媒體
MSN	同步	雙向 / 多向	社群	純文字 / 多媒體
Facebook, Plurk、Twitter	同步	雙向 / 多向	大眾	純文字 / 多媒體

資料來源：吳筱玫（2003）；作者。

或工具來支持團體的虛擬合作。群體軟體是虛擬團隊（virtual team）選擇的一套完整的軟體與硬體，來協助溝通與集體合作。

　　最共通的群體軟體是電子郵件。不過，隨著溝通軟體愈來愈成熟，使得電子會議系統（electronic meeting system）變得愈來愈受歡迎，例如遠程會議（telepresence），讓分散在四處的成員恍如一同坐在會議桌上開會與互動，會議結束甚至可以在視窗上交換名片與握手。

▐▐▐➡ 同步溝通

　　進行同步溝通的群體軟體，包括低科技的電話會議，到較高科技的電子會議系統等等。以下茲以電話會議、視訊會議等說明之。

電話會議

虛擬團體利用聲音媒介溝通者，即為電話會議（audioconferences）。其有兩種形式：一為利用電視的電話會議（conferences call）、電傳會議（teleconferences），一為利用網路的電話會議，如Skype。

電話會議是虛擬團體最早期的互動類型，利用電話或電腦的麥克風。電話會議並非單純的講電話聊天，而是在開會，若欲執行有效率的電話會議，則宜注意以下數點：

1.限制參與者在五人以下。
2.事先備好議程與必要資料並發給大家。
3.在會議之前確認角色並介紹。
4.發言時請先標名掛號。
5.言論簡潔，切入要點。
6.若有人要先走人（sign off），宜通知各成員何時會離開。
7.會議結束要摘錄討論結果，說明備忘錄的工作步驟，或宣布下次會議的時間。
8.盡可能把會議記錄發給有關人員。

電話會議與傳統會議最明顯的差異在於參與者無法面對面，因此不易決定誰先講、誰後講，感覺上就像盲人在開會，試著判斷誰在發言，又提出何種觀點。因此，事先的介紹便很重要。舉例來說，「我是凱文，我呼應玲玲的主張……」另外，非語言訊息無法判斷，導致無法理解對方的情緒、態度，通常會變得很嚴肅。整體來說，電話會議有其優缺點，如**表12-4**所示。

視訊會議

視訊會議（videoconferences）與電話會議類似，僅是多加了視覺元素。此視覺元素雖克服了電話會議的缺點，不過設備花費卻高於電話會議

表12-4　電話會議的優缺點

優點	缺點
‧容易設定與使用 ‧有效的分享資訊、腦力激盪，以及討論一般議題 ‧配備需求少且價廉 ‧在緊急狀況得有效回應成員	‧成員各自獨立，減少團體凝聚力 ‧彼此間分享、資料編輯、複雜問題的解決，以及集體性計畫的規劃缺乏效率 ‧成員得以吱聲插話或沉默離開

資料來源：Engleberg and Wynn（2010）。

許多。配備精良的視訊會議有一設計完善的工作室，配備專業的燈光、攝影與成員，隨著科技不斷長足的進步，視訊會議益形容易操作，視訊品質不斷提升，價格逐漸下降。

並非所有的團體都需要視訊會議，如果團體成員分散於各地，為減少長途舟車勞頓、住宿與交通等高昂的成本，則視訊會議是極佳的選擇，例如跨國公司的高層會議等等。雖然，視訊會議愈來愈普遍，不過對有些參與者而言，不免感到焦慮，例如會議中成員其實是在「上電視」，有些人會感到不自在。對此，宜在會議前說明視訊會議的操作與運作方式，以減少成員在會議過程中出狀況。以下是注意事項：

1.向所有成員簡介視訊會議操作系統。
2.事先備好議程與必要資料並發給大家。
3.當你在其他位置發言時，宜直視照相機而非電視監視器上的影像。
4.謹慎使用微型麥克風。
5.穿著合宜。

對於微型麥克風的使用宜特別小心，因為不管麥克風是否放置得當，請記得永遠有人在聆聽。要避免與前方或左鄰右舍咬耳朵的誘惑，因為你在屋內講的悄悄話雖然旁人不知，可是屋外的人卻全都知道了。整體來說，視訊會議的優缺點如**表12-5**所示。

表12-5　視訊會議的優缺點

優點	缺點
·結合視覺與聲音 ·親近的面對面會議 ·能增加成員的理解 ·節省旅行與住宿成本 ·節省時間 ·在資訊分享、集體決策、人際衝突的談判上有效率 ·會議影像永久保存	·配備價格高昂 ·設定與操作有難度 ·注意力易分散，頻寬窄不好觀看 ·資料蒐集與細部規劃效果差 ·有些人面對照相機與微型麥克風總是笨手笨腳

資料來源：Engleberg and Wynn（2010）。

文字會議

　　文字會議（textconferences）乃透過使用鍵盤打字來溝通（也有透過真人語音辨識系統，由人說話電腦自動輸入文字）與團隊合作，為一種同步的互動環境。連結方式通常透過區域網路或是網際網路，來提供團體成員溝通與共事的網路空間（place）。

　　文字會議的形式有很多，例如聊天室（chat room）、桌上型（視訊）會議（desktop [video]conferencing）、即時電腦會議（real-time computer conferencing）、網際閒聊系統（internet relay chat, IRC）等等，其共通的特性就是即時的，且所有的意見評論大家都看得見。使用文字會議，宜注意下列事項：

1.仔細規劃會議。在互動開始前，寄發議程與相關資訊文件給所有參與者。
2.確認大家都熟悉機器且能夠使用這項科技。
3.指定一位引言者或協調者來引領討論的方向。
4.限制團體大小，以方便控制會議過程。
5.監看成員的參與情況，處理非參與者與可能的負面角色成員。

6.不要因為無關的對話而改變討論的主題。

7.摘要會議內容並發給所有成員。

文字會議乍看之下似乎令人困惑，因為人們打字速度再快也快不過閱讀、口說的速度，而且書寫評論的內容也經常重複，則應如何進行會議呢？其實，不管文字訊息有多麼多元複雜，文字會議的好處就是有記錄、有案可循，因此可以反覆在視窗上（screen）閱讀，或是在會議後再思考會議內容。相對於面對面的互動、電話會議，文字會議讓成員有更多的時間準備，隨時隨地傳遞各種訊息。文字會議的優缺點，整理如**表12-6**所示。

電子會議系統

電子會議系統（electronic meeting system, EMS）是饒富變化且功能強大的同步會議科技。透過結合專業的軟硬體，EMS的參與者在各自的個人工作站（individual workstations）可從事許多任務，例如腦力激盪、問題解決、決策等等。亦即可與同一辦公室或是遠方的夥伴透過使用EMS進行團隊合作。多數的EMS具有以下功能：

1.產製新點子與腦力激盪：透過EMS組成討論室，虛擬團體成員透過螢幕相互觀看，並提出點子進行討論。

表12-6　文字會議的優缺點

優點	缺點
· 節省時間、旅行與金錢 · 有效地分享、討論點子、資訊、資料，以及解決簡單的問題 · 互動資料能永久保存 · 距離與匿名性可以增加所有成員的誠實度與參與感	· 可能產生誤解 · 在複雜問題解決、集體決策與方案規劃，以及人際問題解決上缺乏效果 · 不利於書寫打字較笨拙者的參與 · 對於熱愛透過談話方式討論與辯論問題者言，可能有挫折感 · 降低成員的社會支持感

資料來源：Engleberg and Wynn（2010）。

2.聚集與分析問題：成員可以把想法放到具體規劃的類目上，界定哪些問題需要進一步討論，最後並將所欲討論的點子條列出來，以方便後續的討論。

3.創造與編輯文件：成員記下分派的任務、意見或者修正其他成員所寫的文件。

4.投票：投票可顯示大家對於問題達成的共識程度，並避免其他成員帶來的壓力。EMS軟體可以顯示出整體的討論結果。

整體來說，EMS的運作需要特殊的軟體，相容且專業的網路軟體，以及電腦設備方能運作。通常也需要有人來維持會議的流暢度，教練或訓練師可以協助缺乏經驗的成員，而技術士可以協助解決技術上的問題。面對複雜的虛擬團體，成員其實最好依據專業的規則來進行，其餘就由機器去執行即可。Duarte and Snyder（2006）提出五點建議，有助於EMS更有效率地運作：

1.確認所有人的系統皆相容且可順利執行。

2.確認所有人皆能使用軟體及共享的檔案。

3.規劃與使用清楚、聚焦的工作日程表，以及技術指導手冊。

4.決定是否以及何時能以匿名的方式輸入資料，例如腦力激盪、投票時。

5.輪流制度，例如資料分類與投票等，以避免某些成員過度勞累。

團體成員使用EMS，也必須兼具使用其他軟體的能力，例如微軟作業軟體、簡報軟體、專案管理軟體等等。慶幸的是，EMS與許多系統相容，如桌上型視訊等等，有助於抓取會議中的非語言訊息與人際互動的特徵等等。整體來說，EMS有其優缺點，整理如**表12-7**所示。

表12-7　電子會議系統（EMS）的優缺點

優點	缺點
·饒富變化且功能強大的同步會議科技 ·執行多數團體任務時具有高效能與高效率 ·互動資料能永久保存 ·匿名性可以增加所有成員的誠實度與參與感	·昂貴（專業設備、軟硬體與成員的支出） ·可能需要花時間與旅行前往EMS所在地 ·經常需要訓練有素的人引導與技術士來確保系統順利運作 ·限制拙於打字與書寫者的參與

資料來源：Engleberg and Wynn（2010）。

➡ 非同步溝通

　　同步溝通與非同步溝通各有其優點與缺點，其使用端視團體的需求而定。在此，就非同步溝通言，其至少具有以下兩個優點：一為價格較便宜；一為較為方便有效，且隨時隨地皆可進用（access）。非同步溝通的軟體如電子郵件、電子布告欄等等，說明如下。

電子郵件

　　電子郵件係以文字為基礎的非同步媒體。電子郵件讓團體成員不分遠近、時區都能互動。在許多企業內部或是專業場合中，團體成員透過電子郵件溝通的頻率甚至超過手機或是面對面溝通。事實上，許多場合透過電子郵件溝通遠比面對面會議來得適當且有效率。例如，逢年過節、生日結婚等，許多團體已經習慣透過電子郵件發送祝賀詞，一方面表達心意，另一方面則是環保。

　　當你收到電子郵件時通常是數日，或是數小時，甚至數分鐘或數秒之前，而你的回應通常視你的時間是否許可。如果團體想要透過電子郵件進行團體溝通，以下數個原則有助於團體達成共同的目標：

1. 確認所有成員的期許。成員必須瞭解到團體具體的目標、任務截止期限、回覆電子郵件的流程規劃，以及任務所需的時間。

2. 要求團體成員回信確認已經收到信件，其可透過軟體具有的回覆功能來執行。

3. 發展出一套共同的編輯資料系統（例如線條、顏色、文字等），並確認所有人都知道如何使用這些電腦功能。

4. 提供訓練機會給對電腦電子郵件系統與編輯功能不熟悉的團體成員。

5. 鼓舞未能參與使用電子郵件的成員，並私底下瞭解他們不回覆團體信件的原因。

6. 觀察好的文法形式：莫輕易放棄拼音、文法與格式等規則，好的文法規則看來較專業也較為易讀。

7. 回信時要把事件的脈絡交代清楚，以免其他成員看信時丈二金剛摸不著頭緒。

電子郵件是團體共享想法、資訊與修正資料的極佳方法，若團體成員活躍，則電子郵件能協助界定與解決問題，成員也可以慢慢地、小心仔細地回應。不過，電子郵件雖然有許多好處，但缺乏面對面溝通、文本溝通容易誤解、降低成員的參與度，以及無法處理複雜的問題等等，都是透過電子郵件溝通所面臨的局限。整體來說，團體透過電子郵件有其優缺點，如**表12-8**所示。

電子布告欄

電子布告欄原是一種以小範圍區域為主，納入各種不同團體主要成員的公告系統，其最早的形式與功能很像一般的布告欄，容許使用者非同步地張貼各種訊息；現在的功能更為強大，且加入同步功能，可讓成員之間進行互動溝通。

表12-8　電子郵件的優缺點

優點	缺點
·容易使用、進用且不貴 ·對某些成員來講，較易用來討論人際或衝突的問題 ·有效地共享資訊、修正想法、計畫與資料，以及界定與分析不複雜的問題 ·能夠涵括所有成員	·內容容易遭誤解 ·容易忽略訊息、假性參與，或是避免難度高的討論與決定 ·在腦力激盪、事情優先順序、問題論辯、困難度高的決策與複雜問題解決上，效果不佳 ·太多訊息會浪費時間且令人沮喪 ·不適於解決人際間的衝突

資料來源：Engleberg and Wynn（2010）。

　　電子布告欄與電子郵件相似，是一非同步、文字為基礎的溝通媒介，其與電子郵件、同步的文字會議的差別，在於閱聽眾的規模以及書寫行為的差異。就規模言，電子布告欄可以把訊息傳遞給所有在板上的成員；就書寫行為的差異言，電子布告欄會組織匯入的訊息並一一予以張貼，一個接著一個，一種線性（thread）呈現方式。因此，當電子布告欄上出現對具體問題的一連串相關討論時，可謂之為線性討論（threaded discussion）。

　　一般來說，團體對電子布告欄的參與需求雖不及電子郵件，但卻是提供資訊的重要來源，以及發展論辯、計畫或是報告的工具。至於在電子布告欄上張貼訊息或回應時，宜注意以下事項：

1.先決定是否要有人管理電子布告欄，測試程式是否可以接受與張貼所有訊息。如果團體有管理者，則不允許有匿名的黑函，並且要管控訊息可能產生的結果。

2.在張貼文章之前要先思考清楚，文章要清楚陳述出重點，詞不達意、無病呻吟者令人反感。

3.小心人身攻擊，所有的言論文章都是永久保存與記錄的。

4.如果文章內容僅與一、兩位成員有關，應該改用電子郵件。莫把電

子布告欄當成私人聊天的空間。

電子布告欄允許同時間湧入大量的對話，因此除了非常省時便利之外，也具有分享想法、評估他人觀點，以及得以小心回應等優點；再者，電子布告欄且具有腦力激盪以創造與評估點子，蒐集資訊與討論資訊意義的功能。當然電子布告欄也有其缺點，諸如其是自由免費的空間，因此上頭不免有人大放厥詞或謾罵批評，尤其有心人匿名攻訐他人，對團體將造成很大的傷害，也因此適當的管理電子布告欄也是不可或缺。整體來說，團體透過電子布告欄有其優缺點，如**表12-9**所示。

表12-9　電子布告欄的優缺點

優點	缺點
·容易使用、進用且不貴	·容易遭受誤解
·提供訊息、展示與資料共享的空間	·容易被忽視
·有效地進行腦力激盪、討論想法、計畫與資料，以及蒐集與分享資訊	·不易組織
·使用線性討論而得以進行複雜的互動與分析	·在論辯、投票、事情優先順序、集體決策與問題解決上缺乏效果
·創造綜效與增加合作	·高度的訊息容量浪費時間，讓使用者感到挫折，與資訊過載（overload）
·有效地與多數團體成員溝通	·討論會變成不具產能的個人爭辯

資料來源：Engleberg and Wynn（2010）。

【團體溝通觀察站】

虛擬團體的網路倫理十條戒律

由於電腦方便、功能強大等特性，使得電腦中的內容可說豐富多元，也可謂光怪陸離，無奇不有。對此，美國計算機倫理學會（Computer Ethics Institute）Ramon C. Barquin博士在"In Pursuit of a 'Ten Commandments' for Computer Ethics"一文中，建議遵守電腦倫理的十大戒律，其內容如下：

1.不應用電腦去傷害別人。
2.不應干擾別人的電腦工作。
3.不應窺探別人的電腦文件。
4.不應用電腦進行偷竊。
5.不應用電腦做偽證。
6.不應使用或拷貝你沒有付錢的軟體。
7.不應未經許可而使用別人的電腦資源。
8.不應盜用別人的智力成果。
9.應該考慮你所編寫的程式所造成的社會後果（social consequences）。
10.應該以深思熟慮和慎重的方式來使用電腦。

這十大戒律已廣為大眾所接受，對許多團體成員來說，亦許知之甚詳。不過，這十大戒律之間仍有扞格之處，例如第4、5條與第3條相互衝突，亦即當有人利用電腦進行偷竊或做偽證等作奸犯科時，我們還能不窺探其電腦內容嗎？當然倫理的決定通常是兩難且不易解決的問題。不過，縱使如此，這十條戒律容或可作為個人或虛擬團體使用電腦時可資參照的行為準據。

參考資料：http://www.anwarayblogger.blogspot.com/2009/03/ten-commandments-of-computer-ethics.html。

遠距開會——研究史瑞克的耳朵

在企業布局全球化、跨國會議頻繁的今天，如何讓商務溝通更創新且具效率？看看全球著名動畫製作公司夢工廠和惠普合作研發的視訊會議系統，如何緊密串聯全球工作團隊，達成年度目標。

夢工廠於1994年成立，總部位在加州。夢工廠的作品能在市場上大受歡迎，最大的競爭力來自科技的運用。「我們必須讓分散在美國各地的工作人員都能順利溝通。」夢工廠執行長凱茲柏格（Jeffrey Katzenberg）表示，2004年在製作《史瑞克》（*Shrek*）第二集時，當時導演、編劇以及為數眾多的動畫製作工程師，都位於美國境內不同的城市，必須靠著網路科技進行遠距開會的作業。然而，當時的開會環境，雖然滿足了讓不同地區的人可以同步開會的需求，卻無法解決畫質不清、收音雜訊多的困擾，「我們需要更先進的會議系統」。

·新視訊系統跨國適用

夢工廠一向與總部同樣位在加州矽谷的惠普公司合作密切，於是雙方決定共同發展新一代的視訊會議系統"Halo Collaboration Studio"，來串聯位在加州格倫德耳市與雷德伍德市以及世界各地的工作小組，讓他們得以透過這套系統的高解析協同螢幕，檢視電腦產生的各個角色動作，再針對視覺作品進行討論，以加速完成《史瑞克三世》動畫製作流程。

就規格上，每個Halo Room（Halo會議室）都有專屬的光纖網路，內部會搭配四台液晶電視，包括三台可同時與三個城市或國家連線的社群螢幕，另外一台則提供在場的操作人員監看，只要不同的兩地都設置有Halo Room，就可馬上進行視訊會談，一間會議室最多可容納十二人。相較於傳統的視訊會議，這套系統不只強調傳輸的品質，包括室內桌椅的位置、燈光與牆壁等都經過計算，因此使用久了也不易疲勞。最特別的是，工作室還包括一個高解析度的圖文攝影

機，可以用於拍攝桌上的物品，並且顯示在螢幕上，對產品開發人員而言，就可以更清楚地針對物品的細節進行討論。

·惠普設計融入服務概念

這項應用原本是針對夢工廠的需求所進行的開發案，但實際運作後，惠普發現這套系統相當符合跨國公司的溝通需求，因此大力推廣這項應用。截至2007年底，惠普在十四個國家建立了六十一個據點，台灣部分也在2007年年中設立。不同於夢工廠當初的設計，惠普在軟硬體的設備之外，加入了服務的概念，在波多黎各設立Concierge服務，二十四小時無休地支援一百五十種語言的真人應答，提供開關燈、障礙排除等會議相關的維護與服務，甚至還提供手語服務的資源，包括百事可樂、晶片設計公司超微及諾華藥廠都採用這項應用。

百事可樂前執行長雷蒙德（Steve Reinemund）表示，該項應用讓參與會議的主管能夠立即看到、聽到討論中的談話內容及身體表情反應，有助於增強異地團隊的交流和協作能力。

2008年，每間Halo Room的建構價格約為42.5萬美元，每個月的網路、營運及維護費用約為18,000美元，比一般視訊會議產品價格高出許多。惠普表示，在強調綠色企業的今天，減少出差次數，也代表減少了搭飛機或開車所造成的各種空氣與噪音污染，這套系統可提升的效益與帶來的價值，絕對超過其表面的報價。

在企業布局全球化的今天，跨區甚至跨國的各種會議將益趨頻繁，如何讓商務溝通模式可更創新且具有效率，是企業經營者在進行內部管理時必須正視的新挑戰。

參考資料：《數位時代》電子報，2008年5月29日。

課外活動練習

12-1 常用溝通工具比一比

一、活動目的：找出科技工具的溝通應用。

二、活動說明：

    1.溝通方法大略可分為以下三種：

        1.1互動式溝通：能確保與會者對於會議主題有共同的瞭解，是一有效率的溝通方式。其方法通常為面對面會議、電話與視訊會議。

        1.2推式溝通：乃將整理好的訊息提供給指定的需要者。但是不能確定需要者已經閱讀或是明瞭供給的訊息。其方法通常為電子郵件、語音信件等。

        1.3拉式溝通：由資訊需要者自己來判斷決定要看哪些內容。其方法通常是透過網站、知識庫等蒐集資料。

    2.本活動在讓參與者瞭解所接觸到的新科技特性，以充分運用科技的好處。

三、活動人數：40人。

四、活動時間：40分鐘。

    1.小組討論：20分鐘。

    2.小組報告：20分鐘。

五、所需器材：海報紙、奇異筆。

六、活動程序：

    1.5至8人一組。

    2.請每組找出最常用的科技溝通工具三項，再加上面對面溝通共四項。

    3.以畢展作為專案管理對象，模擬使用這四項傳播工具的優缺點，以及工具的適用情境（請參照以下表格）。

第〇〇組

科技溝通工具	優點	缺點	適用情境
面對面溝通	可直接瞭解參與者想法	必須大家都有時間參與	決定重要決策

12-2 跨時區訊息溝通

一、活動目的：體驗跨時區的溝通。

二、活動說明：

1. 在跨國聯繫上，雖可用電話、視訊會議等直接互動，但是可能會發生同一團隊卻分散在世界不同地區工作，如此一來，便可能產生某時區的同事還在工作，可是另外一時區的同事已經下班的窘境。

2. 不同時區的工作團隊同事，平常主要以手機簡訊、電子郵件、傳真等方式進行溝通。

3. 模擬體驗跨國工作團隊的溝通作業，參與者的溝通僅限於透過便利貼，寫好後並貼於指定的位置，如牆壁等等。

三、活動人數：不拘。

四、活動時間：30分鐘。

1. 小組練習：20分鐘。

2. 團體討論：10分鐘。

五、所需器材：便利貼。

六、活動程序：

1. 將所有人分為五組，分別為亞洲區、美洲區、歐洲區、非洲區、南大西洋區，並規劃出這五組專屬的接受訊息區（可利用牆壁或黑板）。

2.同一組人可口頭討論，但是對其他組成員的溝通則請寫在便利
貼，並貼在指定的接受訊息區。

3.欲獲知其他時區同事的訊息，則須到接受訊息區閱讀。

4.請所有小組共同規劃一個「專案完成慶功宴」。

5.主持人進入團體，和成員分享討論與不同時區同事進行團隊合作
的感受。

關鍵詞彙

虛擬	虛擬團體	面對面溝通	電腦中介傳播
高度虛擬化團體	充分支援型團體	傳統式團體	不活躍團體
同步溝通	非同步溝通	電話會議	視訊會議
文字會議	電子會議系統	網路聊天室	電子郵件
電子布告欄	群體軟體	遠程會議	桌上型（視訊）會議
即時電腦會議	網際閒聊系統	視窗	

課後動動腦

1. 請分析真實生活中面對面溝通的團體與虛擬團體有哪些差異？

2. 請問：電話會議、視訊會議、文字會議與電子會議系統各有哪些優點、缺點？

3. 對虛擬團體來說，使用電子郵件與電子布告欄有哪些好處？

4. 團體透過網路空間進行溝通，為確保較佳的互動品質，成員宜遵守哪些規範？

5. 如果你也是虛擬團體中的一員，試想到目前為止，虛擬互動對你的生活產生哪些影響或衝擊？

參考書目

中文部分

王志弘、李根芳譯（2003），P. Brooker著。《文化理論詞彙》（*A Glossary of Cultural Theory*）。台北：巨流。

王梅（2001）。《該生素質太差──孫大偉的成績單》。台北：天下文化。

江中信（1998）。〈團體溝通〉。張秀蓉等編，《口語傳播概論》（頁206-245）。台北：正中書局。

宋鎮照（2000）。《團體動力學》。台北：五南。

余宜芳（2008）。《奧美創意解密》。台北：天下文化。

李佩雯（2010）。〈小團體溝通〉。秦琍琍、李佩雯、蔡鴻濱著，《口語傳播》。台北：威仕曼。

林振春、王秋絨（1992）。《團體輔導工作》。台北：師大書苑。

林易萱（2011）。〈為何為iPad2拚老命復出？賈伯斯抱病復出的三大理由〉，《商業周刊》第1216期。

林靜伶（2000）。《語藝批評：理論與實踐》。台北：五南。

周平（2005）。〈笑話文本的社會學分析〉，《質性研究方法與議題創新》。嘉義：南華大學教社所。

殷文譯（2005），S. R. Covey著。《第8個習慣》（*The 8th Habit: From Effectiveness to Greatness*）。台北：天下文化。

張春興（1991）。《現代心理學》。台北：正大。

游梓翔（2000）。《演講學原理：公共傳播理論與實踐》。台北：五南。

游梓翔、劉文英、廖婉如譯（2006），J. T. Wood著。《人際關係與溝通技巧》（*Interpersonal Communication: Everyday Encounters*）。台北：雙葉書廊。

黃鈴媚（1998）。〈符號與傳播〉。張秀蓉、黃鈴媚、游梓翔、江中信著，《口語傳播概論》（頁32-89）。台北：正中書局。

吳武典、洪有義、張德聰（1996）。《團體輔導》。台北：建華。

李郁文（2001）。《團體動力學──群體動力的理論、實務與研究》。台北：桂冠。

黃仲珊、曾垂孝（2003）。《口頭傳播：演講的理論與方法》。台北：遠流。

黃惠惠（1993）。《團體輔導工作概論》。台北：張老師。

黃厚銘（1998）。〈面具與人格認同：網路的人際關係〉。台北：台灣大學社會研究所論文。

洪懿妍（2010）。〈4原則，第一次開會就上手〉，《Cheers雜誌》第116期。或上網：http://www.cheers.com.tw/article/article.action?id=5021932。

姜文閔譯（1992），杜威（John Dewey）著。《我們如何思維》（*How We Think*）。台北：五南。

許晉福譯（2003），Diana Booher著。《自信演說自在表達：讓你在任何場合都能侃侃而談的500個演說要訣》。台北：麥格羅・希爾。

許晉福譯（2009），J. W. Young著。《創意的生成──廣告大師私家傳授的創意啟蒙書》（*A Technique for Producing Ideas*）。台北：經濟新潮社

陳彥豪譯（1999）。《非語言傳播》。台北：五南。

陳皎眉（2004）。《人際關係與人際溝通》。台北：雙葉書廊。

陳國明（2003）。《文化間傳播學》。台北：五南。

陳國明、陳雪華（2005）。《傳播學概論》。台北：巨流。

曾端真、曾玲泯譯（1996），R. F. Verderber and K. S. Verderber著。《人際關係與溝通》（*Interact: Using Interpersonal Communication Skills: A Selection of Multicultural Readings*）。台北：揚智。

鹿宏勛、周明資（1978）。《一分鐘演講術》。台北：口才訓練資料雜誌社。

潘正德（1995）。《團體動力學》。台北：心理。

潘俊琳（2011/2/24）。〈開有效率的會〉。《經濟日報》，或參見聯合新聞網：http://pro.udnjob.com/mag2/hr/storypage.jsp?f_ART_ID=62420。

黑幼龍（2002）。《與成長同行》。台北：天下文化。或上網：http://tw.myblog.yahoo.com/jw!r2sGdAeFRk66udb37HDJ/article?mid=1331。

臧聲遠（2010）。〈職涯達人──奧美創意總監龔大中〉。《Career職場情報誌生涯教練──25個職場典範，教你人生怎麼走》，第409期，頁84。

劉清彥（2001），James Thurber著。《公主的月亮》（*Many Moons*）。台北：和英。

謝國平（2002）。《語言學概論》。台北：三民書局。

羅念生譯（1991）。《修辭學》。北京：三聯書局。

關紹基（1993）。《實用修辭學》。台北：遠流。

蔡鴻濱（2010）。〈公共傳播〉。秦琍琍、李佩雯、蔡鴻濱合著，《口語傳播》。台北：威仕曼。

英文部分

Adams, K., and Galanes, G. J. (2009). *Communicating in Groups: Applications and Skills*. New York: McGraw-Hill.

Allen, S. B. (1986). Laughing Matters: Particularly for Financial Managers. *Financial Managers' Statement*, 8(5), 40-42.

Andrews, Patricia H. (1996). Group Conformity. In R. S. Cathcart, L. A. Samovar, and L. D. Henman (eds.), *Small Group Communication: Theory and Practice* (7th ed). Madison, WI: Brown & Benchmark.

Barker, L., Edwards, R. Gaines, C., Gladney, K., and Holley, F. (1980). An Investigation of Proportional Time Spent in Various Communication Activities by College Students. *Journal of Applied Communication Research*, 8, 101-109.

Baym, N. K. (1998). The Emergence of Community. In S. G. Jones (ed.), *Cyber 2.0: Computer-mediated Communication and Community* (pp.35-68). Thousand Oaks, CA: Sage.

Bennis, W., Parikh, J., and Lessen, R. (1994). *Beyond Leadership: Balancing Economics, Ethics and Ecology*. Cambridge, MA: Blackwell Business.

Benoit, S. S., and Lee, J. W. (1986). Listening: It Can be Taught. *Journal of Education for Business*, 63, 229-232.

Berelson, B., and Steiner, G. A. (1964). *Human Behavior: An Inventory of Scientific Findings*. New York: Harcourt Brace Jovanovich.

Berger, A. A. (1987). Humor: An Introduction. *American Behavioral Scientist*, 30(1), 16-25.

Berger, A. A. (1993). *An Anatomy of Humor*. New Brunswick, New Jersey: Transaction.

Bertcher, H. and Maple, F.(1985).Elements and Issues in Group Composition. In M. Sundel, P. Glasser, R. Sarri and R. Vinter (eds.), *Individual Change Through Small Groups* (2nd ed.)(pp.1810-202). New York: The Free Press.

Birdwhistell, R. L. (1970). *Kinesics and Context*. PA, Pennsylvania: University of Pennsylvania Press.

Bonito, J. A., and Hollingshead, A. (1997). Participation in Small Groups. In B. R. Burleson (ed.), *Communication Yearbook 20*. Thousand Oaks, CA: Sage.

Bormann, E. G., and Bormann, N. (1996). *Effective Small Group Communication* (6th ed). Edina, MN: Burgess.

Burgoon, J. K., Stern, L. A., & Dillman, L. (1995). *Dyadic Interaction Patterns*. Massachusetts: Cambridge University Press.

Carless, S. C., Wearing, A. J., and Mann, L. (2000). A Short Measure of Transformational Leadership. *Journal of Business Psychology*, Spring, 389-405.

Check, J. F. (1986). Positive Traits of the Effective Teacher: Negative Traits of the Ineffective One. *Education*, 106(3), 324-334.

Chemer, M. M. (1997). *An Integrative Theory of Leadership*. Mahwah, New Jersey: Lawrence Associates.

Cline, R. J. (1994a). Groupthink and the Watergate Cover-Up: The Illusion of Unanimity. In L. R. Frey (ed.), *Group Communication in Context: Studies of Natural Group*. Hillsdale, New Jersey: Erlbaum.

Cline, R. J. (1994b). *3M Meeting Management Team, Mastering Meeting: Discovering the Hidden Potential of Effective Business*. New York: McGraw-Hill.

Cloke, K., and Goldsmith, J. (2000). *Resolving Conflicts at Work: A Complete Guide for Everyone on the Job*. New York: Barnes and Noble Books.

Cousins, N. (1979). *The Anatomy of an Illness as Perceived by the Patient: Reflections on Healing and Regeneration*. Boston: G. K. Hall.

Davidson, J. (2005). *The Complete Idiot's Guide to Getting Things Done*. New York: Alpha Books.

Delbecq, A. L., Van de Ven, A. H., and Gustafson, D. H. (1975). *Group Techniques for Program Planning: A Guide to Nominal*. Glenview, IL: Scott, Foresman.

Deutsch, M. (1969). Conflicts: Productive and Destructive. *Journal of Social*, Issues, 25, 7-41.

DeVito, J. A. (2010). *Essentials of Human Communication*. New York: Pearson Education.

Dodd, C. H. (1995). *Dynamics of Intercultural Communications* (4th ed.). Madison, WI: Brown & Benchmarks.

Donnellon, A. (1996). *Team Talk: The Power of Language in Team Dynamics*. Boston: Harvard Business School.

Drucker, P. (1967). *The Effective Executive*. New York: HarperBusiness.

Duarte, D., and Snyder, N. T. (2006). *Mastering Virtual Teams: Strategies, Tools, and Techniques That Succeed* (3rd ed.). San Francisco: Jossey-Bass.

DuBrin, A. J. (2004). *Leadership: Research Findings, Practice, and Skills* (4ᵗʰ ed.). New York: Houghton Mifflin.

Duncan, W. J. (1984). Perceived Humor and Social Network Patterns in a Sample of Task-Oriented Groups: A Reexamination of Prior Research. *Human Relations*, 37(11), 895-907.

Duncan, W. J., and Feisal, J. P. (1989). No Laughing Matter: Patterns of Humor in the Workplace. *Organizational Dynamics*, 17, 18-30.

Engleberg, I. N., and Daly, J. A. (2009). *Presentations in Everyday Life: Strategies for Effective Speaking* (3ʳᵈ ed.). Boston: Allyn & Bacon.

Engleberg, I. N., and Wynn, N. C. (1997). *Working in Groups: Communication Principles and Strategies*. New York: Allyn & Bacon.

Engleberg, I. N., and Wynn, N. C. (2010). *Working in Groups: Communication Principles and Strategies* (5ᵗʰ ed.). New York: Allyn & Bacon.

Feldman, D. (1984). Development and Enforcement of Group Norms. *Academy of Management Review*, 9, 47-53.

Fiedler, F. E., and Chemers, M. M.(1984). *Improving Leadership Effectiveness: The Leader Match Concept* (2ⁿᵈ ed.). New York: Wiley.

Fisher, R., Ury, W., and Patton, B. (1991). *Getting to Yes: Negotiating Agreement Without Giving in*. Boston: Houghton Mifflin.

Folger, J. P., Poole, M. S., and Stutman, R. (2005). *Working through Conflict* (5ᵗʰ ed.). Boston: Allyn & Bacon.

French, J., and Raven, B. (1959). The Bases of Social Power. In D. Cartwright (ed.), *Studies in Social Power*. Ann Arbor: University of Michigan.

Freud, S. (1905). *Joke and Their Relation to the Unconscious* (rep. 2002). New York: Penguin Classics.

Goodman, J.(ed.)(1991). Grin and Share it. *Laughing Matters*, 7(3), 8-9.

Goldberg, S. B. (2005). The Secrets of Successful Mediators. *Negotiation Journal*, 3, 369.

Gouran, D. S., and Hirokawa, R. Y. (1996). Functional Theory and Communication in Decision-Making and Problem-Solving Groups. In R. Y. Hirokawa and M. S. Poole (eds.), *Communication and Group Decision Making* (2ⁿᵈ ed.). Thousand Oaks, CA: Sage.

Gruner, C. R. (1967). Effects of Humor on Speaker Ethos and Audience Information Gain. *Journal of Communication*, 17, 228-233.

Gruner, C. R. (1970). The Effect of Humor in Dull and Interesting Informative Speeches. *Central States Speech Journal*, 21, 160-166.

Hall, E. T. (1959). *The Silent Language*. Greenwich, CT: Fawcett.

Hall, E. T.(1966). *The Hidden Dimension*. New York: Doubleday.

Hall, E. T. (1976). *Beyond Culture*. New York: Doubleday.

Hall, E. T. and Hall, M. R. (1990). *Understanding Cultural Differences: Germans, French and Americans*. Yarmouth, ME: Intercultural Press.

Harrington-Mackin, D. (1996). *Keeping the Team Going: A Tool Kit to Renew and Refuel Your Workplace Team*. New York: AMACOM.

Harris, T. E. and Sherblom, J. C.(2002). *Small Group and Team Communication* (2nd). Boston: Allyn and Bacon.

Harte, T. B., Keefe, C., and Derryberry, B. R. (1992). *The Complete Book of Speechwriting: For Students and Professionals*. Edina, MN: Burgess.

Hayes, N. (2004). *Managing Teams: A Strategy for Success*. London: Thomson.

Heller, R., and Hindle, T. (1998). *Essential Manager's Manual*. New York: DK.

Herrick, J. A. (2009). *The History and Theory of Rhetoric: An Introduction* (4th ed.). Boston: Allyn & Bacon.

Hersey, P., and Blanchard, K. (1992). *Management of Organizational Behavior: Utilizing Human Resources* (6th ed.). Upper Saddle River, New Jersey: Prentice-Hall.

Hirokawa, R. Y. (1996). Communication and Group Decision-Making Efficacy. In R. S. Cathcart, L. A. Samovar, and L. D. Henman (eds.), *Small Group Communication: Theory and Practice* (7th ed.). Madison, WI: Brown & Benchmark.

Hirokawa, R. Y. and Pace, R. (1983). A Descriptive Investment of Possible Communication-Based Reasons for Effective and Ineffective Group Decision Making. *Communication Monographs*, 50, 363-367.

Hofstede, G. (2000). The Cultural Relativity of the Quality of Life Concept. In G. R. Weaver, *Cultural Communication and Conflict: Readings in the Intercultural Relations* (2nd ed.). Boston: Pearson.

Hofstede, G. (2001). *Culture's Consequences: Comparing Values, Behaviors, Institutions, and Organizations Across Nations*. Thousand Oaks, CA: Sage.

Hofstede, G. (2005). *Cultures and Organizations: Software of the Mind*. New York: McGraw-Hill.

Hollander, E. P. (1978). *Leadership Dynamics: A Practice Guide to Effective Relationships*. New York: Macmillan.

Isen, A. M., Daubman, K. A., and Nowicki, G. P. (1987). Positive Affect Facilitates Creative Problem Solving. *Journal of Personality and Social Psychology*, 52, 62-113.

Isenhart, M. W., and Spangle, M. (2000). *Collaborative Approaches to Resolving Conflict*. Thousand Oaks, CA: Sage.

Janis, I. L. (1982). *Groupthink: Psychological Studies of Policy Decisions and Fiascoes* (2nd ed.). Boston: Houghton Mifflin.

Jarboe, S. (1996). Procedures for Enhancing Group Decision Making. In R. Y. Hirokawa and M. S. Poole (eds.), *Communication and Group Decision Making* (2nd ed.). Thousand Oaks, CA: Sage.

Johnson, D. W., and Johnson, F. (1991). *Joining Together: Group Theory and Group Skills* (4th ed.). Englewood Cliffs, New Jersey: Prentice-Hall.

Johnson, S. D. and Long, L. M. (2002). Being a Part of Being Apart: Dialectics and Group Communication. In L. R. Frey (ed.), *New Directions in Group Communication* (pp.25-41). Thousand Oaks, CA: Sage.

Jones, S., and Yarbrough, A. E. (1985). A Naturalistic Study of the Meanings of Touch. *Communication Monographs*, 52, 19-56.

Katzenbach, J. R., and Smith, D. K. (1993). *The Wisdom of Teams: Creating the High Performance Organization*. New York: Harper Business.

Kant, I.(1790). *Critique of Judgment* (rep. 1951). New York: Hafner Publishing Company.

Keynote, J. (2006). *Communications in Groups: Building Relationships for Group Effectiveness*. New York: Oxford University Press.

Krohe, J. Jr. (1987). Take My Boss—Please. *Across the Board*, 24(2), 31-35.

LaFasto, F. M. J., and Larson, C. E. (2001). *When Teams Work Best*. Thousand Oaks, CA: Sage.

Larson, C. E. and LaFasto, F. M. J.(1989). *TeamWork: What Must Go Right/What Can Go Wrong*. Newbury Park, CA: Sage.

Lewin, K., Lippit, R., and White, R. K. (1939). Patterns of Aggressive Behavior in Experimentally Created Social Climates. *Journal of Social Psychology*, 10, 271-299.

Li, Shu-Chu S. (2007). Computer-Mediated Communication and Group Decision Making. *Small Group Research*, 38, 593-614.

Littlejohn, S. W., and Domenici, K. (2001). *Engaging Communication in Conflict: Systematic Practice*. Thousand Oaks, CA: Sage.

Locke, E. A., and Latham, G. P. (1984). *Goal Setting: A Motivational Technique That Works*! Englewood Cliffs, New Jersey: Prentice-Hall.

Lutz, W. (1990). *Doublespeak*. New York: Harper Perennial.

MacLachlan, J. (1979). What People Really Think of Fast Talkers. *Psychology Today*, 13, 113-117.

Maslow, A. H. (1954). *Motivation and Personality*. New York: Harper & Row.

McCorkle, S., and Reese, M. J. (2005). *Mediation Theory and Practice*. Boston: Allyn & Bacon.

McCroskey, J. (1993). *An Introduction to Rhetorical Communication*. Englewood Cliffs, New Jersey: Prentice-Hall.

McKinney, B. C., Kimsey, W. D., and Fuller, R. M. (1995). *Mediator Communication Competencies: Interpersonal Communication and Alternative Dispute Resolution* (4th ed.). Edina, MN: Burgess.

McLuhan,. H. M. (1964). *Understanding Media: The Extensions of Man* (rep. 2002). Cambridge: The MIT Press.

McWhorter, J. (1998). *Word on the Street: Debunking the Myth of a "Pure" Standard English*. Cambridge, MA: Perseus.

Mehrabian, A. (1969). Some Referents and Measures of Nonverbal Behavior. *Behavioral Research Methods and Instrumentation*, 1, 203-207.

Mehrabian, A.(1981). Silent Messages: *Implicit Communication of Emotions and Attitudes*. Belmont, Calif.: Wadsworth Publish Company.

Napier, R. W., and Gershenfeld, M. K. (1993). *Groups: Theory and Practice* (4th ed.). Boston: Houghton Mifflin.

Napier, R. W., and Gershenfeld, M. K. (2004). *Groups: Theory and Practice* (7th ed.). Boston: Houghton Mifflin.

Nichols, R. G.. (1987). Listening is a 10-Part Skill. *Nation's Business*, 75. available on:

http://findarticles.com/p/articles/mi_m1154/is_v75/ai_5151222/.

Niederman, F. and Beise, C. M. (1999). Defining the Virtualness of Groups, Teams, and Meetings. *SIGCPR, ACM*, 14-18.

Osborn, A. F. (2001). *Applied Imagination: Principles and Procedures of Creative Problem-Solving* (rev. ed.). Buffalo, New York: Creative Education Foundation.

Peeters, M. A. G., Rutte, C. G., Tuijl van, Harrie F. J. M., and Reymen, I. M. M. J. (2006). The Big Five Personality Traits and Individual Satisfaction with the Team. *Small Group Research*, 37(2), 187-211.

Pondy, L. R. (1967). Organizational conflict: concepts and models. *Administrative Science Quarterly*, Vol.12, No.2, pp.296-320.

Poole, M. S. (1990). Procedures for Managing Meetings: Social and Technological Innovation. In R. A. Swanson and B. O. Knapp (eds.), *Innovative Meeting Management* (pp.70-81). Austin, TX: 3M Meeting Management Institute.

Putnam, L. L. (1986). Conflict in Group Decision-Making. In R. Y. Hirokawa and M. S. Poole (eds.), *Communication and Group Decision-Making* (pp.175-196). Beverly Hills, CA: Sage.

Rankin, P. (1929). Listening Ability. Proceedings of the Ohio State Educational Conferences Ninth Annual Session.

Rheingold, H. (2000). *The Virtual Community: Homesteading on the Electric Frontier* (2nd ed.). New York: Addison-Wesley.

Robbins, S. P. (1991). *Management* (3rd ed.). Englewood Cliffs, New Jersey: Prentice Hall.

Russel, R. D. (1981). Chaos and Control: Attempts to Regulate the Use of Humor in Self-Analytic and Therapy Group. *Small Group Behavior*, 12(2), 195-219.

Schultz, W. (1954). *The Human Element: Productivity, Self-Esteem, and the Bottom Line*. San Francisco: Jossey-Bass.

Scott, S. G., and Bruce, R. A. (1995). Decision Making Style: The Development of a New Measure. *Educational and Psychological Measurement*, 55, 818-831.

Shaw, M. E. (1992). Group Composition and Group Cohesiveness. In R. S. Cathcart and L. A. Samovar (eds.), *Small Group Communication: A Reader* (6th ed.). Dubuque, IA: WM. C. Brown.

Staple, D. S., and Webster, J. (2007). Exploring Traditional and Virtual Team Members'

'Best Practices'. *Small Group Research*, 38, 60-97.

Stogdill, R. M. (1948). Personal Factors Associated with Leadership: A Survey of the Literature. *Journal of Psychology*, 25, 63-80.

Surowiecki, J. (2004). *The Wisdom of Crowds: Why the Many are Smarter than the Few and How Collective Wisdom Shapes Business, Economics, Societies, and Nations.* New York: Doubleday.

Tannen, D. (1990). *You Just don't Understand: Women and Men in Conversation.* Now York: William Morrow.

Tannen, D. (1998). *The Argument Culture: Moving from Debate to Dialogue.* New York: Random House.

Thomas, K. W. (1992). Conflict and Negotiation Processes in Organization. In M. D. Dunnette and L. M. Hough (eds.), *Handbook of Industrial and Organizational Psychology* (pp.651-717). Palo Alto, CA: Consulting Psychologists Press.

Thomas, K. W., and Kilmann, R. H. (1977). Developing a Forced-Choice Measure of Conflict-Handling Behavior: The Mode Instrument. *Educational and Psychological Measurement*, 37, 390-395.

Tuckman, B. W. (1965). Developmental Sequence in Small Groups. *Psychological Bulletin*, 63, 384-399.

Tuckman, B. W., and Jensen, M. A. (1977). Stages of Small-Group Development Revisited. *Group and Organizational Studies,* 2(3), 419-427.

Watson, K. W. (1996). Listener Preference: The Paradox of Small-Group Interactions. In R. S. Cathcart, L. A. Samovar, and L. Henamn (eds.), *Small Group Communication: Theory and Practice* (7th ed.)(pp.168-182). Madison, WI: Brown and Benchmark.

Werner, E. K. (1975). *A Study of Communication Time.* M. A. Thesis , University of Maryland, College Park.

Werry, C. C. (1996). Linguistic and Interactional Features of Internet Relay Chat. In S. Herring(ed.), *Computer-mediated Communication: Linguistic, Social and Cross-culture Perspectives* (pp.47-64). Amsterdam, Philadelphia: John Benjamins Publishing Company.

Wilmot, W. W., and Hocker, J. L. (2001). *Interpersonal Conflict* (6th ed.). New York: McGraw-Hill.

Wisinski, J. (1993). *Resolving Conflicts on the Job.* New York: American Management

Association.

Wolvin, A. D., and Coakley, C. G. (1996). *Listening* (5th ed.). Madison, WI: Brown & Benchmark.

Wood, J. T. (1992). Alternative Methods of Group Decision Making. In R. S. Cathcart and L. A. Samovar (eds.), *Small Group Communication: A Reader* (6th ed.). Dubuque, IA: WM. C. Brown.

Yukl, G. A., and Fable, C. M.(1991). Importance of Different Power Sources in Downward and Lateral Relations. *Journal of Applied Psychology*, 76, 416-423.

國家圖書館出版品預行編目(CIP)資料

團體溝通的理論與實務 / 蔡鴻濱, 郭曜棻, 陳銘源
著. -- 初版. -- 新北市：揚智文化, 2012.10
面 ； 公分. -- (心理學叢書)
ISBN 978-986-298-059-0(平裝)

1.團體傳播

541.83   10108021

心理學叢書

團體溝通的理論與實務

作　　者／蔡鴻濱、郭曜棻、陳銘源

出 版 者／揚智文化事業股份有限公司

發 行 人／葉忠賢

總 編 輯／閻富萍

特約編輯／詹宜蓁

地　　址／新北市深坑區北深路3段260號8樓

電　　話／(02)8662-6826

傳　　真／(02)2664-7633

網　　址／http://www.ycrc.com.tw

 E-mail　／service@ycrc.com.tw

印　　刷／鼎易印刷事業股份有限公司

ＩＳＢＮ／978-986-298-059-0

初版一刷／2012 年 10 月

定　　價／新台幣500 元